MANUAL PARA DETECTAR MENTIRAS

MANUAL PARA DETECTAR MENTIRAS

TÉCNICAS SECRETAS DE INTERROGATÓRIO MILITAR PARA DESCOBRIR QUALQUER VERDADE

LENA SISCO

São Paulo
2025

Grupo Editorial
UNIVERSO DOS **LIVROS**

You're Lying! - Secrets from an expert military interrogator to spot the lies and get the truth
Copyright © 2015 by Lena Sisco

© 2025 by Universo dos Livros

Todos os direitos reservados e protegidos pela Lei 9.610 de 19/02/1998.
Nenhuma parte deste livro, sem autorização prévia por escrito da editora, poderá ser reproduzida ou transmitida, sejam quais forem os meios empregados: eletrônicos, mecânicos, fotográficos, gravação ou quaisquer outros.

Diretor-geral
Alessandro Gerardi

Gerente editorial
Marcia Batista

Produção editorial
Letícia Nakamura
Raquel F. Abranches
Victoria Viana

Arte
Barbara Garoli
Renato Klisman

Tradução
Ana Death Duarte

Preparação
Luiz Pereira

Revisão
Paula Craveiro
Márcia Leme

Capa
Renato Klisman

Diagramação
Saavedra Edições

Dados Internacionais de Catalogação na Publicação (CIP)
Angélica Ilacqua CRB-8/7057

S636m
    Sisco, Lena
    Manual para detectar mentiras : técnicas secretas de interrogatório militar para descobrir qualquer verdade /Lena Sisco ; tradução de Ana Death Duarte. -- São Paulo:
    Universo dos Livros, 2025.
    240 p.
    ISBN 978-65-5609-818-0
    Título original: *You're lying! Secrets from an expert military interrogator to spot the lies and get the truth*
    1. Comunicação 2. Veracidade e falsidade 3. Linguagem corporal
    I. Título II. Duarte, Ana

25-1812   CDD 153.6

Universo dos Livros Editora Ltda.
Avenida Ordem e Progresso, 157 — 8º andar — Conj. 803
CEP 01141-030 — Barra Funda — São Paulo/SP
Telefone/Fax: (11) 3392-3336
www.universodoslivros.com.br
e-mail: editor@universodoslivros.com.br
Siga-nos no Twitter: @univdoslivros

Aos meus incríveis e maravilhosos pais, Bill e Roseann, que sempre me apoiaram pelas muitas aventuras em minha vida. Amo vocês.

AGRADECIMENTOS

ESTE É MEU PRIMEIRO LIVRO — E ESPERO QUE SEJA O PRIMEIRO de muitos —, de modo que eu gostaria de agradecer a todos aqueles que o tornaram possível. Vocês não fazem ideia de quanto seu esforço, sua orientação, sua amizade e seu apoio significam para mim.

Primeiramente, quero expressar minha mais profunda gratidão a meus pais, Bill e Roseann, que estiveram ao meu lado enquanto eu fazia a transição de quase não conseguir entrar na faculdade até me formar em Brown, estudar arqueologia para entrar para as Forças Armadas, correr atrás do sonho da Califórnia até cair na estrada e finalmente me estabelecer (por hora) na Praia da Virgínia. Posso nem sempre ter escolhido o caminho de mais sucesso, mas eu sempre soube que o caminho me levaria até o sucesso, e vocês também. Eu jamais seria capaz de agradecer o suficiente por tudo o que vocês fizeram por mim. Vocês são os melhores!

Quero agradecer uma pessoa que é minha maior fã por sempre acreditar em mim e que nunca, nem uma vez que fosse, me deixou ficar para baixo nos tempos difíceis. Você é o meu pilar, e espero que eu possa ser o seu. Nancy Drew?[1]

Quero agradecer a meu irmão, Chris, por aguentar minhas inúmeras exigências. E sobretudo por fazer o meu website. Te devo uma!

Quero agradecer a meus incríveis e divertidos familiares mais próximos: Jimmy, Jill e Katie. Christine, você nunca precisará de uma postura de poder para criar confiança, porque você nasceu com ela. Katie e Jill, vamos dançar!

---

1. A detetive Nancy Drew é uma personagem fictícia de uma série de livros de mistério criada por Edward Stratemeyer que se tornou ícone cultural e fonte de inspiração para seus leitores, compostos principalmente de mulheres.

Agradeço especialmente a Janine Driver, a dama que me fez ver que isso tudo era possível. Janine causou um impacto profundo sobre mim, e é por causa dela e do Body Language Institute [Instituto de Linguagem Corporal] que estou onde estou hoje. Ela sempre acreditou em mim, às vezes mais do que eu mesma. Obrigada pelo empurrão; serei sempre e eternamente grata por sua mentoria. Obrigada a Kerry Strollo, irmã de Janine: você é uma pessoa com quem se pode contar, e aprecio muito isso.

Obrigada, Bulldog O'Clair, por ser meu belíssimo modelo. Mas, mais do que isso, obrigada por ser uma pessoa real. Seu apoio e sua energia ajudaram a me dar gás. Abraços e beijos! E obrigada a vocês, Gina e Chris, por mostrarem seus belos rostos como modelos. Agora, onde está o vinho?

Obrigada a Nic Smith e ao aluno diplomado da Henley-Putman por compartilharem suas histórias de modo que eu pudesse dividi-las com meus leitores. Vocês são o máximo!

Obrigada, Maryann Karinch. Sem você, eu não estaria escrevendo nenhum desses agradecimentos! Eu adoro sua sinceridade e sua energia. Você permitiu que eu riscasse um item na minha lista de coisas a fazer antes de morrer.

Obrigada, Career Press, por aceitarem meu primeiro livro. Não tenho palavras para expressar quanto estou animada por isso ter acontecido. Estou ansiosa para trabalhar com vocês no meu próximo livro, que já está em andamento.

Quero agradecer a duas queridas amigas que sempre me proveram palavras de encorajamento e sabedoria, Alissa e Kristy. Nós festejamos como estrelas do rock; eu amo vocês até a lua e as estrelas!

Eu quero fazer um brinde a Diane: *a nós, e por fazermos isso acontecer!* Tim-tim!

Obrigada àqueles com quem servi, especialmente a minha família da Base Naval da Baía de Guantánamo (GTMO) nos velhos tempos. Eu me sinto grata por ainda manter contato com alguns de vocês. Eu espero que suas vidas os tenham levado ao sucesso. Eu também quero agradecer a todos os membros das Forças Armadas por sua honra, sua coragem e seu comprometimento. Pode soar clichê, mas não há melhores palavras para descrever aquilo em que vocês se alistaram e o que vocês fazem. Obrigada, Dave, por ser uma espécie de controle de qualidade e conselheiro da rainha.

Obrigada a todos da minha família e a todos os meus amigos que me inspiraram para escrever de alguma forma que talvez nem mesmo vocês saibam; *talvez vocês possam simplesmente ler sobre isso neste livro.*

Muito obrigada a todos vocês que estão lendo isso, àqueles de vocês que me ouviram discursar e àqueles de vocês que eu treinei. É por sua causa que eu consigo continuar compartilhando meu conhecimento. E, por fim, sou grata pela minha família de amigos peludos que me dão tanta alegria e que me mantêm calma e sã.

SUMÁRIO

Prefácio 15

Introdução 19

1: Você não é um leitor de mentes:
desmascarando o principal mito sobre a detecção de mentiras 23

2: Por que as pessoas mentem? 31
Três maneiras de mentir 32
Dois tipos de mentirosos 34
Os quatro segredos para ser um bom mentiroso 39

3: O detector de mentiras humano
versus a máquina detectora de mentiras 45
O novo polígrafo? 54

4: Meu programa de cinco passos para leitura da linguagem corporal:
seja um especialista em linguagem corporal: seja um REBeLdE 57

5: R, de Relaxe 61
Fracasso e aceitação 62
O que acontece com o corpo quando está sob estresse 70
Gestos corporais de confiança: o que fazer e o que não fazer 73

6: E, de Estabeleça rapport: fazendo com que as pessoas *queiram* gostar de você 93
   Um dia na vida de uma interrogadora 95
   Fazendo com que qualquer um goste de você 99
   Tudo na família 117
   Cinco dicas para ter habilidades de comunicação aguçadas 120

7: Preferências de personalidade: como mudar as suas para se equiparar às deles 127
   Extroversão/Introversão 131
   Intuição/Sensação 132
   Pensamento/Sentimento 135
   Julgador/Percebedor 136

8: B, de linha Basal: usando todos os seus sentidos 139
   Siga a regra de três (ou não me leia) 142

9: L, de Lutar para enxergar desvios: incongruência comportamental 147
   A face: emoções e como elas transparecem nas expressões faciais 149
   A cabeça 159
   Olhos mentirosos 160
   A boca 168
   As mãos 169
   Sete sinais de incerteza 173

10: E, de Extraia a verdade: *tells* verbais 181
    Passo 1: Estabeleça a cronologia dos eventos 184
    Passo 2: Ouça com atenção para ver se nota pontos quentes verbais 191
    Passo 3: Use "elevar o orgulho e o ego" 211
    Passo 4: Faça boas perguntas 212
    Perguntas a serem evitadas sempre 218

11: Seu kit de ferramentas para a leitura da linguagem corporal 223
    Você não lê mentes 223

    Mentira — Guia básico 225
    Meu programa de cinco passos para leitura da linguagem corporal:
    seja um especialista em linguagem corporal: seja um REBeLdE 225

Posfácio 233

PREFÁCIO

EM ALGUM MOMENTO, VOCÊ CERTAMENTE DEVE TER OUVIDO alguém dizer "Eu vejo sentido no que você está dizendo", e isso significava que a pessoa entendia o que você havia acabado de falar. Não faria mais sentido se ele ou ela tivesse dito "Eu entendo o que você está dizendo"? Afinal de contas, nós ouvimos as pessoas falarem, mas não conseguimos *ver* seu discurso (a menos que elas estejam falando em linguagem de sinais, é claro). Então, como é que podemos ver o que as pessoas dizem? Não podemos. Mas podemos ver *como* as pessoas dizem as coisas — sua linguagem corporal, suas expressões faciais, as coisas que elas fazem enquanto falam — e isso nos faz sentir como se, de fato, fôssemos capazes de ver o que elas dizem, além apenas de suas palavras faladas. Por exemplo, por meio de palavras, gestos corporais, expressões faciais e certos sinais fisiológicos, sou capaz de observar como as pessoas mentem.

Quando ouço as pessoas falarem que veem sentido no que estou dizendo, isso me diz que elas me "entendem". Isso me lembra a saudação do povo Na'vi, a cultura nativa, ainda que fictícia, do planeta Pandora, no filme *Avatar*, de James Cameron. A saudação deles é "Eu vejo você", que essencialmente se traduz por "Eu posso ver dentro de sua alma e conheço você. *Eu entendo você*". Este livro tem o propósito de esclarecer as relações entre escutar, ouvir e ver: escutar os sons que as pessoas emitem, ouvir as palavras específicas que elas usam e ver seus gestos corporais e suas expressões faciais enquanto elas falam.

Chama-se *congruência comportamental* o que se dá quando o que dizemos está de acordo com a forma como dizemos (que pode ser observada por meio da linguagem corporal). Quando isso não ocorre, temos a *incongruência comportamental*; nesse caso, o corpo não está agindo de acordo com as palavras que estão sendo ditas ou com as emoções verdadeiras por trás dessas palavras. Eu ensinarei a você como identificar tanto uma quanto a outra. Ensinarei também como procurar *tells*[2] (desvios do comportamento normal que indicam estresse) indicadores de mentiras, e por que você deve procurar conjuntos desses *tells* para determinar se alguém está mentindo. Entender o que as pessoas dizem vai bem além de simplesmente escutar suas palavras, embora as palavras e a voz desempenhem papel fundamental na detecção de mentiras, como você logo vai descobrir. Na verdade, tendo a depender mais de *tells* verbais do que de não verbais. Explicarei por que mais adiante, quando você começar a entender as complexidades da comunicação não verbal.

Em *Avatar*, quando os Na'vi dizem "Eu vejo você", eles querem dizer que são capazes de sentir as verdadeiras emoções e o espírito interior dos outros; eles são capazes de sentir empatia por eles. Empatia é a chave para a criação de rapport[3], e a criação de rapport é o processo de fazer por merecer aceitação, confiança e respeito.

Como pratico ioga, vejo uma conexão entre a saudação dos Na'vi e a palavra em sânscrito *namastê*. Ao fim de cada sessão de ioga, eu digo *namastê*. Essa palavra resume minha crença de que existe em cada um de nós uma centelha divina, que fica localizada no chacra do coração; é um reconhecimento da alma em um pela alma no outro.

Você já deve ter ouvido dizer que se você olhar profundamente dentro dos olhos de alguém, conseguirá enxergar a alma dessa pessoa. Você já se perguntou o que a alma tem de tão especial? A alma é a verdadeira essência do eu; não há como escondê-la nem falsificá-la e não há como fazer com que os outros se enganem com ela. Então, sabemos quando não estamos sendo honestos com nós mesmos, e sabemos quando estamos mentindo para os outros; não podemos enganar a nós mesmos! E por que você acha que os olhos são a janela para a alma? Talvez porque os olhos sejam tão expressivos, somado ao fato de que é quase impossível controlá-los a fim de esconder emoções e

---

2. Ação ou uso de palavras de forma inconsciente que pode(m) trair um pretendido engano.
3. Rapport é um conceito da psicologia que remete à técnica de criar uma ligação empática com outrem, e vem do termo em francês *rapporter*, que remete à sincronia que permite e/ou leva ao estabelecimento de relações harmônicas, o compartilhamento de terreno comum, seja para conversar, seja para trabalhar ou realizar algo maior. Pode-se dizer que o rapport é um catalisador da colaboração.

sentimentos verdadeiros. Se você quiser ser um especialista em linguagem corporal e usar a linguagem corporal para ajudá-lo a detectar mentiras, criar rapport e aprimorar suas habilidades gerais de comunicação interpessoal, você precisará ser capaz de determinar as verdadeiras emoções por trás do que as pessoas dizem, além do significado das palavras que elas escolhem. Quando isso é feito de forma correta, a arte e a ciência da interação humana se encontram. Você não conseguirá ver a alma de alguém depois de ler este livro, mas será capaz de saber quando as pessoas não estão sendo honestas consigo mesmas e, o mais importante de tudo, com você. E esse é exatamente o motivo pelo qual escrevi este livro para começo de conversa.

Namastê.

INTRODUÇÃO

"VOCÊ É TÃO LEGAL; DEVERIA SE TORNAR MUÇULMANA. MAS VOCÊ tem de se dar conta de que, mesmo eu gostando de você, se eu a vir nas ruas, terei de matá-la." Isso foi o que um detento me disse certa vez enquanto eu o estava interrogando na baía de Guantánamo, em Cuba, também chamada Gitmo ou GTMO, que quer dizer Guantánamo. Fiquei feliz por ser capaz de criar rapport com ele e obter informações dele; eu só tinha que me certificar de que eu nunca me depararia com ele nas ruas. (Não estou preocupada com a possibilidade de que algum dia isso vá acontecer.)

Escrevi este livro para compartilhar minhas experiências e meu conhecimento de comunicação interpessoal, formação de rapport, linguagem corporal e detecção de mentiras. Neste livro você aprenderá sobre os mitos que cercam as técnicas de detecção de mentiras e por que a linguagem corporal é tida por muitos profissionais como uma ciência vodu e, portanto, é tão frequentemente desacreditada. Você também ficará sabendo como e por que ela funciona por meio de meu programa, que é fácil de ser seguido, de cinco passos de linguagem corporal, "Seja um especialista em linguagem corporal: seja um REBeLdE". Esse programa lhe ensinará como ler de forma precisa a linguagem corporal, como detectar uma mentira de modo verbal e não verbal e como chegar até a verdade. Afinal de contas, qual é o propósito de ser capaz de ler a linguagem corporal e detectar mentiras se, no fim das contas, você não conseguir arrancar a verdade de alguém?

Você terá um vislumbre da vida de uma interrogadora por meio das minhas histórias pessoais enquanto divido meus segredos sobre como criei rapport com terroristas, como ganhei a confiança deles e descobri o que eles sabiam. Também ensinarei a você a minha regra de três em se tratando de formar a linha basal das pessoas (algo imprescindível antes mesmo de você começar a achar que pode detectar mentiras), como detectar acuradamente *tells* indicadores de mentiras verbais (falados e escritos) e não verbais, e então o que fazer com essas informações uma vez que você as tenha. Eu lhe ensinarei como fazer uso de boas técnicas de questionamento, como controlar uma conversa e como extrair a verdade enquanto mantém o rapport.

    De maneira consciente ou não, as pessoas usam a linguagem corporal todos os dias para se comunicarem umas com as outras, para interagirem com os outros e para formarem (ou destruírem) relacionamentos com os outros. (Sempre achei que o estudo da linguagem corporal deveria ser incluído nas ciências sociais, pois elas são, por definição, o estudo de relacionamentos entre indivíduos em uma sociedade.) Você aprenderá como construir relacionamentos incríveis com as pessoas, inspirar a si mesmo e a outrem, ganhar a confiança das pessoas e fazer com que elas queiram ser verdadeiras e honestas com você. Este livro não apenas lhe ensinará como ler com precisão a linguagem corporal a fim de detectar mentiras, como também lhe oferecerá uma variedade de ferramentas para desenvolver autoconfiança e melhorar suas habilidades de comunicação interpessoais. Fiz uso dessas ferramentas como interrogadora militar para extrair informações de membros da Al-Qaeda e do Talibã de modo a salvar vidas e condenar terroristas por crimes de guerra. Aqueles que trabalham com a manutenção da ordem pública e investigadores haverão de se beneficiar das técnicas que ensino neste livro, mas qualquer um — sejam vendedores, médicos, enfermeiros, advogados, juízes, professores, conselheiros, terapeutas, entre outros — pode usar essas ferramentas em sua vida cotidiana. Você será capaz de conseguir o aumento ou a promoção que merece, de detectar se seus filhos estão mentindo para você em relação ao uso de drogas, será capaz de deixar seus clientes à vontade por meio do estabelecimento de rapport e entender o que eles realmente querem, determinar se sua testemunha está retendo informações, será capaz de ajustar sua linguagem corporal para ter uma melhor comunicação com as pessoas, exalar confiança e fazer com que as pessoas queiram confiar em você, respeitá-lo e segui-lo. Você também será capaz de se conectar com seus colegas para terminar tarefas em equipe, aumentar sua margem de lucro ao impulsionar sua clientela, conseguir a confiança e o respeito de um criminoso de modo a elicitar uma confissão, além de entender e dar ouvidos a sua "intuição" quando sentir que alguém não está lhe contando toda a verdade e chegar até a verdade sem perder rapport.

Depois de ler e digerir as informações contidas nas páginas seguintes, você se sentirá confiante para decodificar a linguagem corporal por meio do reconhecimento de *tells* indicadores de mentiras, tanto verbais como não verbais, e, por meio disso, identificar quando alguém está enganando você tanto na vida pessoal como na profissional. Muitos de nós temos uma sensação intuitiva em situações em que tentam levar vantagem sobre nós, mas, com frequência, ou não confiamos nessa sensação intuitiva ou não sabemos o que fazer com ela. Meu programa permitirá que você *confie em seu instinto*, pois você entenderá por que tem essa sensação para começo de conversa, e possibilitará que você se defenda, conseguindo o que merece: respeito e verdade. Será que isso ajudará você a descobrir se sua cara-metade está mentindo para você ou traindo você? Será que o ajudará a ganhar no pôquer? Será que o ajudará a conseguir um encontro com o objeto de sua afeição? Será que ajudará você a conquistar o próximo grande contrato? A resposta a todas essas perguntas e outras mais é um sim retumbante!

Inúmeros livros foram publicados sobre a leitura de linguagem corporal, detecção de mentiras e criação de rapport, alguns dos quais foram escritos por distintos colegas, e os quais eu mesma tenho. Este livro é uma abordagem única sobre esses esforços do meu ponto de vista pessoal, enriquecidos com minhas experiências únicas e lições que eu gostaria de passar a você. Projetei este livro para que fosse ao mesmo tempo educativo e divertido. O capítulo final inclui um guia rápido de referência para todas as novas ferramentas e técnicas que você terá aprendido. Meu desafio para você é que aprenda o que estou prestes a lhe ensinar e que depois faça uso disso!

Ensino linguagem corporal por três motivos: primeiramente, sou apaixonada por isso; em segundo lugar, funciona, quer você esteja tentando criar rapport, aprimorar suas habilidades de comunicação, identificar as mentiras ou chegar à verdade; e, em terceiro lugar, essas habilidades são algo que todo mundo que interage com outros seres humanos, não importando qual seja sua profissão, deveria ter. Minha meta é ensinar essas habilidades às pessoas para que elas possam ser bem-sucedidas na vida e para que os outros não se aproveitem delas nem as enganem.

Aprendi a linguagem corporal principalmente na prática, e não lendo a respeito. Nunca fiz aulas de psicologia nem fui treinada nas manobras da mente humana por um profissional. Minha experiência com linguagem corporal e comunicação interpessoal vem de minha antiga vida como arqueóloga, das minhas formações em antropologia e arqueologia, de uma aula de uma hora (chamada "Inimigo Prisioneiro de Guerra") que tive de fazer durante meu treinamento em interrogação, e depois de literalmente centenas de horas que passei interrogando membros da Al-Qaeda e do Talibã durante a guerra global ao terror. Depois de aprender essencialmente por meio de tentativa e erro, mergulhei na realização de pesquisas em forma de autoaprendizado sobre linguagem corporal e emoções e interações humanas, e frequentei treinamentos especializados conduzidos por outros especialistas. Aprendi sozinha a realizar perfis de personalidade com base na tipologia de personalidades de Jung, bem como a analisar a caligrafia, algo que mais tarde usei para orientar meus próprios alunos durante dois anos para ver se esses conhecimentos me ajudavam em minha comunicação com eles (dica: sim, ajudaram).

Espero realmente que minhas experiências e meu conhecimento que divido com você neste livro venham a lhe trazer sucesso pessoal e profissional. Desfrute o aprendizado sobre a interação entre a arte e a ciência do comportamento humano e use meu programa no empoderamento de sua vida, um dia de cada vez.

1
VOCÊ NÃO É UM LEITOR DE MENTES: DESMASCARANDO O PRINCIPAL MITO SOBRE A DETECÇÃO DE MENTIRAS

VOCÊ SABIA QUE A ÚNICA LINGUAGEM UNIVERSAL É A LINGUAGEM corporal? Ela é praticamente a mesma em todas as culturas, em todos os gêneros e em todas as idades. Os únicos aspectos da linguagem corporal que são afetados pela cultura são gestos específicos de mãos e cabeça e o conceito de espaço pessoal. Sinais de ansiedade e estresse e demonstrações de emoções são os mesmos. Apesar disso, a detecção de mentiras é uma ciência inexata. Não estou tentando desencorajar ninguém, estou apenas preparando-o para essa realidade. Você precisará confiar em uma caixa de ferramentas cheia de técnicas avançadas, assim como em sua habilidade de identificar centenas de *tells* verbais e não verbais (mudanças ou desvios de um comportamento normal de uma pessoa), e então determinar se alguém está ou não mentindo. Se descobrir que alguém está mentindo, você terá a responsabilidade, para si e para os outros, de chegar até a verdade.

A detecção de mentiras é apenas metade da tarefa; extrair a verdade é a outra metade. Se você não for se esforçar para chegar até a verdade, por que se dar ao trabalho de detectar a mentira, afinal? Que bem isso faria a você?

É fácil aprender sobre *tells* indicadores de mentira não verbais comuns (desvios da norma, como cruzar os braços, piscar rápido, dar de ombros e tentar disfarçar um sorriso), mas esses *tells* em si não são necessariamente indicativos de mentira. Alguns deles são meramente indicativos de contemplação, estresse, ansiedade ou até mesmo vergonha. Como ex-interrogadora militar certificada do Departamento de Defesa (DoD), detectei com muita frequência em meus detentos indícios tanto verbais como não verbais de que estavam mentindo. Eu era bem precisa, mas não acertava cem por cento das vezes. Contesto qualquer pessoa que se considere especialista na detecção de mentiras e declare estar sempre com razão. Algumas pessoas usam o termo "especialista em detecção de mentiras" para descrever a si mesmas; outras usam o termo "especialista em linguagem corporal". Prefiro este último porque não acredito que ninguém seja capaz de detectar mentiras com precisão o tempo todo. Tendo dito isso, podemos chegar bem perto, talvez até mesmo em 99% das vezes. Usei todas as ferramentas e técnicas que ensino neste livro e obtive grande sucesso com elas, com base nas informações de inteligência acionáveis que coletei e que resultaram na identificação de terroristas e combatentes estrangeiros, suas missões, as localizações de seus campos de treinamento, como eram treinados, como eram financiados, como recrutavam novos membros, como se comunicavam e viajavam e como viam o Ocidente. Essas informações nos ajudaram a frustrar futuros ataques, capturar outros terroristas e salvar vidas.

Quando digo às pessoas que leio linguagem corporal, perdi a conta de quantas vezes me responderam com a seguinte pergunta: "Então, no que estou pensando agorinha mesmo?". Eu posso ler o corpo, mas não consigo ler a mente das pessoas, embora eu gostaria de ser capaz de fazer isso! Até mesmo o lema de minha empresa diferencia os dois: "Mova o corpo para influenciar a mente; leia o corpo para influenciar pessoas".

Isso quer dizer que, quando ensino às pessoas como se sentirem confiantes de modo que sejam capazes de falar em público ou se saírem superbem em uma entrevista de emprego, digo a elas que é preciso, em primeiro lugar, que elas pareçam confiantes. Uma vez que elas movam o corpo e assumam, digamos, uma postura de confiança ou de poder, algo de que falarei no Capítulo 5, elas começarão a se *sentir* confiantes. Eu dizia a meus alunos: "Se vocês se sentirem tolos, parecerão tolos". Felizmente, o inverso também é verdade: se você parecer confiante, você se sentirá confiante. Quando aprender a ler acuradamente a linguagem corporal, e você será capaz de fazer exatamente isso depois de ler este livro, você será capaz de influenciar pessoas para que elas gostem de você, tenham respeito por você, confiem em você e sejam honestas com você. Então, para deixar as coisas claras, não consigo ler mentes, mas sou capaz de ler suas expressões faciais e seus gestos corporais, os quais podem me dizer muita coisa mesmo sobre o que está realmente se passando por sua cabeça quando você me diz: "Eu juro que não fui eu!", conforme você vira de lado, dá de ombros e tenta esconder um sorriso. Eu saberei que o que você realmente está dizendo é "Fui eu". Mas ainda não consigo ler sua mente!

Hoje em dia, muitas pessoas, assim como várias empresas e instituições, ensinam ao setor privado como interpretar a comunicação não verbal de modo a aprimorar habilidades de comunicação, confiança e rapport. Essas habilidades trouxeram recompensas a todo mundo, desde proprietários de pequenos negócios até imensas corporações. Contudo, para cada pessoa que ensina esses conhecimentos, parece haver vinte que os refutam e se referem a eles como vodu; algo, na melhor das hipóteses, falso e, na pior, não confiável. O problema reside na forma como são ensinadas e aprendidas a leitura da linguagem corporal e a detecção de mentiras. Por exemplo, muitas pessoas pensam que só porque assistiram à série *Lie to me* (*Engana-me se puder*) na TV, são especialistas em linguagem corporal, mas essa série de TV negligencia dois elementos muito importantes na identificação de mentiras e na descoberta da verdade: o estabelecimento do comportamento basal da pessoa (de forma que você possa identificar a incongruência comportamental — falarei mais sobre isso adiante), e saber como identificar o exato momento em que você vê essa incongruência e depois faz a sondagem com questões precisas de modo a entender por que houve uma mudança no comportamento para começo de conversa. Ele estava mentindo ou era alguma outra coisa? O velho método de interpretação de linguagem corporal para detecção de mentiras levou as pessoas a acreditarem que a observação de um gesto corporal específico era indicador de falsidade e automaticamente isso queria dizer que aquela pessoa estava mentindo. Só porque alguém dá de ombros quando diz "Não sei o que aconteceu com o dinheiro que você deixou no balcão", isso não quer dizer que essa pessoa saiba onde está o dinheiro e que ela esteja mentindo para você. Um dar de ombros sempre indica incerteza, mas, nesse caso, isso não necessariamente significa que essa pessoa esteja incerta em relação a onde foi parar o seu dinheiro; isso poderia querer dizer que ela estava pensando no cheque sem fundos que acabou de ser devolvido e estava se perguntando aonde foi parar todo o dinheiro *dela*.

Algo para se manter em mente é que, quando você for falsamente acusado de mentir, você pode perder tanto a confiança da pessoa quanto sua credibilidade.

Algumas pessoas que fazem treinamento em linguagem corporal acham que se tornaram leitoras de mentes. Isso não poderia estar mais longe da verdade. Se você já assistiu alguma vez ao mágico Criss Angel em ação, poderia jurar que ele é um leitor de mentes. Sabe de uma coisa? Ele não lê mentes, não. Ele cria ilusões, ele influencia pessoas e ele lê linguagem corporal (incluindo microexpressões faciais), além do que ele é ótimo em tudo isso. Certa vez, ele fez com que a Oprah Winfrey pensasse em um número de 1 a 100, de modo que ele pudesse tentar adivinhar em que número ela havia pensado, e é claro que ele conseguiu. O número era 11. Eis como ele fez isso. Primeiramente, ele plantou seu sucesso passado na mente de Oprah, dizendo: "Vou mostrar a você como uso a psicologia e como estudo seus maneirismos para entrar em sua cabeça, Oprah, e lhe dizer no que você está pensando". Conforme ele começou a pegar "pedaços" de grupos de números para reduzi-los até aquele grupo que continha o número em que Oprah estava pensando, os olhos dela arregalaram-se bem levemente e sua boca se abriu quando ele perguntou a ela: "Seu número está entre 1 e 15?" Os olhos dela e a expressão em seu rosto disseram a ele tudo que ele precisava saber. Agora eu tenho certeza de que Criss faz uso de outras técnicas de mágicos que desconheço, mas, mesmo assim, a suposição dele foi confirmada pela microexpressão facial dela. Mas como foi que ele chegou ao 11? Você já se perguntou por que sempre parece que você olha para um relógio quando é 11:11? Eu faço isso quase diariamente. Numerólogos acreditam que 11:11 representa sincronicidade, querendo dizer que notar o número não é uma coincidência casual, mas sim uma coincidência proposital. Carl Jung, o psicólogo suíço sobre quem falo mais no Capítulo 7, foi o primeiro a escrever sobre a sincronicidade.

Ele descreveu, em uma prosa muito científica, como eventos que a princípio parecem coincidência, muitas vezes não o são, mas estão, na verdade, relacionados. Gosto de resumir a teoria dele com minha frase predileta: Tudo acontece por um motivo. Mas voltemos ao número 11. Por que nós olhamos para o relógio quando é 11:11, por que Oprah escolheu o número 11 e por que este livro tem 11 capítulos? Tudo coincidência? Ou será que todos somos subconscientemente atraídos para ver, escrever e pensar no número

11? Infelizmente, não tenho respostas para essas perguntas, mas o fato de que Oprah escolheu um número síncrono para começo de conversa, e o fato de que Criss viu sua boca abrir-se levemente e seus olhos ficarem sutilmente arregalados por causa da surpresa enquanto ele sondava para descobrir o número que ela havia escolhido, podem tê-lo ajudado a adivinhar a resposta corretamente.

Além disso, quando Oprah escreveu primeiro o número em um grande bloco de papel branco para mostrá-lo ao público, ela o fez usando traços de baixo para cima, a forma europeia de escrever o número 1, e não apenas linhas verticais retas, a forma americana de fazê-lo. Aparentemente, alguém em meio ao público perguntou que número era aquele, talvez porque a pessoa nunca tinha visto o número 1 escrito daquela forma, então Criss pôde ouvir quando Oprah perguntou a eles: "Pelo amor de Deus, vocês não sabem que número é esse?". O público riu e ela reescreveu o 11 usando o método Palmer de caligrafia, com apenas linhas verticais, e mostrou-o ao público novamente. Eles riram ainda mais alto, e ela perguntou: "Ok, todo mundo captou, ok?". Criss deveria saber que só existem dois números que podem ser escritos de forma diferente, 1 e 7. Tendo sido arqueóloga, me ensinaram a escrever os números como eles fazem na Europa continental para evitar confusão, então eu ponho ganchos em meus 1s e traços nos meus 7s. O raciocínio básico é que — e aposto que ele também lhe diria isso — Criss Angel não lê a mentes das pessoas, mas, sim, ele é muito observador e vê muitas coisas que a maioria das pessoas não vê. Depois de ler este livro, você também aprenderá a ver algumas dessas coisas que Criss Angel, eu e outros especialistas em linguagem corporal conseguimos ver e fará uso disso para seu benefício. Quando você aprender como fazer a leitura da linguagem corporal acuradamente e detectar *tells* indicadores de mentiras, você, *de facto,* haverá de se tornar um analista.

Existe um processo para aprender a fazer uso da linguagem corporal para detectar mentiras. Esse processo sempre deveria seguir o que eu chamo de regra de três, da qual falo no Capítulo 8. Em resumo, você precisa estudar a linguagem corporal de uma pessoa para estabelecer seu comportamento de linguagem corporal normal (a linha basal), e então equiparar o que está sendo verbalmente dito com o que está sendo dito não verbalmente por meio de gestos do corpo, procurando desvios da linha basal (*tells*). No entanto, um *tell* não é o bastante; é preciso procurar grupos de *tells* e, então, avaliar o contexto no qual você os vê. Depois que se familiarizar com a linguagem corporal basal de alguém, você será capaz de retomá-la quando ela mudar. Por exemplo, eu sou de Rhode Island e sou meio-italiana, então, quando falo, falo alto e rápido, mexendo os braços. Inclusive, quando fico muito animada, sou conhecida por bater nas pessoas sem querer enquanto estou falando. Esse é um comportamento de linguagem corporal normal para mim. Se, em algum momento, eu aquietasse os movimentos dos meus braços e das minhas mãos enquanto estivesse falando, isso seria um indicativo de um desvio do meu comportamento de linha basal. Estaria eu mentindo? Nesse ponto, você não teria como tirar uma conclusão, mas saberia que se trata de um desvio, de um *tell*, e saberia que teria de sondar mais. Novamente, apenas um *tell* não é indicativo de mentira; um agrupamento de *tells*, sim. Se você estivesse tentando descobrir se eu estava mentindo, você precisaria sondar o assunto do qual eu estava falando exatamente quando notou o desvio, usando questões cuidadosamente formuladas para ver se você conseguiria observar mais algum *tell*. Como pode ver, o processo de detecção de mentiras não é tão simples quanto as pessoas pensam que é. Trata-se de um processo metódico, e ensinarei esse processo a você nos próximos capítulos.

Você também aprenderá por que as pessoas mentem e enganam, juntamente com técnicas sobre como extrair a verdade de alguém e ao mesmo tempo manter o rapport e o respeito. Você não gostaria de saber como conseguir que criminosos calejados gostem de você e queiram lhe contar a verdade? Você não gostaria de saber como sair com uma vantagem inicial em uma situação competitiva, como causar uma tremenda de uma primeira impressão, como se sentir e parecer mais confiante, como fazer com que as pessoas queiram ouvir o que você tem a dizer e como fazer com que as pessoas olhem para você e vejam um líder e o respeitem? Você não gostaria de saber se seu novo funcionário está roubando dinheiro da empresa? Se sua filha estava sofrendo *bullying*? Se seu filho estava usando drogas? Se seu colega de trabalho mentiu para o chefe para conseguir a promoção para a qual vocês dois estavam qualificados? Se sua testemunha estava propositalmente omitindo detalhes em seu depoimento? Se um criminoso condenado mentiu sobre o paradeiro de suas vítimas? Se um candidato a uma vaga de emprego mentiu sobre suas qualificações? Se seu paciente mentiu a você sobre remédios que lhe foram receitados? Se você respondeu sim a uma ou mais de uma dessas perguntas e quer dominar as habilidades que estou prestes a ensinar a você para que consiga ser bem-sucedido em sua vida profissional e pessoal, então, continue lendo.

Acredito que todo mundo, independentemente de quais sejam suas metas profissionais ou pessoais, deveria dominar essas habilidades para assumir o controle de sua vida, detectar mentiras, ganhar respeito e conhecer a verdade. Quer estejamos falando sobre um detento que não quer contar sobre um iminente ataque terrorista, um vendedor que está tentando arrancar dinheiro de você ou uma criança que está fazendo *bullying* com seu filho ou sua filha, *conhecimento é poder*. Pegue o conhecimento que estou passando aqui e use-o em sua vida diária. Este não é apenas um livro sobre uma interrogadora compartilhando seus truques do ofício para pegar mentirosos, é um livro sobre melhorar a forma como você interage com as pessoas de modo geral.

Pegar mentirosos, claro, é meu ponto forte. Quando estava sendo treinada como interrogadora, me ensinaram todos os tipos de técnicas de interrogatório, desde a criação de rapport, detecção de mentiras, psicologia de inimigos prisioneiros de guerra, comunicações interculturais, como fazer apropriadamente perguntas e explorar plenamente informações, como trabalhar com intérpretes, como reportar as informações que coletei. Contudo, as três técnicas que mais me proporcionaram sucesso foram a criação de rapport, a identificação de *tells* indicadores de mentiras verbais e não verbais e o uso de técnicas de questionamento avançado. Se você decidir seguir uma carreira na leitura da linguagem corporal e na detecção de mentiras, seja ensinando essas habilidades às pessoas como palestrante motivacional ou usando-as em uma profissão, sua credibilidade (e talvez a credibilidade do indivíduo que você estiver lendo) sempre estará em jogo. Aviso de antemão para que você esteja preparado!

2
POR QUE AS PESSOAS MENTEM?

TODOS NÓS MENTIMOS. SIM, ATÉ MESMO VOCÊ! AS PESSOAS MEN- tem por inúmeros motivos. Alguns mentem por autopreservação, para protegerem-se do medo, da dor, da culpa, da vergonha e/ou do embaraço. Algumas pessoas mentem para proteger os sentimentos dos outros. As pessoas mentem para se enquadrarem no que se espera delas também, evitar conflito ou evitar magoar alguém que elas amam. Alguns mentem porque é o trabalho delas fazer isso; outros mentem porque gostam de sentir que estão se safando de algo ou passando a perna em alguém. Então, há os sociopatas charmosos que mentem incessantemente para conseguir as coisas do jeito deles sem nenhuma preocupação com os outros; há os mentirosos compulsivos que mentem por hábito e se sentem estranhos quando contam a verdade; os mentirosos profissionais, que são mestres na arte de mentir para fazer com que o trabalho seja realizado, e há todo o restante das pessoas; e a lista ainda segue em frente. Porque todos nós mentimos.

Talvez você esteja pensando: "Quem é ela para dizer que eu minto?". Pense em quando seu telefone toca em casa e você sabe que é alguém com quem você realmente não quer falar. Você já pediu para alguém (seu cônjuge ou filho/a) dizer àquela pessoa que você não está disponível ou que não estava em casa? Bem, adivinha? Você simplesmente mentiu. Ou pense sobre quando sua melhor amiga veio até você e lhe perguntou: "O que você acha da minha calça jeans *skinny*?", quando essa calça jeans era notavelmente dois números apertada demais, e você disse: "Acho o máximo!", enquanto estava pensando *Como diabos ela conseguiu entrar nessa calça?* Ou você se lembra da vez em que sua mãe ligou e perguntou "Você está lembrado de que o aniversário de seu pai é na sexta-feira?" e você disse "É claro que estou, mãe!" enquanto escrevia "Arrumar um cartão de aniversário para o papai" em um post-it. E quando o médico pergunta com que frequência você se exercita e você diz "Três vezes por semana", sabendo muito bem que você encaixa, com aperto, uma caminhada de vinte minutos no seu cronograma, uma vez por semana, se tiver sorte? Eu não tenho que lhe dizer isso, porque você sabe que está mentindo.

Quando eu estava nas Forças Armadas, era considerada uma mentirosa profissional. Eu dizia aos detentos responsáveis por atos de terrorismo que faria tudo o que estivesse ao meu alcance para tirá-los da prisão e libertá-los para que fossem mandados de volta para seus países de origem; eu disse a membros do Talibã que entendia por que eles lutavam a *jihad* contra os ocidentais e que os Estados Unidos nunca deveriam ter entrado no Afeganistão; demonstrava até mesmo simpatia e empatia por terroristas extremistas que haviam sido capturados e aprisionados. Eu mentia porque era meu trabalho fazer isso, a fim de obter informações.

TRÊS MANEIRAS DE MENTIR

Existem três maneiras de mentir: a declaração falsa, o embelezamento e a mentira por omissão. Você pode mentir ao dizer algo que é completamente não verdadeiro, você pode embelezar os detalhes de uma história ou pode deixar de fora da história um detalhe ou mais. Você sabia que nove entre dez pessoas mentem no currículo, embelezando suas habilidades e responsabilidades? Você não gostaria de saber disso se fosse um gerente que estivesse contratando? Eu trabalho com um bocado de personalidades do tipo A;[1] nossa, eu mesma sou uma dessas pessoas! Nós somos muito competitivos e temos de ser os melhores em tudo. Quando nossas histórias de guerra começam a circular, os detalhes parecem ficar cada vez mais animadores e impressionantes a cada vez que essas histórias são contadas.

---

1. De acordo com o dicionário de inglês da universidade de Oxford, as personalidades tipo A são caracterizadas pela ambição, impaciência e competitividade, sendo consideradas suscetíveis ao estresse e problemas cardíacos. (N. T.)

Seria possível que um leve embelezamento estivesse sendo feito aí? Muito provavelmente, mas as histórias são sempre divertidas!

Um exemplo de mentira por omissão seria quando sua esposa lhe pergunta: "Quem vai na viagem de negócios com você amanhã?", e você sabe que aquela advogada assistente jovem, bonita e solteira que a firma acabou de contratar vai, mas você diz apenas: "John e Pete"... isso é uma mentira por omissão. Você não está dizendo que ela não vai, mas também não está dizendo à sua esposa que ela vai. Talvez o único motivo pelo qual você mente por omissão seja porque não quer causar nenhuma preocupação para sua esposa, porque você tem um casamento feliz e não tem absolutamente nenhum interesse na advogada assistente de vinte e poucos anos. Se é esse o caso, então por que mentir ao omitir o fato de que ela está indo na viagem também? Por muitos dos motivos que já listei anteriormente. Mentir nem sempre é para gratificação pessoal; isso pode ser feito para poupar os sentimentos dos outros ou apenas para manter a paz.

Em relacionamentos, o elemento-chave é conhecer o estilo preferencial de comunicação da outra pessoa. Ela prefere que você mantenha a paz e omita fatos desnecessários? Ou prefere que você seja aberto e direto em relação a todos os detalhes, não importando quais sejam as consequências? Qualquer que seja o caso, você tem que respeitar e exercitar o estilo preferido da pessoa, mesmo que não seja sua preferência, ou pelo menos chegar a um meio-termo. Confiança e comunicação são as bases dos relacionamentos. Não se pode ter um sem o outro, e sem ambos, você não tem relacionamento nenhum. Meus relacionamentos mais bem-sucedidos, tanto as amizades como os relacionamentos íntimos, se deram quando ambas as partes foram igualmente abertas e honestas. Uma vez que você conhece o pior de seu amigo ou cônjuge, então há apenas o melhor por vir. Nós somos todos humanos e todos cometemos erros e fazemos julgamentos errôneos. Vamos ser sinceros: todos nós já fizemos besteira pelo menos uma vez na vida. Contei às pessoas alguns dos meus piores erros, mas, se elas ainda gostam de mim e me respeitam depois disso, sei que tenho um relacionamento sólido. Então, quando se trata de decidir se você deveria contar à sua amiga que a calça jeans dela está apertada demais ou contar a sua esposa que a jovem loira está indo na viagem de negócios com você, pense nela, não em você, e no que ela preferiria ouvir. Pode ser que sua amiga diga: "É, eu acho que essa calça vai ser minha meta do que vestir quando eu perder uns quilinhos. Obrigada pela sinceridade!" Ou talvez sua esposa diga: "Eu realmente não me importo com isso; apenas sinta minha falta e volte preparado para passarmos algum tempo sozinhos, sem as crianças!". A propósito, eu diria que trinta minutos de uma conversa desconfortável é melhor do que uma vida inteira de arrependimento ou subterfúgio. Quando aprende a aceitar seus erros e seus pontos fracos, você começa a aceitar isso nos outros com mais facilidade, o que, por sua vez, cria respeito mútuo, tudo isso por permitir que vocês sejam humanos um com o outro. Meu conselho? Não tenha medo de compartilhar tudo, mas, primeiramente, certifique-se de que você sabe que a pessoa quer ou não ouvir o que você tem a dizer!

DOIS TIPOS DE MENTIROSOS

Os implodidores

Agora que entendemos que todo mundo mente ou mentiu em algum ponto na vida, vou tratar de dois tipos de mentirosos: aqueles que implodem, os mentirosos do dia a dia, e aqueles que explodem, mentirosos poderosos. Implodidores, ou os mentirosos do dia a dia, sentem-se nervosos em relação a mentir, então seu estresse aumenta quando eles mentem. O hormônio do estresse, o cortisol, é liberado, e o corpo passa por algumas respostas fisiológicas ao estresse, como boca seca, rubor e suor, para citar apenas alguns. O estresse causado por mentir amplifica seus sentidos e eles se tornam paranoicos. Eles sentem como se todo mundo pudesse notar a mentira deles, então eles tentam desaparecer ao se fazerem ficar fisicamente menores (implodindo), inclinando os ombros para baixo, virando os ombros para dentro, evitando contato visual, cruzando as pernas e os braços, essencialmente, ficando "amarrotados". A voz deles fica mais fraca, porém se torna mais estridente. Eles usam a linguagem de distanciamento para se livrarem da mentira. (Discutirei mais sobre o que acontece com o corpo quando está sob estresse no Capítulo 5.)

Nesse ponto, o pensamento cognitivo começa a se deteriorar, e eles não são capazes de lembrar os detalhes da mentira que acabaram de contar. No

Capítulo 10, ensinarei técnicas sobre como pegar alguém em uma mentira; muitas dessas técnicas exploram o fato de que a cognição dos implodidores diminui quando estão mentindo. J.J. Newberry, agente especial sênior aposentado da Agência de Álcool, Tabaco, Armas de Fogo e Explosivos (ATF) (e parte de um grupo seleto de indivíduos conhecidos como Verdadeiros Magos, que foram testados e classificados pelo Dr. Paul Ekman e pela Dra. Maureen O'Sullivan como os melhores dos melhores na detecção de mentiras), descreve estudos que mostraram como o pensamento cognitivo, que envolve as habilidades críticas do cérebro, as memórias de longo e curto prazos, a velocidade de processamento, o processamento visual e auditivo, assim como a lógica e o raciocínio, na verdade *diminui* a animação comportamental.[2] Isso significa que, enquanto os mentirosos se encontram no meio do tecer de uma mentira, sua linguagem corporal fica menos intensa enquanto seus cérebros estão realizando o processamento a pleno vapor e capacidade, mas imediatamente antes e depois da mentira, eles deixam passar *tells* indicadores de mentiras (desvios de seu comportamento normal que indicam estresse).

Mentirosos do dia a dia como você e eu tendem a ficar nervosos e ansiosos quando mentem, e nosso corpo revela essa ansiedade e esse estresse por meio de respostas fisiológicas visíveis. Sem querer, acabamos confundindo os detalhes de uma história ou nos esquecendo deles por completo, mudando tempos verbais e pronomes e exibindo um conjunto de *tells* indicadores de mentiras não verbais sobre os quais você aprenderá nas próximas páginas.

Os explodidores

Mentirosos poderosos, os explodidores fazem exatamente o oposto dos mentirosos do dia a dia. Eles, na verdade, se expandem, parecendo maiores, de modo a exibir mais confiança e controle. Eles ocupam mais espaço com gestos dos braços, ampliando a postura que assumem, e tornando-se cada vez mais altos e mais animados. Eles usam a técnica "convença, não conte": pessoas verdadeiras *contam* uma história, ao passo que mentirosos tentam *convencê-lo* de uma história. Mentirosos poderosos com frequência gostam

---

2. Vide: www.psychologytoday.com/experts/mr-jj-newberry e www.forensicpsychologyunbound.ws/OAJFP/Volume_2__2010_files/Vrij,%20et%20al.%202.

de mentir. Em vez de cortisol, o hormônio do estresse, é a *dopamina* que é liberada. A dopamina é um elemento químico complexo no corpo, que passa as informações de um neurônio para o próximo via *caminho mesolímbico*, que é associada a vícios e excitação sexual. A dopamina é tão complexa para ser definida pelos cientistas que eu não vou tentar fazer isso aqui. O importante é saber que mentirosos poderosos não ficam nervosos quando mentem; eles se deliciam fazendo isso, isso lhes dá um grande barato. Por conseguinte, o pensamento cognitivo deles não diminui; aumenta. Alguns mentirosos poderosos têm uma espécie de complexo de Deus: eles pensam melhor do que todo o restante das pessoas e são tão bons em mentir que nunca serão pegos por uma pessoa normal. Acham que seria necessário alguém tão esperto e engenhoso quanto eles para pegá-los. Mas, quer saber de uma coisa? Mesmo mentirosos poderosos ainda exibem *tells* reveladores, e é assim que eles podem ser pegos!

As pessoas me perguntam com frequência, sendo eu uma ex-interrogadora e mentirosa "profissional", como eu quebrava a vontade dos detentos para resistir a dizer a verdade e sua determinação de continuar contando mentiras. Minha resposta é: porque atraio mais abelhas com mel do que com vinagre. Sou uma mulher de 1,63 m de altura, peso 55,5 kg e muito certamente não sou intimidadora. Em vez de tentar fazer com que os detentos me temessem, eu fazia com que eles gostassem de mim; alguns até mesmo chegaram a respeitar o que eu estava fazendo. Na verdade, fui convidada a ir ao Paquistão para conhecer a família de um detento e jantar com eles. Outro detento fez um desenho de mim e escreveu no verso: "Boa sorte para que você tenha sucesso em seu trabalho". Meu *trabalho*, você deve ter se dado conta, era interrogá-lo.

Sou uma boa vendedora. Eu vendia a eles a ideia de liberdade em troca de informações, liberdade que eu sabia que a maioria não conseguiria e que a maioria certamente não merecia, mas, ainda assim, conseguia convencê-los de que a liberdade era passível de ser conseguida se eles cooperassem e me contassem a verdade. (Lembre-se do seguinte: estou mentindo para eles sobre liberdade, então tenho que convencê-los, e não contar uma história a eles.)

Obviamente que há muito mais em relação a como eu, de fato, conseguia chegar até a verdade, que eu explicarei em detalhes no decorrer deste livro.

Apesar da recente liberação de informações por parte do estudo feito pelo Comitê do Programa de Detenção e Interrogação da Agência Central de Inteligência Americana (CIA), compiladas pelo Comitê de Inteligência do Senado, estou falando a verdade quando digo que, durante o tempo que passei na GTMO como interrogadora militar autorizada do DoD, de agosto a dezembro de 2002, nunca ouvi falar nem fiquei sabendo de nenhum caso, e não vi nenhum detento ser abusado física ou mentalmente, coagido ou "torturado". Com base nas notícias, infelizmente, parece que isso pode ter acontecido em outras localidades. Porém, só para efeito de esclarecimento, não torturei detentos, nem nenhum membro do DoD com quem trabalhei na GTMO durante o tempo em que passei lá torturou detentos. Pelo contrário, nossos detentos tinham chá, petiscos, filmes, livros, jogos, doces e quaisquer outros itens de incentivo que eles pediam para tornar sua vida na prisão mais tolerável. Na verdade, nós até mesmo fomos mais longe, a ponto de importarmos guloseimas de seus países de origem. Com base em nossas descobertas de que respeito e rapport faziam com que conseguíssemos informações, anos depois que fui embora, campos especiais foram construídos para os detentos que cooperavam, para que eles pudessem jogar futebol e cultivar seus próprios jardins. Isso não me parece tortura, nem de longe.

    Alguns anos atrás, depus sob juramento e declarei a mesma coisa que escrevi aqui, mas, ao que parece, existem pessoas no mundo que clamam que a tortura era uma verdade, mesmo sem nunca terem colocado os pés na ilha. Infelizmente, fui vítima de artigos na imprensa que declaravam que eu tinha dito coisas que não disse e feito coisas de que não tinha conhecimento. O meu predileto foi quando minha mãe telefonou para mim e disse: "Li um artigo sobre você de um colunista em Washington, D.C., dizendo que você era uma 'MILF'![3] Eu nem mesmo sabia o que era isso; seus irmãos tiveram que me dizer o que era!" Então, obrigada, colunista desinformado em Washington, D.C., cujo nome não citarei, por fazer com que você mesmo parecesse idiota ao escrever sobre algo do que você não fazia a mínima ideia. Porque você simplesmente provou uma estatística.

    Como é que eu vendia liberdade? Eu tinha que mentir. Como é que eu convencia os detentos das minhas mentiras? Falando de forma simples, eu sei mentir. Porém, mesmo assim, não me sentia confortável fazendo isso, porque eu ainda temia que eles fossem ver a verdade por trás do que eu estava dizendo.

---

3. Sigla em inglês para "Mother I Would Like to Fuck" [mãe com quem eu gostaria de transar], usada como gíria vulgar para se referir a mulheres mais velhas atraentes.

No entanto, de modo geral, você se sente bem e você se respeita quando está sendo verdadeiro e, portanto, os outros também respeitarão você. Se você tende a mentir, você não respeitará a si mesmo nem aos outros; na verdade, acabará se tornando bem desconfiado dos outros. Você sabia que as pessoas que costumam desconfiar dos outros não dão bons detectores de mentiras? Isso se dá porque elas acham que tudo é mentira e que todas as ações são realizadas para um propósito egoísta. Eles vêm mentirosos por toda parte, até mesmo em indivíduos verdadeiros. Então, se você é uma dessas pessoas que não confiam em ninguém, você terá bastante dificuldade em detectar o que é de fato mentira.

Se você me perguntasse se existem bons motivos para mentir, minha resposta seria não. Quanto mais velha eu fico, menos me importo em ferir os sentimentos de alguém sendo falsa; na verdade, penso que ser falsa com alguém é pior do que possivelmente ferir seus sentimentos e lhes dizer a verdade. Eu prefiro dar às pessoas a verdade de modo que elas possam ver por si mesmas as coisas com outros olhos ou com outra perspectiva. É preciso se acostumar com isso de ser (às vezes brutalmente) honesto com as pessoas, mas descobri que sou mais respeitada e tenho relacionamentos mais fortes fazendo isso. Eu gostaria de ter sido sempre assim, mas me faltava a confiança para ser verdadeira quando era mais jovem. Tendo dito isso, ainda mentirei para um trabalho que requer que eu faça isso por um bem maior. Sabendo que prefiro falar a verdade, você ficará sabendo como e por que aquelas pessoas que não gostam de falar a verdade são boas em contar mentiras. Não estou sugerindo que você pratique os passos a seguir a fim de se tornar um bom mentiroso, mas mesmo se você fizer isso, muito provavelmente ainda deixará passar *tells* indicadores de mentiras de qualquer maneira, porque a maioria de vocês que estão lendo isso não são mentirosos profissionais, sociopatas ou mentirosos compulsivos. Contudo, saber como as pessoas ficam boas na arte de mentir ajudará você a detectar as mentiras delas.

OS QUATRO SEGREDOS PARA SER UM BOM MENTIROSO

Permaneça confiante

Em primeiro lugar, convença a si mesmo da mentira ou convença a si mesmo de que você não está mentindo. Isso requer muito poder da mente sobre a matéria. Você tem que, de forma consciente, trapacear com seu subconsciente para levá-lo a achar que você não está mentindo. Permaneça calmo e diga a si mesmo: *Esta é a verdade*. (É melhor dizer isso em vez de "Isso não é uma mentira", porque é mais fácil se sentir positivo em relação a uma declaração positiva do que em relação a uma declaração negativa.)

Em segundo lugar, certifique-se de que parte de sua mentira seja, de fato, verdade. Dessa forma, você pode se concentrar na parte verdadeira para se acalmar.

Uma vez que você se convença de que o que está prestes a dizer é a verdade, você suprimirá a liberação de cortisol que, de outra forma, faria com que seu corpo respondesse fisiologicamente com um aumento na taxa de pulsação, suor, boca seca, ruborização, tremor na voz, e assim por diante. Pessoas que mentem por omissão e embelezamento conseguem mentir com mais facilidade porque há alguma verdade na história delas. Contar uma mentira descarada é mais difícil. Por esse motivo, muitos mentirosos tentam controlar a conversa e apenas falam sobre as partes que são verídicas. A maioria das pessoas, inerentemente, quer ser honesta. Ninguém gosta de mentir, a menos que seja um sociopata; até mesmo terroristas não gostam disso. Eles prefeririam gritar a plenos pulmões: "Nós estamos atacando seu complexo militar esta noite, seus americanos sujos!".

O diabo está nos detalhes

Esse é um ditado comum em meio aos interrogadores. Eu costumava dizer isso a meus alunos o tempo todo para enfatizar a importância de conseguir informações detalhadas. O motivo para isso era uma via de mão dupla. Em primeiro lugar, se os detalhes estão presentes em uma história, isso dá ao interrogador alavancagem para pegar uma mentira, porque se lembrar de detalhes é difícil, especialmente quando aqueles detalhes são inventados; e, em segundo lugar, a ausência de detalhes é um sinal certeiro de que tais detalhes ou são desconhecidos ou estão sendo encobertos. Se um interrogador deixar os detalhes passarem batido, ele nunca pegará a mentira nem será capaz de extrair a verdade de um detento. Você pode desvendar uma mentira questionando os detalhes na mentira, pois, tipicamente, mentirosos não conseguem se lembrar dos detalhes de uma mentira quando são questionados a respeito deles posteriormente.

A fim de evitar essa circunstância desagradável, bons mentirosos evitam dar detalhes. Em vez disso, eles oferecem informações vagas e confusas que precisavam de mais questionamentos para serem explicadas. Isso, por sua vez, com frequência deixa o questionador irritado e frustrado, porque ele sabe que não está obtendo nenhuma informação pertinente. Se o questionador fica frustrado, a pessoa que está contando a mentira começa, na verdade, a ficar por cima, com vantagem, permanecendo calma e assumindo o controle da conversa (com frequência dizendo algo condescendente como "Estou notando que você está ficando chateado ou com raiva. Estou *contando* tudo de que me lembro"). Mentirosos criam uma mentira no presente porque a história nunca aconteceu. Quando questionados a respeito da mentira, eles podem escorregar e começar a contar a história no tempo presente. Isso com certeza é um *tell* verbal indicador de mentiras que permite aos interrogadores descobrirem a mentira e chegarem à verdade. Então, se você estiver tentando ser um bom mentiroso, você deveria evitar entregar detalhes. Fale sobre generalidades. Discorrerei mais profundamente sobre isso no Capítulo 10.

Planeje e prepare-se

Preveja perguntas que lhe serão feitas e pense em suas respostas.

Quando estão respondendo a perguntas, mentirosos tentam não ser prolixos, mas, com frequência, o são. É fácil identificar mentirosos quando eles começam a falar bobagem. Janine Driver chama isso de "conversa-fiada". Por exemplo, mentirosos tendem a prover álibis ou testemunhas abonatórias em suas histórias, mas se recusam a responder perguntas sobre eles com um simples sim ou não. Anthony Weiner e Bill Clinton eram notórios por isso. Veja essa transcrição do clipe da Fox News,[4] do congressista Weiner defendendo a forma como lidou com o escândalo da foto:

> **REPÓRTER:** "A situação não é essa. O senhor disse, em sua conta no Twitter, que uma fotografia obscena foi enviada a uma universitária. Responda à pergunta: Foi vinda do senhor ou não? O senhor a enviou ou não?"
> **WEINER:** "Se eu estivesse dando um discurso a 45 mil pessoas e alguém nos fundos jogasse uma torta em mim ou berrasse um insulto, eu não passaria as próximas duas horas do meu discurso respondendo àquela torta ou àquele insulto."
> **REPÓRTER:** "Tudo o que o senhor tem que fazer é dizer não."

Também acho. Tudo o que Weiner tinha de fazer era dizer que não, mas ele não podia (ou não queria) fazer isso porque então teria mentido na televisão. Será que ele não entendia que o fato de que isso de ele não poder (ou não querer) dar uma resposta direta dizia a todo mundo que o estava vendo que ele estava mentindo? Seria de se esperar que o assessor de imprensa dele o tivesse treinado melhor. E qual é a da referência à torta? As pessoas tipicamente jogam tortas dos fundos de uma sala cheia com 45 mil pessoas? Não acho que uma torta na verdade chegaria ao palco, mas é só um pensamento. A referência à torta foi um comentário absurdo de Weiner, uma história que tinha o propósito de nos fazer focar na torta em vez de focarmos naquilo que ele havia feito (ou que dizia não ter feito).

Agora dê uma olhada nesta transcrição do presidente Bill Clinton dando seu testemunho sobre Monica Lewinsky:[5]

---

4. Para assistir ao vídeo on-line, vá até www.youtube.com/watch?v=05-_LIOd5nM.
5. Assista ao vídeo completo aqui: www.youtube.comwatch?v=ClfpG2-1Bv4.

REPÓRTER: "Se Monica Lewinsky dissesse que, enquanto vocês estavam na área da Sala Oval, o senhor tocou nos seios dela, ela estaria mentindo?"

CLINTON: [pausa] "Permita-me dizer uma coisa em relação a tudo isso..."

REPÓRTER: "Tudo que eu realmente preciso, sr. presidente, é que o senhor [diga] que não vai responder à pergunta de forma alguma, ou que responda à minha pergunta, sabe, porque só temos quatro horas e suas respostas são extremamente longas."

CLINTON: "Eu sei. Mas vá em frente e faça suas perguntas."

REPÓRTER: "A pergunta é: se Monica Lewinsky dissesse que, enquanto vocês estavam na área da Sala Oval, o senhor tocou nos seios dela, ela estaria mentindo?"

CLINTON: "Não é assim que me lembro de as coisas terem acontecido. Eu me lembro de que não tive nenhuma relação sexual com a senhorita Lewinsky e mantenho minha declaração anterior em relação a isso."

Bill Clinton teve o mesmo problema que teve Anthony Weiner: ele não conseguia simplesmente dizer não.

Isso prova o meu ponto de que as pessoas, inerentemente, não gostam de mentir. E elas certamente não querem mentir na televisão, na frente do grande júri e de milhares de telespectadores. Então, se você quiser se safar com uma mentira, responda com sim ou não a uma pergunta que exige uma resposta de sim ou não. (Eu falarei mais sobre a incapacidade do mentiroso de responder a esse tipo de pergunta no Capítulo 10.)

Seja congruente em sua linguagem corporal

Esse é provavelmente o passo mais difícil de dominar. Na verdade, a maioria das pessoas não consegue fazer isso. De modo a exibir congruência comportamental, que significa fazer com que sua linguagem corporal se equipare com as palavras que você está dizendo, você tem que conhecer seu comportamento de linha basal quando está sendo autêntico. A menos que alguém que faça a leitura de linguagem corporal tenha lhe dito o que sua linguagem corporal indica quando você está sendo autêntico, é provável que você não saiba qual é o seu comportamento de linha basal. Tratarei profundamente da leitura e do estabelecimento do comportamento da linha basal de alguém no Capítulo 8, que aborda o terceiro passo em meu programa de cinco passos. Sua linha basal dirá aos outros o que você faz com seus olhos, seu corpo, sua voz, seus padrões de fala e suas expressões faciais. Ele também identificará as respostas fisiológicas que você muito provavelmente exibirá. Se você não for um explodidor (mentiroso poderoso), exibirá *incongruências comportamentais*, isto é, *tells* indicadores de mentiras.

Por fim, você precisa saber que mentirosos tentarão convencê-lo com informações enquanto pessoas verdadeiras simplesmente comunicarão essas informações. Se alguém estiver esforçando-se realmente muito para convencê-lo de que ele estava em casa na noite passada e que não tinha saído com *amigos*, ou que não sabia nada sobre o roubo que aconteceu na casa ao lado, e sua intuição estiver lhe dizendo para não confiar nele, você pode querer confiar na sua intuição, mas não faça nenhum julgamento precipitado; leia este livro e você aprenderá tanto o que fazer e o que *não* fazer para chegar à verdade.

Mentir é difícil. Você pode imaginar que é bom nisso, mas garanto que ainda assim você deixa passar sem perceber *tells* indicadores de mentiras. Quando mentimos, é extremamente difícil suprimir o cortisol, pois isso nos deixa nervosos. Mesmo que todas as pessoas mintam, a maioria delas prefere ser honesta; também gostamos de imaginar que os outros preferem ser honestos conosco. Tendemos a gostar de pessoas que são atraentes, que sorriem e que falam com uma voz não estridente, porque elas são mais dignas de confiança e são mais poderosas. O que eu posso dizer com certeza é que as pessoas ainda tentarão mentir mesmo que as chances de serem pegas sejam muito altas.

Embora todos nós mintamos, não se deveria mentir para ninguém.

3
O DETECTOR DE MENTIRAS HUMANO *VERSUS* A MÁQUINA DETECTORA DE MENTIRAS

"ESTOU LHE DIZENDO A VERDADE."

Não seria o máximo se você sempre pudesse acreditar nisso? Infelizmente, nem um especialista em linguagem corporal nem uma máquina de polígrafo é capaz de determinar se essa declaração é verdadeira com precisão de 100%, em 100% das vezes. Não obstante, tenho mais confiança no especialista em linguagem corporal para detectar mentiras do que tenho em uma máquina de polígrafo. Você sabia que a máquina de polígrafo não é capaz de detectar mentiras? Ela detecta estresse, de modo que deveria, na verdade, ser chamada de máquina detectora de estresse. A maioria das pessoas apresenta sinais de estresse quando mente? Com certeza! Mas isso não acontece com todo mundo.

Então, por que é que interrogadores, polícia, tribunais e agências de inteligência confiam em polígrafos para descobrirem se as pessoas estão mentindo? A resposta que a maioria daria é que, quando as pessoas mentem, elas vivenciam estresse, e a máquina de polígrafo capta esse estresse. Essas instituições presumem que todas as pessoas ficam estressadas e exibem sinais de ansiedade quando mentem. Já discuti os dois tipos de mentirosos no capítulo anterior, os mentirosos do dia a dia (implodidores) e os mentirosos poderosos (explodidores), de modo que você já sabe que os mentirosos poderosos não ficam estressados quando mentem, porque seu corpo não está liberando cortisol, o hormônio do estresse. Assim, se conectarmos um mentiroso poderoso a uma máquina de polígrafo, ele provavelmente passaria no teste. Esse é provavelmente o motivo pelo qual tantos espiões nos Estados Unidos passaram no polígrafo e foram incorretamente inocentados de acusações de roubo e venda dos segredos de inteligência da nação. Por exemplo, Anna Belen Montes, uma espiã cubana, trabalhou como analista para a Agência de Inteligência da Defesa (DIA) por dezesseis anos e passou em vários testes de polígrafo durante todo esse período. Aldrich Ames trabalhou na CIA por anos e passou em testes de polígrafo periódicos enquanto vendia segredos dos Estados Unidos para a União Soviética, bem como os nomes dos agentes da CIA infiltrados na União Soviética. Na época, essa traição custou as vidas de onze agentes (eles foram mortos pela KGB). Segundo Ames: "Não existe nenhum truque [para passar no teste do polígrafo]; simplesmente sorria e faça com que o examinador ache que você gosta dele"[1]. Larry Wu-Tai Chin, um analista da CIA, também passava por testes de polígrafo periódicos antes de ser pego fazendo espionagem para a China. Esses são apenas três exemplos, mas existem muitos outros.

Qualquer um que esteja trabalhando para o governo americano, seja um civil, terceirizado ou membro das Forças Armadas, precisa primeiro fazer um teste de polígrafo para obter e manter um tipo específico de autorização de segurança para ver se é possível confiar que eles vão salvaguardar os segredos da nação.

Eu fiz um desses testes e fui aprovada com louvor em tempo recorde: quinze minutos. Antes de fazer esse teste, ouvi histórias de terror de meus colegas, muitos dos quais tiveram que repetir o teste três ou mais vezes porque seus resultados foram "inconclusivos". A pessoa que estava no comando do polígrafo comigo me preocupava mais do que ser conectada àquela máquina maluca. Ele era um homem alto e ossudo, magro, com cabelos pretos, uma barba rente bem-feita, também preta, óculos de aros pretos e estava vestindo uma camisa de manga curta listrada e uma calça azul. Parecia que ele tinha acabado de sair do ano de 1972. Nunca me esquecerei dele.

Ele estava longe de ser agradável, mas fiz o que ele me pediu e respondi a suas perguntas com sim ou não, e nada mais. Depois que completei o teste, pensei: "É só isso? Por que todo esse *hype*?". Ele me disse para ir esperar no saguão. Depois de uns dez minutos, ele apareceu na entrada (abriu a porta

---

[1]. Fonte: www.cvsa1.com/polygraphfailures.htm

apenas o bastante para deixar que eu visse seu rosto) e disse: "Pode ser que você tenha que voltar; seus resultados são inconclusivos". "Que choque", pensei. Abri um amplo sorriso e disse: "Sem problemas". Naquela altura, eu sabia que ele apenas queria me intimidar. Eu queria dizer a ele: "Escuta aqui, camarada. Acabei de voltar do meu trabalho em uma prisão onde motins ocorrem quase diariamente e onde ameaças foram feitas contra a minha vida. Você não me assusta!". Cerca de três minutos se passaram e ele apareceu novamente e disse: "Está tudo pronto para você, pode voltar ao trabalho". Uma amiga estava fazendo o teste de polígrafo dela para seu trabalho em outra agência mais ou menos naquela mesma época. Ela teve que fazer o teste três vezes porque seus resultados viviam voltando como inconclusivos. Eu perguntei a ela: "O que você *está fazendo* lá dentro?" Ela é o tipo de pessoa que gosta de dar detalhes e explicar-se, então ela não estava simplesmente respondendo às perguntas com um simples sim ou não; ela estava dando mais gás para o polígrafo duvidar dela, e parecia culpada por nada. Em sua última tentativa, eu disse a ela para responder apenas sim ou não e manter a boca fechada para todo o resto. Ela passou no teste!

Os resultados de um polígrafo sempre serão inconclusivos porque um polígrafo não é capaz de detectar mentiras. Se espiões podem passar em um teste de polígrafo, por que ele ainda é utilizado? Eu o acho um pouco antiquado. Sim, o polígrafo detecta estresse e ansiedade; afinal de contas, ele mede os batimentos cardíacos, a pulsação, a tensão muscular e até mesmo o suor. Também concordo que, para aqueles que ficam nervosos e ansiosos quando contam uma mentira, um polígrafo pode ser uma grande ferramenta para detectar mentiras, mas, repito, nunca com 100% de precisão. Então, o que uma pessoa que usa o polígrafo deve fazer?

Na minha opinião, todo operador de polígrafo deveria ser treinado em minha especialidade: ler de forma precisa a linguagem corporal de modo a detectar *tells* indicadores de mentiras, e como usar técnicas de questionamento e elicitação para extrair informações verdadeiras. Deveríamos empregar administradores de testes de polígrafo que também sejam treinados em linguagem corporal para administrarem esses testes, de forma que consigam identificar *tells* verbais e não verbais enquanto a máquina identifica o estresse. Quando tais administradores de testes de polígrafos virem possíveis sinais de fraude, eles podem então usar seu treinamento em questionamento e elicitação para extraírem a verdade, confirmando assim a mentira. Ao fazerem isso, eles aumentam suas chances de pegarem um espião, porque as pessoas testadas têm de enganar não apenas a máquina, mas também o administrador do teste de polígrafo, e isso será mais difícil. Acho que os administradores de testes de polígrafo detêm o poder de detectar mentiras, mas duvido que a máquina em si faça isso. Se Anna Montes e outros tivessem sido entrevistados por um administrador de testes de polígrafo treinado em linguagem corporal e técnicas avançadas de interrogatório, as chances de serem pegos teria aumentado muito!

Podemos, de forma legalmente aceitável, usar técnicas avançadas de entrevistas em espiões acusados? Com certeza sim! Eu treino oficiais da preservação de ordem pública, investigadores de incêndios criminosos e até mesmo auditores fiscais para conduzirem entrevistas avançadas e estratégicas para, de forma legal e dentro das leis, conseguirem chegar à verdade.

Como interrogadora, nunca coloquei os meus detentos em um polígrafo, pois não achava que esta era uma ferramenta confiável para detectar mentiras. Eu tinha mais confiança na *minha* habilidade de fazer isso. Contudo, dividirei um segredo com você: meus detentos tinham a impressão — por meio da mídia, imagino — de que a máquina de polígrafo era uma peça de tecnologia avançada e extremamente precisa na detecção de mentiras. Não tentei dissuadi-los dessa noção; em vez disso, usei-a a meu favor, com frequência agendando uma sessão com o polígrafo para eles como um estratagema para ver se eles estavam me dizendo a verdade. O ardil mexia com o medo que eles tinham do desconhecido, que é uma técnica popular entre os interrogadores. As pessoas geralmente temem aquilo que não conhecem, e procuram outros para se consolarem quando estão com medo. E, antes que você comece a pensar que isso viola a Convenção de Genebra, saiba de uma coisa: se um detento tem um medo, mesmo que seja algo tão leve como uma preocupação, e isso pode ser atribuído a nada além de sua própria maneira de pensar, então ele sozinho é responsável por esse medo ou por essa incerteza, e mais ninguém. O medo do desconhecido pode vir à tona quando você está encontrando seus sogros pela primeira vez, falando em público pela primeira vez, visitando um país estrangeiro pela primeira vez, andando na montanha-russa pela primeira vez, ou se juntando às Forças Armadas e sendo enviado ao treinamento em campo. Na GTMO, meus detentos tinham medo, fosse visível, imaginado ou real, do que aconteceria com eles em seu novo e não familiar ambiente. Embora tivéssemos cronogramas rígidos com o propósito de garantir que eles fossem devidamente alimentados, que tomassem banho, que se exercitassem e que descansassem, nem sempre eles tinham conhecimento desses cronogramas, especialmente não assim que chegavam. Eu me tornei a pessoa que também podia dar a eles as respostas para seus medos, eu os tranquilizava em relação ao que aconteceria diariamente enquanto eles estivessem na GTMO.

O medo é uma emoção poderosa. Enquanto estava nas Forças Armadas, fiz um curso da Marinha por correspondência chamado "Cativeiro: a circunstância extrema". O curso tratava dos prisioneiros de guerra do Vietnã que haviam sobrevivido à vida no cativeiro. O que mais me marcou naquele curso foi o fato de que os prisioneiros afirmavam que o medo da tortura era muito maior do que a tortura em si. Isso porque eles não tinham como saber de que modo seriam torturados nem a intensidade da dor que lhes seria infligida. Porém, depois da tortura e da dor, não havia mais o que ficar imaginando em relação ao que eles teriam que aguentar. Assim, eles podiam lidar com aquilo no momento presente, embora o tratamento reservado a eles fosse extremamente cruel e desumano.

Na GTMO, o medo que os detentos tinham do desconhecido me permitia criar rapport, ganhar confiança e me tornar uma confidente, e isso me permitia coletar informações de inteligência. Como é que isso se relaciona com o polígrafo? Eu me dei conta de que eles temiam que a máquina do polígrafo me dissesse que eles estavam mentindo. Então, embora não tivesse confiança nenhuma em uma máquina de polígrafo, eu usava o "medo do polígrafo" que eles sentiam a meu favor. Com frequência eu dizia: "Se você se sente desconfortável ao ser conectado a uma máquina que mede sua respiração e seus batimentos cardíacos, todas as coisas que você não consegue controlar quando está mentindo, então não vou agendar uma sessão com o polígrafo. Mas então você terá que me contar o que realmente aconteceu". Algumas pessoas podem se perguntar se isso poderia ser visto como uma forma de coerção. A definição de coerção é o uso da força ou de ameaças para fazer com que alguém faça alguma coisa, então, não, isso não era aplicável nesse caso. Fazer com que os meus detentos passassem por um teste de polígrafo não era uma ameaça, tratava-se de um procedimento padrão disponível para os interrogadores de modo a testar a veracidade nos detentos, assim como fui testada em relação à veracidade como funcionária do governo. O medo que essa máquina provocava neles não era obra minha, mas era algo que certamente funcionava a meu favor.

Quando se é submetido a um teste de polígrafo, deve-se responder somente com sim ou não. Dessa maneira, se estiver tentando mentir, é melhor torcer para que as perguntas sejam formuladas de modo vago. Veja, por exemplo, uma pergunta como esta: "Você tem algum contato estrangeiro?". Neste caso, a pessoa ou a organização que ordenou que o teste fosse feito quer saber se eu, a pessoa que está sendo submetida ao teste, estou sendo paga por algum governo estrangeiro em troca de informações dos Estados Unidos, e então, eu deveria responder que não. Mas essa pergunta é vaga, afinal, como vou saber o que eles querem dizer com "contatos estrangeiros"?

Tenho amigos e colegas que são nigerianos, sul-americanos e alemães. Então, se responder não, mas estiver pensando no meu colega nigeriano, meu cortisol pode começar a ser liberado, fazendo com que a agulha da máquina de polígrafo se mova rapidamente e então... adivinha? Fico marcada como mentirosa. Obviamente que isso é um exagero, e tenho certeza de que há uma margem de erro com a máquina. A máquina tem que estabelecer sua linha basal, assim como fazem os especialistas em linguagem corporal. Ela também tem que levar em conta o estresse que as pessoas sentem por fazerem o teste. Contudo, se me focar demais no meu colega nigeriano e me preocupar que a minha resposta vá mostrar sinais de falsidade, poderia *parecer* que eu estava mentindo. Essa é a mesma situação de que falei no Capítulo 1, em que explico o problema com o velho método de leitura da linguagem corporal. Só porque alguém dá de ombros enquanto declara: "Não sei o que aconteceu com o dinheiro que você deixou no balcão", isso não quer dizer que ela esteja mentindo e que realmente saiba onde está o dinheiro. Essa pessoa poderia ter outras coisas passando pela cabeça, como dinheiro curto na conta bancária ou um cheque devolvido. Assim, como podem a máquina de polígrafo e a pessoa que está administrando o teste discriminar entre o estresse comum, causado por uma situação estressante, e o estresse causado por uma mentira? Não podem. É precisamente por esse motivo que acredito que as pessoas são mais precisas em se tratando de detectar mentiras. Apenas pessoas podem procurar diversos *tells* e indicadores de estresse e sondar o(s) tópico(s) da conversa em conjunto com os *tells*. Administradores de testes com polígrafos têm uma linha previamente determinada de questionamento que eles precisam levar a cabo, e a maioria não consegue seguir uma nova linha de questionamento se observar uma mudança nos níveis de estresse. No final das contas, faz-se necessário um ser humano para sondar os motivos pelos quais existe o estresse.

Além do mais, especialistas treinados em linguagem corporal conseguem ver respostas fisiológicas ao estresse no corpo sem o uso de uma máquina de polígrafo. Conseguimos ver as pessoas ficando ruborizadas, suando ou ficando pálidas, suas veias ficando saltadas, saliva acumulando-se em suas bocas, dificuldade de engolir a saliva, piscando rapidamente e muito mais. A vantagem de ser um detector humano de mentiras reside no fato de que formamos a linha basal do comportamento normal das pessoas quando elas estão confortáveis primeiramente, de modo que possamos ver em que ponto na conversa os *tells* aparecem. Também estudamos todo o corpo, dos pés à cabeça, para analisarmos microexpressões faciais, gestos, posturas, enquanto conduzimos, simultaneamente, a análise de declarações. Eu gostaria de saber que máquina de polígrafo é capaz de fazer tudo isso. Então, por que as máquinas de polígrafo são admissíveis em cortes e os detectores humanos de mentiras não o são? Talvez seja porque a maioria das pessoas confia mais em uma máquina do que em outras pessoas.

Eis um estudo de caso submetido a mim por um candidato a doutorado na Universidade Henley Putnam, que me permitiu compartilhar sua história neste livro, relacionada à falta de precisão dos polígrafos utilizados para detectar mentiras. A data, as horas, os nomes e as circunstâncias foram alterados para proteger a confidencialidade de todos os envolvidos.

> Em (ou por volta de) 10 de março de 2014, o investigador Mike Smith deu início a uma investigação criminal contra Joe, que disse a Mike que ele havia matado um homem antes de se juntar ao Exército dos Estados Unidos e que jogou o falecido em um fosso e o enterrou. Embora as declarações tenham sido feitas um ano antes, antes de Joe se juntar ao exército americano, Mike sentiu que estava na hora de reportar-se a seu comandante com as informações que Joe havia revelado a ele, depois de observar um comportamento preocupante por parte de Joe enquanto estava em campo. Parecia que outras pessoas haviam reportado que Joe havia feito diversas ameaças contra eles e havia exibido comportamento consistente

com psicopatia enquanto estava em campo também. Porque um ano havia se passado desde que Joe revelara a Mike que ele havia matado alguém, o comandante de Mike desafiou-o em relação à sua declaração e à investigação que ele queria abrir contra Joe. Seu comandante até mesmo acusou Mike de mentir sobre o que Joe havia dito um ano antes. Supostamente, Joe estivera presente em muitos lugares onde as pessoas haviam sido mortas durante diversas batalhas enquanto em campo. Quando questionado em relação às mortes e às situações no campo de batalha, Joe comentou que ele não estava envolvido nas matanças, mas que tinha conhecimento das situações. A princípio, as declarações de Joe não causaram um impacto sobre Mike, mas, conforme o tempo foi se passando e cada vez mais problemas relacionados ao comportamento de Joe surgiram, Mike começou a levar todas essas informações muito a sério e ficou muito preocupado com a estabilidade psicológica de Joe, que até mesmo admitira a ele que havia perseguido um colega de trabalho com a intenção de matá-lo porque achava [que essa pessoa havia arruinado] sua carreira. Embora, para Mike, as evidências da instabilidade psicológica de Joe estivessem se acumulando, Joe era muito popular entre seus colegas, com muitos amigos em cargos importantes dispostos a entrar em conluio com ele para protegê-lo. Por causa disso, a cadeia de comando de Mike forçou-o a passar por uma avaliação mental na esperança de provar que Mike estava apenas sendo paranoico e que havia inventado toda a situação.

Como preparação para a avaliação mental, Mike passou por duas outras avaliações mentais sem que ele soubesse disso, as quais foram ambas favoráveis, em um esforço de verificar se ele não estava instável para o caso de o médico concordar com o comandante e o achasse instável e paranoico, [por meio disso] desacreditando a investigação. Ele também, pessoalmente, pagou por um teste de polígrafo de modo a validar ainda mais suas declarações.

Devido à extrema intimidação e pressão associados ao teste de polígrafo, Mike Smith demonstrou uma probabilidade de 99,97% de estar mentindo em relação aos problemas relacionados a Joe. Embora Mike Smith veementemente declarasse estar falando a verdade em relação às alegações, o estresse de estar sendo conectado a uma máquina de polígrafo que segurava seu futuro fez com que os resultados de seu teste indicassem que ele não estava sendo verdadeiro. Tendo conhecimento sobre testes de polígrafo e sobre como eles medem as mudanças fisiológicas no corpo quando ele está estressado, Mike comentou com o especialista do polígrafo que administrou o teste que os resultados não eram surpreendentes, considerando-se o nível de estresse sob o qual ele se encontrava, não apenas por ter fios presos a ele que mediam sua frequência respiratória e seus batimentos cardíacos, mas também pelo estresse que seu comandante estava colocando em cima dele por não acreditar nele.

O especialista em polígrafo tentou convencer Mike antes e depois que apenas pessoas desonestas têm aumento nas respostas fisiológicas às perguntas e que os polígrafos devem captar essa diferença entre o estresse de ser submetido a um teste de polígrafo e o estresse associado a mentir. Mike confrontou o especialista em polígrafo sobre os muitos psicopatas que repetidamente passam em testes de polígrafo, assim como os muitos espiões em toda a história que passaram no teste. O especialista em polígrafo não tinha nenhuma outra resposta além de se manter firme quanto à precisão do teste e ficou surpreso porque Mike não levou nem o teste nem os resultados a sério.

Felizmente para Mike, o polígrafo não foi utilizado no caso, e a investigação contra Joe foi realizada, e, na verdade, ainda está em andamento. O único motivo pelo qual Mike fez o teste foi porque ele pensou que isso poderia ajudar a inocentá-lo das falsas alegações feitas contra ele. Mike sabia que as pessoas tinham a tendência a acreditar em resultados do polígrafo, no entanto, ao fazer o teste do polígrafo, isso só confirmou para ele que essa não era uma ferramenta confiável para detectar mentiras. Existe uma crença entre muitos na profissão de que mentirosos têm respostas elevadas a mentiras e que as pessoas normais se sentem melhor quando elas dizem a verdade e não têm uma reação de lutar ou correr quando não estão mentindo. Essas [...] crenças podem ser verdadeiras em um número significativo de casos, contudo, isso não chega nem um pouco perto do absoluto. O problema é que o polígrafo não avalia a possibilidade de que, sob intimidação extrema, um participante pode apresentar respostas elevadas captadas pelo polígrafo quando se está, de fato, falando a verdade.

— Candidato anônimo a doutorado na Universidade Henley Putnam

O NOVO POLÍGRAFO?

Agora você entende as complicações e as limitações do uso do polígrafo como máquina detectora de mentiras. Enquanto escrevia este livro, duas empresas, a No Lie MRI, Inc. e a Cephos Corporation, ambas lançadas em 2006, procuraram abordar isso fazendo pesquisas sobre o uso de ressonância magnética funcional (fMRI) para a detecção de mentiras. Essas duas empresas estão comercializando a ressonância magnética funcional como método de detecção de mentiras disponível para o público para uso em processos judiciais, processos de seleção e investigações de segurança nacional, só para citar alguns. Muitos questionam se a fMRI é confiável ou mesmo ética.

Se você nunca fez uma ressonância magnética, perdeu a oportunidade de se divertir ficando deitado em um tubo muito pequeno, tão imóvel quanto possível, durante trinta minutos, ouvindo uma série de sons de percussão e sons de cliques e tentando não entrar em pânico enquanto você está preso no espaço apertado. Não é uma experiência incrível para aqueles que sofrem de claustrofobia! Ressonâncias magnéticas fazem uso de um potente campo magnético e pulsos de radiofrequência para produzir imagens detalhadas das estruturas internas de nossos corpos. A fMRI é um desenvolvimento um tanto recente na tecnologia de ressonância magnética que permite que os médicos vejam imagens "funcionais" do cérebro, não apenas a estrutura do cérebro. A fMRI faz isso medindo o fluxo sanguíneo no cérebro. Com isso, os cientistas conseguiram identificar precisamente regiões do cérebro que mudam quando uma pessoa mente, chamadas *regiões da mentira*. Quando a atividade nessas áreas aumenta, o mesmo acontece com o fluxo sanguíneo:

> Mesmo sem uma clara região "da mentira", os pesquisadores podem usar a fMRI para detectar quando um participante do estudo está contando uma mentira no laboratório com 85% de precisão... Contudo, mesmo com tão alta taxa de precisão, o uso de fMRI e testes de polígrafo para identificar mentiras fora do laboratório é controverso.[2]

Embora ainda não seja considerado admissível em tribunais nos Estados Unidos nem em tribunais europeus, a fMRI já foi apresentada como evidência

---
2. Fonte: Sociedade de Neurociência.

em tribunais da Índia, e também já foi usada no *reality show* britânico *Lie Lab*. Embora a fMRI se gabe de ser mais precisa do que o polígrafo, os neurocientistas Anthony Wagner, da Universidade de Stanford, e Giorgio Ganis, da Universidade de Plymouth, dizem que não há evidências suficientes para suportarem o uso da fMRI para detecção de mentiras. A comunidade científica também questionou se o uso dessa tecnologia poderia ou não ser abusivo e violar direitos individuais. Contudo, essas preocupações também podem ser levantadas em relação ao polígrafo. Quando se comparam os dois métodos, com todos os outros fatores sendo iguais, um polígrafo e um administrador de testes de polígrafo são muito mais fáceis de serem transportados a uma sala de tribunal ou centro de detenção em alguma localidade remota e certamente é uma opção mais eficaz em termos de custo. Teremos que esperar para ver o que o futuro reserva para o papel da fMRI na detecção de mentiras. Nesse ínterim, nós ainda podemos ter uma boa dose de confiança em nossos especialistas em linguagem corporal.

Sendo uma ex-interrogadora, eu usava minhas habilidades de detecção de mentiras enquanto estava na GTMO, trabalhando na prisão de detentos e interrogando membros do Talibã e da Al-Qaeda de modo a coletar informações para salvar vidas, e essas habilidades funcionavam. Na minha opinião, no mundo da detecção de mentiras, policiais, interrogadores, advogados, juízes, investigadores e até mesmo o pessoal da área de recursos humanos saem ganhando muito mais ao usar um detector de mentiras humano para chegar à verdade do que uma máquina que consegue apenas detectar estresse. Nos capítulos seguintes, ensinarei como detectar mentiras com precisão e como ser capaz de decifrar entre *tells* reveladores em pessoas desonestas e visíveis *tells* indicadores de mentiras em pessoas honestas. Apenas depois de ser treinado em técnicas avançadas como essas é que você poderá detectar mentiras com precisão, não com uma precisão de 100% (a menos que você seja um verdadeiro mago!), mas chegando bem perto disso. Afinal de contas, qual é a melhor ferramenta que existe senão termos um ser humano entrando na mente de outro ser humano?

4
MEU PROGRAMA DE CINCO PASSOS PARA LEITURA DA LINGUAGEM CORPORAL: SEJA UM ESPECIALISTA EM LINGUAGEM CORPORAL: SEJA UM REBELDE

REBELDE É UM PROGRAMA DE CINCO ETAPAS, FÁCIL DE SER SEGUI-do, que criei para identificar mentiras e chegar até a verdade. REBeLdE é um acrônimo que representa as palavras **R**elaxar, **E**stabelecer rapport, Comportamento de Linha **B**asal, busca por d**e**svios da **L**inha Basal e **d**eterminar e **E**xtrair a verdade. Gosto da palavra "rebelde" (que tem o mesmo som desse acrônimo no original, em inglês, *REBLE*) porque, segundo o Urban Dictionary, rebelde é "uma pessoa que defende e luta por suas próprias opiniões pessoais a despeito do que qualquer outra pessoa diga. Um verdadeiro rebelde defende o que acredita que seja certo, e não vai contra o que é correto". Acredito que todo mundo deveria ter a coragem de defender e lutar por si mesmo, falar o que pensa e fazer o que acha que é certo. Nem sempre tive coragem para fazer isso quando era mais nova, mas agora tenho. E, uma vez que você tenha essa coragem, você nunca haverá de perdê-la; de fato, sua coragem e sua confiança só ficarão mais fortes. Se as crianças que hoje são vítimas de *bullying* tivessem a coragem e a confiança de dizer "Que se dane!" para valentões covardes, elas os derrotariam e sairiam andando com suas cabeças erguidas.

Eu e Kelly O'Clair, um amigo e colega meu, estamos atualmente trabalhando no *brainstorm* de um programa para empoderar adolescentes e adultos que sofrem *bullying* na escola e no escritório. Pessoas de todas as idades e com todos os históricos de vida podem fazer uso do poder da linguagem corporal. Meu programa REBeLdE é para qualquer um que deseje:

- Criar um incrível rapport e relacionamentos também incríveis com as pessoas.
- Ganhar confiança e respeito.
- Ter coragem de defender suas ideias e lutar por si mesmos.
- Confrontar aqueles que os estão enganando ou que estão enganando seus entes queridos.
- Evitar ser vítima de abuso físico ou mental.
- Não se deixar que ninguém se aproveite dele nem se permitir cair em algum ato fraudulento.
- Ter a confiança de correr atrás do que desejam: seja um novo emprego, uma promoção, um novo interesse romântico, o que quer que seja.
- Determinar se alguém está mentindo para si.
- Chegar até a verdade ao mesmo tempo que mantém rapport e respeito.
- Coletar informações acuradas e verdadeiras.

O programa REBeLdE de leitura da linguagem corporal não tem a ver só com a detecção de mentiras, no foco nos *tells* indicadores verbais e não verbais e em chegar à verdade; trata-se também de encontrar sua confiança e construir relacionamentos e conexões fortes e saudáveis com as pessoas. Você aprenderá como criar rapport com as pessoas e como avaliar suas preferências de personalidade de modo que você possa ajustar as suas para ir de encontro às delas. Você aprenderá que as pessoas tendem a gostar de outras pessoas que são parecidas com elas. Você também aprenderá que a maioria das pessoas, inerentemente, deseja ser honesta — até mesmo terroristas e criminosos! Na verdade, quando meus detentos "quebravam" (quando eles finalmente desistiam de resistir e contavam a verdade), todos diziam a mesma coisa para mim: "é um tremendo alívio não ter mais que mentir". As pessoas querem ser respeitadas *e* querem se sentir bem em relação a si mesmas; saber disso foi em parte o motivo pelo qual fui tão bem-sucedida como interrogadora. Sim, usei todas as técnicas de abordagem que me ensinaram, assim como minhas habilidades analíticas e de questionamento, mas também foquei no fator humano. Eu me forcei a olhar para cada detento como um ser humano em primeiro lugar, não importando qual fosse seu histórico. Isso não foi fácil, mas eu sabia que, se conseguisse mostrar respeito para com eles como camaradas seres humanos, mesmo que abominasse o que eles haviam feito, esse respeito seria recíproco. (Admito que às vezes isso era realmente difícil. Eu costumava sentir os cantos da minha boca voltando-se para baixo em repulsa enquanto falava com eles, e então, rapidamente, tentava sorrir, na esperança de que eles não tivessem visto a microexpressão transparecendo no meu rosto.) Com eles, consegui respeito e, o mais importante de tudo, muitas informações de inteligência importantes. Nem todos os interrogadores, especialmente os interrogadores táticos, concordam com o meu método ou o seguem, mas, para o ambiente de interrogatórios estratégicos, onde eu tinha tempo para estabelecer relacionamentos, meu método funcionava bem. O fato de eu ser uma mulher não ameaçadora também era uma vantagem para mim.

Meu programa desmascara os mitos ainda existentes em relação à leitura de linguagem corporal, de modo que até mesmo o pessoal "do contra" desejará incorporar esse programa no dia a dia em suas vidas. Eu uso esse programa. Ele funciona. Eu o usei com os detentos na Baía de Guantánamo, e mesmo não tendo nenhum "programa" para o que eu estava fazendo na cabine de interrogatórios na época, eu sabia que estava sendo bem-sucedida. E, é claro, eu o usei para dar início a minha própria empresa, o The Congruency Group. Vivemos em um mundo grande e complexo e, infelizmente, há muitas pessoas ruins que têm más intenções de prejudicar os outros. Sei disso porque vi muitas dessas pessoas bem de perto. Use meu programa de cinco passos de linguagem corporal para assumir o controle de sua vida e proteger a si mesmo e aqueles próximos a você de serem feridos, decepcionados, de que se aproveitem deles ou de serem enganados.

5
R, DE RELAXE

O PRIMEIRO PASSO DO PROGRAMA REBELDE É RELAXAR. Grande parte disso envolverá o cultivo de um pouco de autoconhecimento. Antes que você possa começar a ler outras pessoas, terá que conhecer aquilo que o próprio corpo está dizendo. Por exemplo, quando eu interrogava detentos na GTMO, você realmente acredita que eles teriam me dado informações se eu parecesse assustada, incompetente ou desonesta? Lembre-se de que a única forma de parecer confiante é sentindo-se confiante. Como está a postura de seu corpo agorinha mesmo, enquanto lê este livro? Você está desengonçado, com os ombros inclinados para dentro e com o queixo para baixo? Ou você está com o peito inflado, os ombros para trás e o queixo para cima? Você está sentado com os tornozelos cruzados ou com uma perna cruzada por cima do outro joelho, formando um número 4? Você parece confiante e seguro de si ou tímido e inseguro? Quando as pessoas parecem confiantes, elas provavelmente estão se sentindo relaxadas e calmas. Quando as pessoas parecem inseguras, provavelmente elas estão se sentindo desconfortáveis e nervosas. Você precisa entender como parecer relaxado de modo a passar para o próximo passo no meu programa de cinco passos: o estabelecimento de rapport. Ninguém vai querer nem mesmo falar com você, menos ainda criar rapport com você, se você parecer tenso ou arisco.

FRACASSO E ACEITAÇÃO

Sentir-se confiante em relação a quem é você é algo que leva um tempinho e que exige um pouco de aceitação de sua jornada vivida até agora. Todos já ouvimos o ditado "Se a princípio você não for bem-sucedido, tente novamente". Não desista, nem mesmo depois de fracassar. Todos tropeçamos e continuaremos a tropeçar, mas você tem que aprender a vivenciar a experiência e abraçar o fracasso, porque, no fim das contas, isso levará ao seu sucesso. Falo disso por experiência própria, e tenho certeza de que você também passou por isso. Quando fracassamos em alguma coisa, muitas emoções negativas ficam associadas a tal fracasso: vergonha, culpa, medo, dúvidas, inadequação, embaraço, sensação de ser indigno, nervosismo, e até mesmo pesar. Depois de fracassar em uma tarefa, em uma missão, em uma meta ou em um dever, você pode achar que aqueles que o cercam sempre se lembrarão de você por seu fracasso; você pode sentir que perdeu credibilidade permanentemente, o que acaba erodindo sua autoconfiança. Tendemos a ser nossos piores críticos. Outras pessoas perdoam nossos erros com muito mais facilidade do que nós conseguimos perdoar a nós mesmos.

Vou dividir com você alguns fracassos que vivenciei na minha vida e contar o que aconteceu depois de cada um. Minha primeira história data do tempo em que eu estava na faculdade. Os quatro anos que passei me esforçando para conseguir o meu bacharelado foram divididos em duas formações principais: contabilidade, seguindo os passos de meu pai e falhando miseravelmente, o que resultou em ficar de DP, e antropologia, o que me colocou na lista do diretor. Eu gostaria de ter entendido naquela época por que falhei em contabilidade, em vez de achar que eu era simplesmente burra. Naquela época, eu estava sendo preparada para assumir os negócios de contabilidade bem-sucedidos do meu pai, mas não fazia a mínima ideia de que tinha uma preferência de estilo de aprendizado, nem fazia ideia de que isso sequer existia. Tive uma conversa franca com meu pai, explicando que números me levavam à loucura e que entender equações matemáticas era como tentar ler em grego. (E anos depois, eu cheguei mesmo a aprender a ler e a falar em grego, e foi facílimo!) Do que eu não tinha me dado conta era que eu era e sou uma "Intuitiva" (de acordo com os tipos de personalidade junguianas); eu absorvo as informações de um processo de forma conceitual, eu sigo a minha inspiração e imagino possibilidades para o futuro. Eu odiava regras, prazos, detalhes e processos. Se me dissessem para criar uma nova teoria sobre a comunicação intercultural, eu ficaria toda empolgada com isso. Se me falassem para fazer o balanço de um talão de cheques? Eu chafurdava em frustração e derrota. Meu pai, por outro lado, absorve as informações como um "Sensorial"; ele gosta de informações factuais, voltadas para os detalhes e prefere ter regras, instruções e processos. Essa forma de ser e abordar o mundo faz sentido para ele e é fácil para ele, motivo pelo qual ele gravitava em torno do campo da contabilidade e é um contador certificado muito bem-sucedido. Também percebi que eu não era nenhuma idiota. Então decidi trocar minhas formações principais para antropologia e arqueologia, mesmo sem fazer a mínima ideia de onde encontrar um emprego "escavando pedras", como meu pai costumava dizer. Mas eu estava no Paraíso, amando o que aprendia e sendo excelente em todas as minhas aulas.

Depois de me formar com um bacharelado em antropologia, decidi, com minha recém-encontrada confiança, tentar entrar na Universidade Brown para fazer pós-graduação. Ainda não sei como nem por que motivo, mas fui aceita. Esse foi, provavelmente, um dos maiores desafios da minha vida, mas não deixei que isso me assustasse; eu estava preparada para pular de paraquedas e entrar nessa! Acabei caindo de cara no chão, bem, algumas vezes, mas sempre me erguia novamente. Durante aqueles dois longos anos eu vivenciei o fracasso mais do que algumas vezes. Por exemplo, durante uma conferência sobre história da arte, meu professor me chamou para discutir uma questão. Nunca vou me esquecer do que aconteceu em seguida. Fiquei tão nervosa a ponto de meu corpo começar a fazer coisas que eu não conseguia controlar. (Agora, é claro, sei por quê: era a resposta fisiológica ao cortisol, aquele irritante hormônio do estresse, que estava sendo liberado no meu corpo.) Minha voz tremia, minha voz ficou mais aguda, minhas mãos tremiam loucamente, e comecei a engolir em seco porque, de repente, minha boca parecia estar cheia de algodão. Eu desmoronei. Fiquei tão humilhada. *Por que tenho tanto medo assim de pessoas? Isso é ridículo*, eu pensei. Eu estava aterrorizada com a possibilidade de parecer uma idiota na frente das pessoas, e é claro que foi exatamente isso que fiz. Embora ninguém tenha deixado transparecer, eu sabia que todo mundo tinha visto que eu perdi a compostura. Fiquei tão ensandecida e decepcionada comigo mesma que me senti como se meu lugar não fosse ali. O incidente ficou sendo reprisado na minha mente repetidas vezes, a noite toda.

No dia seguinte, quando acordei, não estava mais me sentindo humilhada e envergonhada, eu estava com raiva. Agora eu estava em uma missão para provar àquela classe — e a mim mesma — que eu não apenas conhecia o material como também que era capaz de apresentá-lo de forma profissional e eloquente. Eu não permitiria que um professor e um punhado de alunos me assustassem! Quando nossas apresentações de final de semestre chegaram, eu me voluntariei para ser a primeira. De jeito nenhum deixaria que aquela última e horrível impressão minha fosse durar. Eu sabia que tinha a capacidade de me sair bem e estava determinada a fazer com que eles me vissem fazer uma apresentação de forma confiante durante duas horas sobre o meu tópico. Eu cheguei até a colocar mais pressão sobre mim mesma ao usar *slideshows* duplos rodando simultaneamente (isso foi em 1995, não tínhamos a tecnologia que temos hoje em dia). Fiz a melhor apresentação que já tinha feito na minha vida até aquele ponto. Eu estava tão feliz comigo mesma que mal notei que estava sendo aplaudida em pé pela minha apresentação. O dia em que desmoronei nunca mais me assombrou novamente; na verdade, fiquei grata pela força e pela confiança que descobri em mim mesma por causa disso. É claro que isso não curou minhas inseguranças, e eu ainda as sentia de tempos em tempos durante o ano e meio seguinte, mas certamente esse foi um imenso ponto de partida ao longo da minha jornada e uma gigantesca oportunidade de aprendizado para mim, da qual nunca me esquecerei e da qual não me arrependerei. Superei meu medo ao me forçar a parecer, agir e me sentir confiante, e você também pode fazer isso.

Por que estou compartilhando isso com você? Para provar que sou o melhor exemplo da minha teoria de que, uma vez que você age com confiança (e, portanto, se sente confiante), você pode conquistar seu maior medo. Você sabia que o medo mais comum é o de falar em público? Não se trata de uma situação de vida ou morte e ainda assim é o medo número um para a maioria das pessoas. O medo do fracasso e da vergonha, com base na forma como os outros nos percebem, é muito poderoso. Os Estados Unidos são uma sociedade de culpa; alguns países no Oriente Médio são sociedades de vergonha. Culpa, vergonha e embaraço nos causam medo, e esse medo é tão paralisante e impeditivo quanto o medo que sentimos quando nossas vidas estão sendo ameaçadas. Você vai precisar de confiança para fazer uso das ferramentas contidas neste livro e para usá-las de forma bem-sucedida. Se eu tenho confiança em você para usá-las, você precisa fazer a sua parte e encontrar essa confiança. Trato feito? Então, não se preocupe com a possibilidade de fracassar e ferrar com tudo. Todos nós fazemos isso de alguma forma ou de outra. Quando isso acontecer, aprenda com a situação em vez de ficar mal consigo mesmo. Todo ser humano neste planeta falhará em alguma coisa, em algum ponto, então, você não está sozinho.

Eis aqui algumas das minhas citações prediletas sobre confiança. Espero que você também as ache encorajadoras:

- "A confiança não vem de estar sempre certo; ela vem de não ter medo de estar errado." (Peter T. McIntyre)
- "Se vai duvidar de alguma coisa, duvide dos seus limites." (Don Ward)
- "As pessoas que dizem que isso não pode ser feito não deveriam interromper aqueles que o estão fazendo." (George Bernard Shaw)
- "A verdadeira confiança é o mentor; a confiança declarada é o agressor." (Essa é minha!)

Um antigo colega meu — a quem vamos chamar de Jack — assumiu uma posição sênior um pouquinho fora de sua zona de conforto. Muitos gostavam de Jack e ele tinha uma boa ética de trabalho; além disso, ele era mentor de funcionários juniores e era um funcionário entusiasmado que trabalhava muito bem em equipe. Até que ele assumiu uma posição de gerência. Até este ponto em sua carreira, Jack era considerado um sujeito "ponta firme", com quem se podia contar, mas ele não havia assumido uma posição gerencial antes. Infelizmente, saber que ele era um pouco inexperiente não lhe trouxe humildade; isso fez com que ele sentisse que realmente tinha que provar a si mesmo nessa posição. Era bom que ele tivesse aceitado o desafio, mas ruim que ele houvesse se tornado agressivo com aqueles que trabalhavam com ele.

Ele começou a alienar seus colegas e amigos sendo arrogante, confrontador e emocionalmente "esquentadinho". Ele perdeu todo o senso de diplomacia. Antes ele havia estado lá embaixo, nas trincheiras, com seus camaradas soldados; agora ele estava ladrando comandos de seu trono. Como foi que essa posição o mudou e o fez passar de uma pessoa que todo mundo respeitava para uma pessoa que todo mundo desrespeitava? Provavelmente você consegue adivinhar a resposta. A falta de confiança em si mesmo tornou-o agressivo. Ele ficou furioso consigo mesmo por não ter o conhecimento para começar a todo vapor nesse novo cargo e estava preocupado com a possibilidade de as pessoas perceberem que ele não tinha todas as respostas, o que não teria sido, de fato, um problema! Mas ele achou que, caso pedisse conselhos, perderia o respeito. O que ele não sabia era que ele teria conseguido *mais* respeito se tivesse feito isso, e não menos. Sua raiva e sua preocupação tornaram-no autoritário a ponto de ser desrespeitoso; isso tudo era uma camuflagem para fazer com que as pessoas achassem que ele era confiante. Felizmente para Jack, aqueles que o conheciam ignoravam suas exibições de agressão. Provavelmente você já viu pessoas que compensam sua falta de confiança da mesma maneira. Ou talvez você mesmo seja uma dessas pessoas que equiparam ser mandão e agressivo com confiança, quando, na verdade, isso é um sinal indicativo do oposto. Veja os casos de Anthony Weiner e Lance Armstrong[1] e o quão confrontadores e condescendentes, e até mesmo agressivos, eles foram com a imprensa antes de admitirem suas mentiras. Ambos tentavam convencer o público de suas mentiras, e fizeram isso agindo como valentões em relação àqueles que os cercavam.

Outra experiência que gostaria de compartilhar com você e que está relacionada a sentir-se relaxado e confiante aconteceu comigo quando me juntei aos reservistas e vivenciei um fracasso pessoal novamente, a ponto de ficar tão decepcionada comigo mesma que não tive nenhuma outra opção senão conquistar o meu medo, porém, dessa vez, as consequências eram bem piores do que ter um bando de alunos de pós-graduação me vendo paralisada de medo em um palco. Eu tinha acabado de ser mobilizada para um ano de serviço ativo e estava sendo treinada como interrogadora certificada do DoD. Basicamente, eu tinha sido enviada em uma viagem à ilha caribenha de Cuba, onde fiquei em um *resort* cinco estrelas, cercada de turistas — quero

---

[1]. Anthony Weiner é um ex-congressista americano e esteve envolvido em dois escândalos relacionados ao envio de fotos e mensagens sexualmente explícitas para menores por meio da mídia social e de seu telefone celular (*"sexting"*). Lance Armstrong é um ex-ciclista profissional americano, multicampeão de ciclismo em estrada, que perdeu todos os títulos obtidos depois de 1998 e foi banido do ciclismo competitivo em razão do uso de dopagem bioquímica. (N. T.)

dizer, terroristas —, comendo comida *gourmet* que vinha, convenientemente, embrulhada, tudo junto. Eu sabia que não estava mais em Rhode Island.

Quando lá cheguei, tive exatamente um dia para ver qual era o meu alojamento, fazer o *check-in* e aprender os modos daquela terra. No dia seguinte, fui até a prisão onde trabalharia todos os dias, para a troca de turnos com a equipe que eu estava liberando e dar uma volta no campo. Enquanto eu era escoltada até os trailers que nós usávamos como cabines de interrogatórios, o guarda abriu a porta e um sobrepujante cheiro de suor, urina e vômito cobertos por um "purificador" de ar com cheiro de limão me atingiu no rosto enquanto eu estava ali, parada e em pé no sol quente. Eu queria me virar e sair correndo, mas era óbvio que eu não podia fazer isso. Ali era o local onde eu conduziria interrogatórios durante os próximos cinco meses, por horas a fio. *Como diabos eu vou trabalhar nesse fedor?*, eu me perguntei.

Finalmente chegou o dia em que estava agendado o meu primeiríssimo interrogatório com um detento. Em 1999, quando eu estava fazendo o treinamento em interrogatórios, nunca achei que de fato usaria o meu treinamento na "vida real". Ali estava a minha chance. Eu me encontrei com o meu intérprete às oito horas da manhã no meu escritório, que acabou sendo uma pequena sala em um trailer idêntico àquele da cabine de interrogatório, e nós caminhamos e passamos por três passagens seguras (entradas seguras e controladas que dão para a prisão) e passamos por guardas militares que escoltavam detentos algemados para o nosso destino: Trailer Amarelo número 7. Durante nossa caminhada, fiz um resumo prévio ao intérprete com quem eu ia trabalhar naquele dia sobre como o interrogatório se desenvolveria. Disse a ele como eu ia criar rapport com o detento, falei dos tópicos sobre os quais eu ia questioná-lo, os itens de incentivo que eu ia oferecer ao detento, onde eu queria que todos nós nos sentássemos, quando faríamos intervalos, por quanto tempo ficaríamos fazendo o interrogatório e assim por diante. Em suma, eu tinha um plano. Havia cerca de oito cabines de interrogatório dentro do Trailer Amarelo, protegidas por cabines de observação em cada lado com espelhos de fundo falso, uma cabine de controle na entrada, onde havia guardas e que continha equipamentos de vídeo, e uma privada. Enquanto esperávamos na Cabine de número 7, ouvi a porta se abrir para o trailer e um guarda gritou: "Detento no convés!" (A GTMO é uma base naval; *convés* é o piso na conversa da Marinha.) *Eis meu cara*, eu pensei. *Um detento de verdade*.

Por motivos de segurança, quando os guardas escoltavam os detentos até as cabines de interrogatório, todo mundo tinha que ficar em suas salas, ninguém tinha permissão de ficar no corredor. Ouvi o som metálico e agudo das correntes em volta de seus pés aproximando-se e o pesado arrastar de pés. Eu não fazia a mínima ideia de como seria ele. Seria feroz e beligerante e lutaria com os guardas? Ou seria dócil e choraria assim que fosse colocado sentado na cadeira? Meu coração deu um pulo em meu peito. Senti a minha pulsação ficar acelerada e golpear dentro da minha cabeça. Comecei a duvidar do meu plano. Talvez devesse me levantar, ou me sentar, ou mover os móveis, ou talvez eu deveria ter entrado depois do detento.

Mas era tarde demais, ele estava à porta. Os guardas o fizeram parar e me perguntaram se estava tudo bem, se eles poderiam entrar. Eu disse que sim e vi aquele homem magro, de cabelos bagunçados, que vestia um macacão cor de laranja e chinelos, entrando na sala. Ele olhou para mim e revirou os olhos. Que ótimo! Eu já me sentia derrotada, porque, com aquele revirar de olhos, ele já estava uma rodada à frente de mim em um segundo. Durante a hora seguinte fiz perguntas e consegui respostas vagas. Não consegui criar rapport, e ele não mantinha contato visual comigo. Eu podia ver, pela linguagem corporal dele, que ele achava que a coisa toda era uma piada. Eu me senti humilhada. Depois de apenas duas horas terminei o interrogatório e mandei que o levassem de volta para a cela. O intérprete e eu caminhamos de volta até o meu escritório, mas eu sentia como se estivesse fazendo a caminhada da vergonha. *Que diabos estou fazendo aqui? Eu não consigo fazer isso*, foi o que disse a mim mesma. Não apenas eu me sentia um fracasso, mas também, pior ainda, eu estava decepcionando os meus camaradas membros das Forças Armadas nas linhas de frente porque não tinha conseguido arrancar nenhuma informação daquele cara. Eu o mandei de volta para sua cela porque desisti. Eu não dormi nada naquela noite.

Na manhã seguinte, eu tinha outro interrogatório às oito horas da manhã, com um detento diferente, mas com o mesmo intérprete. O intérprete encontrou-se comigo às 7h30; ele era um homem mais velho, muito agradável e legal, com uma ótima atitude, animado. Pensei comigo mesma: *você não vai ser a mesma perdedora que você foi ontem!* Naquele dia ele ia ver a verdadeira eu, a confiante garota altamente enérgica e perceptiva que escrutiniza cada movimento corporal e todas as palavras que saem da boca de alguém, e que gosta de envolver-se em uma luta mental para chegar à verdade. Eu me pus em pé, firme, inspirei fundo e disse a mim mesma: *Manda ver!* As oito horas seguintes se passaram num piscar de olhos. Eu tinha páginas e mais páginas de anotações. Tive que encerrar o interrogatório de modo que meu detento e meu intérprete pudessem comer. Eu nem mesmo estava com fome, de tão eufórica que estava! Naquele dia, na caminhada de volta a meu escritório, eu andei com a cabeça erguida. Nunca mais permitiria que um detento novamente me fizesse duvidar da minha capacidade nem de que eu conseguiria sair na frente. Eu sabia do que era capaz; só foi necessário um pouco de raiva para ir além do meu medo do desconhecido, encontrar a minha confiança e relaxar naquele novo ambiente. Pouco antes de entrarmos nos nossos escritórios, meu intérprete deu uns tapinhas amigáveis no meu ombro e disse: "Aquilo foi impressionante. Eu gostaria de solicitar que eu trabalhe com você enquanto você estiver aqui". E aquele foi o começo dos muitos sucessos contínuos na GTMO. Na verdade, tive que implorar ao meu comando que me deixassem ficar mais um mês porque não queria ir embora dali. O general-comandante da GMTO disse a meu comandante em casa que eu era "um ativo ali" e solicitou que eu ficasse lá por mais um mês. Eu fiquei. Ah, e quando novos interrogadores chegavam e passavam pelo passeio VIP pela prisão e as cabines de interrogatórios, eles sempre me perguntavam: "Como é que você aguenta esse cheiro?", ao que eu respondia: "Que cheiro?"

Você está começando a ver uma tendência? Foi preciso fracasso e decepção comigo mesma para me dar a força interior para encontrar a minha confiança e realizar os meus objetivos, fosse fazer uma apresentação matadora ou conseguir extrair informações de inteligência dos detentos. Agora posso analisar as coisas em retrospecto e ver aqueles dois eventos como experiências negativas com resultados positivos. Lá no fundo eu sabia que tinha as habilidades, o conhecimento, o tato, a determinação e a confiança; só precisava de alguma ajuda para trazer isso tudo à tona. Descobri como relaxar e ganhar confiança, e sei que você é capaz de fazer o mesmo.

> Pense em uma época de sua vida em que você sentiu vergonha, embaraço e/ou que ficou desapontado com suas ações. Anote o que aconteceu e como você se sentiu. O que você fez depois disso? O que você faria se e quando algo assim acontecesse novamente?

Ninguém pode fazer de você uma pessoa confiante: só você pode fazer isso. A pergunta que você precisa fazer a si mesmo é a seguinte: você se dispõe a abrir mão do medo do fracasso e desafiar-se para trazer à tona sua confiança interior? Todos nós a temos! Vou ajudá-lo com esse desafio, dando-lhe alguns indicadores sobre como você pode entrar em contato com seu confiante eu interior. Esses indicadores também estarão em seu kit de ferramentas e sua checklist no fim do livro.

O QUE ACONTECE COM O CORPO QUANDO ESTÁ SOB ESTRESSE

Vamos falar mais sobre o que de fato acontece dentro do corpo quando nós ficamos estressados, nervosos ou ansiosos. Meus alunos costumavam me perguntar o tempo todo: "Como é que eu deixo de ficar nervoso?". Eu digo a eles exatamente a mesma coisa que vou dizer a você: você tem que *não* ficar nervoso. Nada como declarar o óbvio, certo? Infelizmente, não há nada que você possa fazer para impedir que o hipotálamo cause a liberação do hormônio do estresse, o cortisol, do qual nós falamos no Capítulo 2, ou para impedir que seu corpo apresente uma resposta fisiológica como resultado disso, pelo menos não até que a percepção de ameaça ou medo tenha passado. Você tem que aprender a lidar com suas emoções *antes* de chegar àquele estado. Sem entrar em cientificidades demais, vou explicar brevemente a ciência por trás do que acontece quando o corpo está tentando se proteger ao perceber uma ameaça.

Uma vez que uma ameaça é identificada e o medo é estabelecido (e lembre-se de que uma "ameaça" pode ser falar em público, não apenas ser perseguido por um animal selvagem), o corpo entra em um modo de resposta de lutar ou correr; você fica e luta contra a ameaça ou você sai correndo e foge dela?

Imagine que você esteja prestes a subir no palco e, mesmo que você conheça seu material de cabo a rabo, de repente seu coração começa a socar seu peito e sua respiração se torna mais rápida e rasa. As glândulas adrenais, localizadas acima dos rins, liberam uma grande onda de hormônios, entre eles, a adrenalina e o cortisol. A adrenalina é liberada em seu corpo quando você se sente estressado. Você pode sentir os efeitos dela imediatamente; ela aumenta a taxa dos seus batimentos cardíacos, eleva sua pressão arterial e impulsiona suprimentos imediatos de energia. Outro hormônio que é liberado é a *norepinefrina* (também chamada *noradrenalina*), que faz com que sua atenção fique focada e deixa seus sentidos aguçados. Então é liberado o hormônio do estresse, o cortisol. Esses três hormônios (adrenalina, norepinefrina e cortisol) deixam você com a energia aguçada, a atenção focada e os sentidos aguçados de que você precisa para lutar ou fugir de uma ameaça. O mecanismo do cortisol é um pouco mais complicado de se explicar, e ele faz uma grande quantidade de coisas para manter a estabilidade, ou a *homeostase*, do corpo humano enquanto está respondendo a estímulos externos. Por exemplo, durante situações estressantes, o cortisol pode temporariamente aumentar sua imunidade, aumentar a taxa de açúcar em seu sangue (certificando-se de que tanto o cérebro quanto o corpo tenham combustível o suficiente para funcionar nesses níveis aumentados), além de suprimir funções não essenciais do corpo durante o lutar ou correr, como digestão ou excreção. Pense na última vez em que você estava em uma situação de alto estresse. Você sentiu fome e teve vontade de comer para manter sua energia? Provavelmente não. Enquanto a adrenalina é bombeada pelo seu corpo, você pode ser capaz de correr mais rápido e se tornar mais forte. Você já ouviu aquelas histórias de donas de casa que foram capazes de erguer um carro sozinhas quando alguém estava preso debaixo dele? Isso é a adrenalina em ação. O surto de norepinefrina ampliará seus sentidos; você será capaz de enxergar melhor no escuro, e seu senso de cheiro ficará super aguçado. Você será capaz de sentir até o cheiro do medo, um odor pungente e inconfundível que é uma mistura de um cheiro metálico e odor corporal, e algo cujo cheiro eu sentia com frequência enquanto estava realizando interrogatórios na GTMO. (Algumas pessoas não acreditam quando digo que senti o cheiro do medo, mas pergunte a qualquer membro das Forças Armadas que esteve em combate, a qualquer policial, qualquer bombeiro ou qualquer interrogador se alguma vez na vida ele sentiu o cheiro do medo; a maioria o conhece muito bem, e será capaz de reconhecê-lo a quilômetros de distância.) E, por fim, o cortisol aproveitará a energia armazenada em seu corpo (gordura) para fornecer energia onde o corpo precisa mais dela, tal como nos grandes músculos em seus braços e em suas pernas, para ajudar você a lutar ou sair correndo para longe da ameaça. O impulso de energia que você tem desses hormônios pode até mesmo deixá-lo chocado às vezes, porque, como seu cérebro não "sabe" por que você está nervoso, ele trata o estresse de falar em público e o estresse de ser perseguido por alguém com uma arma da mesma maneira.

A Dra. Mary Gardner, veterinária e cofundadora do Lap of Love, diz que quando os animais ficam estressados o corpo deles passa por um processo chamado de SLUDD, um acrônimo que significa **s**alivar, **l**acrimejar, **u**rinar, **d**igerir e **d**efecar. Esses sintomas são chamados de sintomas *parassimpáticos* e regulam funções corporais como a taxa de batimentos cardíacos, a excreção e até mesmo funções sexuais. Nos animais, SLUDD é o que acontece como consequência de o animal estar preparando seus órgãos para o estresse, e corresponde à forma como nossos corpos se preparam para lutar ou correr. Essa é a ciência básica por trás dos motivos pelos quais, quando você está nervoso ou se sente ameaçado, suas mãos tremem, sua voz sai trêmula, você começa a suar, seu coração bate forte no peito e você sente como se pudesse pular altos prédios em um único salto.

Todos temos medos e ansiedades, então, como é que podemos superá-los? Convencendo seu cérebro de que você está confiante, calmo e no controle, relaxado. Acredite ou não, você pode fazer isso posicionando seu corpo de determinada maneira, no que chamo *posturas de poder*. Não se preocupe, isso não envolve fazer posturas de ioga, embora eu realmente recomende o ioga para aliviar o estresse e sentir-se energizado.

GESTOS CORPORAIS DE CONFIANÇA: O QUE FAZER E O QUE NÃO FAZER

Posição de enquadramento / dedos enganchados no bolso e os polegares do poder

Você se lembra de quando sua mãe lhe disse para que ficasse em pé e ereto? Provavelmente ela não se deu conta de que estava lhe dizendo para parecer e sentir-se mais confiante. Mudar sua postura pode, na verdade, mudar a forma como você se sente em relação a si mesmo. Quando você observa figuras de autoridade, pessoas que respeita e admira, seja no trabalho, em casa ou na mídia, observe suas posturas corporais. Como eles costumam ficar em pé e se apresentam? Em contraste, se você olhar para uma foto de Woody Allen, ele tipicamente está encurvado, com os ombros para a frente, o queixo para dentro, e os olhos voltados para o chão. Agora olhe para qualquer fotografia de James Dean; provavelmente ele se parece com o exato oposto de Woody Allen. Verifique a postura dele, seus ombros, seu peito, seu queixo e seu contato visual. Existe um motivo pelo qual as mulheres "passavam mal" por causa de James Dean e não de Woody Allen. Você consegue adivinhar o motivo? Não é tanto pela aparência deles quanto por sua exibição de confiança. Os homens sempre dizem que "bons moços vêm por último" ou que as "garotas não querem um bom moço". Bem, rapazes, vocês estão errados. Todas nós queremos um bom rapaz, mas queremos que o bom rapaz seja *confiante*. Bons rapazes também podem ser confiantes. É só se lembrarem de uma coisa: James Dean exalava confiança, mas Woody Allen não faz isso.

Tanto Woody Allen como James Dean foram fotografados em uma postura de enquadramento, com as mãos (enganchadas) nos bolsos ou nos cós de suas calças, e seus polegares em um ângulo, apontando para suas partes íntimas. James Dean tinha *sex appeal* quando fazia isso. Woody Allen... nem tanto. O motivo reside na diferença em sua postura. Olhe para as duas seguintes imagens. Consegue ver a diferença?

A postura de enquadramento, com os dedos enganchados no bolso, de Woody Allen.

A postura de enquadramento, com os dedos enganchados no bolso, de James Dean.

Na imagem à esquerda, você pode ver meu modelo, Kelly, na postura de enquadramento, com os dedos enganchados no bolso, de Woody Allen. Seus ombros estão para baixo, caídos para a frente e curvados para dentro; seus olhos estão olhando diretamente à sua frente e seu queixo está voltado para dentro. Parece que ele estava prestes a se enrolar como se fosse uma bolinha e se esconder do mundo. Na imagem à direita, Kelly está em pé, em uma posição ampla, com os pés afastados cerca de 25 centímetros. Ele tem uma boa postura, seus ombros estão para trás, ele mantém um bom contato visual com a câmera e seu queixo está erguido; parece que ele estava prestes a abraçar o mundo. Mudem suas posturas, cavalheiros, e vocês mudarão tanto a forma como vocês se sentem *quanto* a forma como os outros se sentem em relação a vocês. Comecem a fazer isso agora! Se você é um cara legal, e espero que seja, fique nessa posição e conquistará as garotas;

você vencerá no fim porque em algum momento as garotas abandonam os *bad boys* (ou pelo menos deveriam fazer isso). Então, por que é que os homens "enquadram" suas partes íntimas de qualquer forma? Isso é tão óbvio quanto você pensa que é: isso tem o propósito de comunicar a sexualidade masculina. As partes íntimas masculinas são símbolos da virilidade e do poder masculinos. Quantas vezes você viu *bad boys sexy* na TV ou nos filmes assumirem essa postura e as mulheres não conseguirem resistir a eles? Quando os homens enquadram suas partes íntimas, isso significa que eles são uma ameaça sexual e tem o propósito de intimidar outros homens. É parecido com a forma como um gorila bate no peito para mostrar força e dominação e intimidar outros gorilas. Quando um cara engancha os dedos assim nos bolsos e posiciona uma das pernas levemente mais alta do que a outra, por exemplo, colocando-a em um descanso para os pés em um bar, ele está, subconscientemente, empurrando para fora suas partes íntimas como um sinal de extrema confiança, quase como se estivesse dizendo: "Ei, olha o que eu tenho a oferecer!". Então, por que as mulheres também fazem isso? Tanto Angelina Jolie como a modelo *fashion* Amber LeBon foram fotografadas desse jeito. Elas estão tentando assustar e afastar predadores do sexo masculino? Não, elas fazem isso pelo mesmo motivo que os homens o fazem: para mostrar confiança e exibir uma de suas três zonas vulneráveis. Se você expuser suas três zonas vulneráveis — a covinha em seu pescoço, sua barriga e sua virilha —, você está, subconscientemente, dizendo ao mundo: "Manda ver! Eu consigo lidar com qualquer coisa". Trata-se de uma exibição de poder, e tanto garotas quanto rapazes podem exibir confiança e poder dessa forma. Mulheres, se um cara fizer isso em um bar enquanto estiver encarando você ou conversando com você, provavelmente ele está tentando impressioná-la com, hum, sua boa aparência, e querendo "pegar" você.

Como regra geral, digo às pessoas para nunca esconderem suas mãos, porque, quando a pessoa esconde as mãos, ela esconde as emoções, e você parecerá insincero e indigno de confiança caso faça isso. Contudo, se você tiver que colocar as mãos nos bolsos, mantenha os polegares para fora. Como um modificado símbolo fálico, o polegar simboliza poder, e exibir os polegares para todos verem é um sinal de confiança. Eu chamo a exposição ou exibição dos polegares dessa forma de "polegares do poder", porque se trata de um gesto de confiança, ainda que sutil. Você pode não ter notado isso, mas, quando está se sentindo forte e confiante, o espaço entre seus dedos na verdade aumenta, fazendo com que suas mãos ocupem mais espaço. Essencialmente, suas mãos se tornam mais territorialistas. Quando você se sente inseguro, esse espaço desaparece; na verdade, você pode se encontrar enfiando os polegares sob os seus dedos ou escondendo suas mãos por completo. Quando você se sente confiante, seus polegares tenderão a ser apontados para cima enquanto você estiver falando. Com o passar dos anos, notei que quando me levanto e me apresento, meus polegares estão sempre para fora, exatamente como os polegares do Fonz, do seriado *Happy Days*, cujo movimento que era uma marca registrada sua era erguer ambos os punhos cerrados com os polegares para fora e dizer: "Eeeeeeei!". Fonz exalava confiança, trotando pelos arredores com aquela jaqueta de couro e calça jeans azul, e o estalar de seus dedos; as meninas seguiam em bando até ele. Obviamente que se tratava de um programa de televisão e eles eram atores, mas você não acha que havia um motivo pelo qual o escritor e o diretor escolheram aquele gesto corporal para criarem a imagem do confiante ímã de garotas que era o Fonz? Richie Cunningham nunca fez isso. No momento em que você esconde seus polegares, você está dizendo: "Eu me sinto inseguro. Eu preciso de apoio". Crianças escondem seus polegares em seus punhos cerrados e bebês sugam os polegares porque se sentem inseguros. Conforme vão ficando mais velhas, a maioria das crianças para de sugar os polegares enquanto lentamente se tornam mais confiantes no mundo. Eu sinceramente espero que você não chupe seus polegares, mas, definitivamente, pare de escondê-los!

Os polegares de poder de Fonz.

Na última véspera de Ano Novo, fui convidada para um jantar com amigos, daqueles com cinco pratos acompanhados por vinhos. Do outro lado da mesa, na minha frente, estava sentada uma garota bela que eu havia acabado de conhecer chamada Leslie. Ela era cheia de vida, aberta e amigável. Assim que ficou sabendo o que eu fazia, inclinou-se para o lado da mesa em que eu estava, abaixou a voz e me perguntou: "Você pode me ajudar com uma garota no meu escritório que está sempre querendo me prejudicar? Ela sempre é condescendente e fica me colocando para baixo". Eu respondi: "É claro que posso". Depois de fazer com que ela me explicasse a situação, disse a ela que na próxima vez em que ela estivesse por perto dessa garota em seu ambiente de trabalho, ela precisava exibir confiança por meio de posturas e gestos corporais, porque, uma vez que ela parecesse confiante, ela haveria de se sentir confiante. Eis aqui algumas posturas de confiança corporais — posturas de poder — e gestos que você pode usar para parecer e se sentir confiante.

Posturas de poder e respiração pela barriga

Em um artigo publicado em *Psychological Science*, Amy Cuddy (da Faculdade de Administração de Empresas de Harvard) e Dana R. Carney e Andy J. Yap (ambos da Universidade de Columbia) reportaram como mediram os níveis hormonais de 42 homens e mulheres voluntários em pesquisas 17 minutos depois de eles terem sido colocados em posturas de alto ou baixo poder durante um minuto por postura. Eles concluíram que meros dois minutos em uma postura causaram mudanças significativas na testosterona e no cortisol. As posturas de alto poder levaram a um aumento nas sensações de confiança e uma tolerância maior a riscos. O estudo também descobriu que as pessoas são mais frequentemente influenciadas pela forma como elas se sentem em relação a outra pessoa do que pelo que aquela pessoa está dizendo.

Tente fazer isso da próxima vez em que você se levantar na frente de uma sala cheia de pessoas para falar ou sentar-se para uma entrevista de emprego, ou da próxima vez em que tiver uma conversa íntima com um ente querido em relação à qual você estiver nervoso ou ansioso. Assuma uma postura de poder; plante seus pés no chão com aproximadamente 25 centímetros de distância um do outro, e inspire fundo, puxando a respiração de seu estômago, não de seu peito. Se respirar com seu diafragma, você diminuirá a ansiedade, a raiva, assim como a sensação de pânico. A respiração pelo diafragma é chamada respiração pela barriga, e tem efeitos muito diferentes do que a rápida respiração pelo peito. Infelizmente, nós evoluímos a ponto de nos tornarmos criaturas que respiram pelo peito. Como um ponto de comparação, observe um recém-nascido respirando. O que está subindo e descendo? A barriga, e não o peito. Com as expectativas de magreza e *fitness*, começamos a respirar por nossos peitos em vez de respirarmos pelo estômago. Quem quer andar por aí expandindo a barriga, certo? Estamos ocupados demais sugando-a para dentro! O que a maioria das pessoas não se dá conta é que respirar pelo estômago na verdade tem um efeito meditativo e calmante.

Lá pelo final dos anos 1990, eu queria perder peso e entrar em uma onda saudável. Estava cansada de ter uma barriguinha. Determinada, disse a mim mesma que tinha que começar a correr para perder peso, pura e simplesmente. Porém, até aquele ponto, sendo uma garota de vinte e poucos anos, eu nunca havia corrido. Fiquei tão nervosa antes de correr porque estava preocupada que fosse ter um colapso por estar fora de forma. Então comecei a correr com uma postura realmente boa para acalmar minha respiração errática (minha respiração era errática porque eu estava completamente fora de forma e por causa da resultante sensação de pânico). Além disso, corri com uma bandagem que os halterofilistas usam para apoiar a parte de baixo de suas costas enquanto estão levantando peso. Essa bandagem, na verdade, me ajudou a sustentar a minha postura e logo eu estava correndo ao ar livre, no meio do inverno, em uma praia deserta, no escuro, três vezes por semana, indo cada vez mais longe. Na primeiríssima vez em que corri, mal completei 400 metros antes de hiperventilar, mas, em dado momento, consegui chegar a correr 8 quilômetros. Como superei o obstáculo inicial foi tudo devido a intencionalmente me acalmar, tendo uma boa postura e respirando profundamente pela minha barriga.

Outra excelente postura de poder para ser assumida é a postura da Mulher Maravilha ou do Superman. Em ambas, você coloca as mãos nos quadris, com os pés separados por uns 25 centímetros e fica em pé, parado(a) e com uma boa postura. Quando seu corpo está totalmente ereto, seus pulmões e seu diafragma podem funcionar melhor. Respirar profunda e calmamente começará a transformar a forma como você se sente; você começará a se sentir calmo e poderoso. Confie em mim! Tente fazer isso agorinha mesmo.

Enquanto estiver em pé nessa posição, quero que pense em uma época em que você se sentia em seu melhor, fosse por felicidade ou sucesso. Leve o tempo que for preciso e pense no que aconteceu para fazer com que você se sentisse dessa forma. Então, ancore mentalmente esses eventos à sua postura corporal. Agora que você conectou os pensamentos e sentimentos positivos a uma postura de poder, toda vez em que você se sentir com medo, nervoso, fraco, tímido ou intimidado, vá até algum lugar sozinho e assuma sua postura de poder. Respire fundo e volte sua mente para seus pensamentos ancorados de sucesso e energia. Outra boa postura é a posição de vitória de um corredor. Erga e estenda os braços no ar e alongue-os o máximo quanto conseguir. Por que você acha que todos os atletas fazem isso quando ganham? Todos eles fazem isso por instinto. Isso reafirma e aumenta a sensação de ser vitorioso e forte. Porém, você não precisa ser um atleta mundialmente prestigiado para fazer isso!

Aviso de antemão que assumir uma postura de poder para com os outros pode ser entendido como algo dominador e controlador. Tome cuidado para não arruinar o rapport com alguém ao parecer superior a eles; seu propósito com essa postura é fazer com que você mesmo se sinta dominante, no controle e poderoso. Além disso, evite colocar apenas uma das mãos no quadril; você pode achar que isso o ajudará a parecer confiante, mas, na verdade, isso envia um sinal de falta de respeito e oposição, de que você é um sabe-tudo ou de que está prestes a bater de frente com alguém. Se você quiser parecer e sentir-se confiante, coloque ambas as mãos nos quadris. Essa é uma postura positiva e poderosa.

Jodi Arias, um dos meus casos criminais recentes prediletos a ser analisado, assumiu uma postura de extremo poder da primeira vez em que ela ficou sob custódia e foi questionada pelos oficiais em 15 de julho de 2008. Isso foi depois que o corpo de seu namorado, Travis Alexander, foi encontrado esfaqueado e atingido por tiros no chuveiro em sua casa. Em um vídeo do YouTube intitulado *"Vídeo não editado de número 5 do Interrogatório feito pela Polícia de Jodi Arias"*, ela demonstra um comportamento realmente estranho quando é deixada sozinha na sala de interrogatório onde estava sendo gravada sem saber. Um detetive entra para conversar com ela e lê para ela seus direitos. Depois que eles conversam por um tempinho, ele vai embora, e ela é deixada sozinha. Dá para ouvi-la dizendo, em voz alta: "Você deveria ter passado pelo menos maquiagem,

Jodi. Caramba". Então ela começa a cantar, a brincar com uma garrafa de água, ela olha dentro de um cesto de lixo, ri e diz algo inaudível, mexe nos cabelos, limpa as unhas, coloca os joelhos para cima, enrola os cabelos, e então ela faz uma *parada de cabeça*! Debbie Pokornik, autora de *"Standing in Your Power: A Guide for Living Your Life Fully Awake" [Esteja no poder: um guia para viver sua vida plenamente acordado]*, diz que, quando você coloca os pés acima de sua cabeça, isso envia um sinal para o corpo de que é seguro e, portanto, foca suas energias em fazer com que você fique saudável. Isso também pode ajudá-lo a relaxar e liberar emoções acumuladas. Talvez tenha sido por isso que Jodi fez uma parada de cabeça na sala de interrogatório. Se você estiver emotivo ou com falta de autocontrole e confiança, faça uma parada de mão. Quando fico superestressada ou com raiva, até o ponto de que meu coração esteja palpitando, faço uma parada de mão. Depois de uns poucos minutos, fico calma como um plácido lago. É engraçado como isso funciona!

Steepling[2]

Steepling é outra postura de poder. Existem quatro formas de fazer *steepling*: o *steepling* regular da torre de igreja (uma postura favorita de Donald Trump), o baixo *steepling* (um predileto de Oprah), o *steepling* do revólver (predileto de políticos) e o *steepling* da bola de basquete (meu predileto). Não importa qual *steepling* você prefira, seu uso diz que você tem noção das coisas, que é confiante e seguro de si. Ele fará com que você se sinta poderoso e confiante. Contudo, tome cuidado e saiba quando usar um *steepling,* porque isso pode ser entendido como algo agressivo e dominador, especialmente o *steepling* do revólver; use-o apenas como último recurso porque ele pode fazer com que você perca o rapport rapidamente.

O ***STEEPLING* DA TORRE DE IGREJA:** coloque todas as pontas dos seus dedos juntas na forma de uma torre de igreja e estire as mãos na frente do peito, ou descanse-as em uma superfície na sua frente. Alguns de vocês podem se sentir intimamente familiarizados com esse tipo de *steepling.* Pode

---

2. Técnica que consiste em tocar os dedos correspondentes da outra mão de modo a formar uma figura, que varia com o tipo de *steepling,* como uma torre de igreja.

ser também que alguma outra pessoa tenha usado *steepling* com você — seu chefe, um entrevistador, um superior, qualquer um que esteja em uma posição de maior poder. Quando as pessoas estão contemplando uma questão ou prestes a tomar uma decisão, com frequência elas usarão um *steepling* de torre de igreja para mostrar que têm o conhecimento e a autoridade para tomar tal decisão. Na imagem a seguir, você pode ver Kelly fazendo o *steepling* enquanto tem uma conversa com Chris; inconscientemente, ele está dizendo que detém o poder e está no controle. Chris, por outro lado, está de braços cruzados de modo defensivo.

Embora nem sempre cruzar os braços signifique que alguém esteja na defensiva (poderia ser simplesmente o fato de que ele está com frio ou pensando em alguma coisa), aqui Chris também se inclinou para trás, criando mais distância entre si mesmo e Kelly. Isso me diz que Chris está se sentindo mais na defensiva do que com frio ou contemplativo. Tome cuidado quando você for usar *steepling*; você pode perder rapport e chatear a outra pessoa. Embora eu recomende muito o uso de *steepling* com um valentão!

O *steepling* da torre de igreja.

O baixo *steepling*.

O *STEEPLING* BAIXO: o *steepling* baixo é a mesma coisa que o *steepling* da torre de igreja, só que suas mãos ficam abaixadas, quase cobrindo suas partes íntimas. Essa forma de *steepling* é mais sutil do que o *steepling* de torre alta de igreja. Ele ainda diz que você se sente poderoso, mas você não está esfregando a sua confiança na cara das pessoas. Essa é uma forma sutil de dizer "Eu, por fim, tenho o controle, mas também não estou deixando de ouvir o que você tem a dizer".

O *STEEPLING* DA BOLA DE BASQUETE: para fazer o *steepling* da bola de basquete, abra as mãos como se estivesse segurando uma bola de basquete imaginária na sua frente. (Extrovertidos, na verdade, farão o gesto mais amplo do que o tamanho de uma bola de basquete para que esse gesto seja maior e mais grandioso.) O *steepling* da bola de basquete é um gesto amigável e que faz com que você pareça poderoso, e ainda assim alguém de quem é possível se aproximar. Essa é a forma de *steepling* mais eficaz para fazer com que os outros acreditem em você; isso diz que você é esperançoso, mas que sente firmeza em suas convicções. Eu uso isso inconscientemente quando falo, provavelmente porque sinto que sou a autoridade no assunto em questão sobre o qual estou falando, mas quero que o público goste de mim em vez de que tenha medo de mim. Muitas pessoas que falam em público usam o *steepling* da bola de basquete; esse é um dos gestos favoritos do presidente Barack Obama.

O *steepling* da bola de basquete.

O *steepling* do revólver em posição de descanso.

O *STEEPLING* DO REVÓLVER EM POSIÇÃO DE DESCANSO: esse *steepling* é pura e simplesmente agressivo. Ele quer dizer que você não está para brincadeiras! O *steepling* do revólver em posição de descanso pode ser arrogante, controlador e condescendente porque, inconscientemente, você está "atirando" naquilo que as outras pessoas estão dizendo. Na segunda imagem da página anterior, você pode ver Kelly exibindo um "*steepling* do revólver em posição de descanso", em que seu queixo está descansando em sua "arma de mão". Às vezes, as pessoas descansam o *steepling* do revólver em seus lábios, o que pode ser um sinal de desaprovação ou pensamento profundo, ou um indicativo de que um diálogo interno está em andamento. Isso também pode significar que eles estão tentando manter suas bocas fechadas. No "*steepling* do revólver sendo disparado", a arma de mão está, de fato, mirando em alguém. Essa versão é realmente agressiva porque parece que você, inconscientemente, quer atirar na outra pessoa. O *steepling* do revólver nunca deveria ser usado quando se está em busca de diplomacia ou quando se está procurando acordo entre colegas. Ele deveria ser usado somente quando a pessoa estiver, de forma deliberada, tentando intimidar outro indivíduo ou grupo.

Mãos de Hitler.

Mãos de Hitler

Esse gesto com a palma da mão virada para baixo, com o braço estendido, reto, como a saudação nazista ou a saudação de Hitler, é um gesto autoritário que soa como reprimenda. Subconscientemente, ele diz: "Preste atenção, senão...". Eu me refiro a esse movimento como "Mãos de Hitler". Ele tem um efeito de fazer com que os outros fiquem rígidos, visto que ele nega ou anula o que eles acabaram de dizer. Esse gesto é condescendente — pais gritam com os filhos dessa forma —, porém, se você realmente quiser estar por cima, coloque a palma da sua mão voltada para baixo.

O empurrão com a palma da mão.

Empurrão com a palma da mão

Esse gesto é muito semelhante às mãos de Hitler, porém, em vez de colocar a palma de sua mão voltada para baixo, você a mostra para a outra pessoa; você está inconscientemente dizendo: "Fale com a minha mão". Esse é um outro gesto rude e condescendente. Parece que você está prestes a empurrar sua mão na cara da outra pessoa. Evite usá-lo, visto que você não fará nenhum amigo se os empurrar com a palma da mão.

A postura de José

Essa postura é reservada somente para homens. Se você estiver sendo empurrado com a palma da mão por um valentão no escritório, empurre-o de volta colocando as mãos atrás de sua cabeça, e reclinando-se em sua cadeira, e colocando suas pernas de modo a formarem o número 4, ou mantenha-as levemente abertas. (Mulheres, vocês podem ver por que essa não é uma boa postura para vocês.) Essa é a postura de poder por definição, ultraconfiante e levemente arrogante. Eu a chamo de postura de José porque trabalhei com um ex-*ranger* do exército que tinha esse nome, e toda vez que o chefe entrava em seu escritório para conversar, ele fazia isso. Essa é a suprema postura de confiança! Ele não temia ninguém. Lembre-se dessa regra: quando estiver em dúvida, estire-se. Ocupar mais espaço grita a mensagem de importância. Ficar sentado na postura de José com suas pernas afastadas uma da outra garante aos outros que você é grande e está no comando.

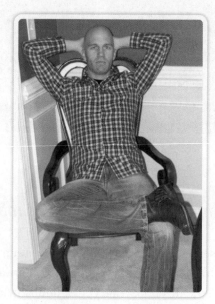

A postura de José.

A postura do gorila.

A postura do gorila

A postura do gorila é supereficaz quando você quer transmitir as informações como que com um soco. Eu digo a vendedores para que usem essa postura para fazerem suas tentativas de vendas, porque as pessoas confiam naqueles que parecem confiantes. Faça a postura do gorila, coloque as mãos em cima de uma mesa e incline-se sobre ela e na direção de quem quer que esteja sentado ali por perto. Ao inclinar-se para a frente, você parece mais agradável. Se você deseja parecer até mesmo mais agradável e amigável, sorria enquanto assume a postura do gorila. Se não sorrir, ainda assim você passará a ideia de que é seguro de si, mas parecerá mais agressivo do que amigável (vide a foto de Kelly). Dependendo do que a situação pedir, você pode sorrir ou parecer mais austero, como Kelly está aqui. Eu chamo essa de postura do gorila porque ela lembra um gorila quando está todo "pomposo", defendendo seu território.

Erga o queixo

Quando você vir uma pessoa caminhando pelos arredores com o queixo no ar, essa pessoa é vista como estando com ar de superioridade. Existe uma piada sobre Extrovertidos e Introvertidos e ela é assim: "Como dá para saber se um introvertido gosta de você? Ele olha para os seus sapatos". Pense nisso: você tem que olhar para baixo da altura do seu nariz quando seu queixo está erguido no ar, mas entrar em uma sala com passos largos e o queixo erguido não fará com que você pareça arrogante; isso fará com que você pareça confiante e seguro de si. Sempre ergo o meu queixo, e quando faço isso, tenho uma postura melhor e pareço e me sinto mais poderosa.

Não cubra a base do seu pescoço

A base do pescoço, ou manúbrio esternal, é uma parte muito vulnerável do corpo. Quando nos sentimos ameaçados, inconscientemente nos movemos para proteger essa área vulnerável. Nosso pescoço permite respirar, falar e engolir. Ele também acomoda duas artérias carótidas que suprem sangue oxigenado à cabeça e ao pescoço, de modo que um ataque a essa região poderia ser fatal. No filme *Uma ladra sem limites*, o movimento que é marca registrada da personagem de Melissa McCarthy é atacar com o dedo a base do pescoço das pessoas, o que então faz com que elas caiam no chão. Essa é uma técnica real das artes marciais. Atacar a base do pescoço com o dedo pode induzir a pessoa a engasgar e, às vezes, deixá-la inconsciente, ao esmagar sua traqueia.

Meus detentos que entravam na cabine de interrogatório com medo e nervosos sentavam-se todos enrolados, como uma bolinha, com as pernas pressionadas juntas, com força, apertadas, com os cotovelos grudados nas laterais de seus corpos e com uma das mãos cobrindo o pescoço. Essa mão passava às vezes para a nuca e depois voltava imediatamente para a base no pescoço. Eles seguravam seus pescoços literalmente por horas. Depois de criar rapport, dividindo chá ou algo de comer, ou talvez jogando algum jogo, lentamente a mão começava a ser levada para baixo. Quando isso acontecia, eu sabia que eles estavam se sentindo mais confortáveis e, então, eu me soltava mais nas minhas perguntas. Quando um tópico desconfortável vinha à tona, o mesmo acontecia com as mãos deles, que iam direto para a base do pescoço naquele gesto protetor, ainda que inconsciente.

Tanto homens como mulheres cobrem a base do pescoço em situações estressantes. Os homens tendem a agarrar o pescoço como se estivessem agarrando sua barba e puxando-a para baixo, enquanto as mulheres tocam no pescoço de forma mais delicada, às vezes apenas com a ponta dos dedos. Em todas as minhas observações de colegas, alunos, amigos e detentos, posso dizer que esfregar o pescoço e cobrir a base do pescoço é um sinal absoluto de estresse. Da próxima vez em que você estiver jogando pôquer ou se perguntando por que seu namorado não respondeu a nenhuma de suas mensagens de texto na noite passada, observe para ver se mãos são levadas ao pescoço. Comece a prestar atenção em exatamente quando eles tocam o pescoço durante o jogo ou a conversa, porque este é o ponto em que o estresse está sendo registrado, embora de forma subconsciente.

A base do pescoço também é considerada uma zona erógena. Quando exposta, ela diz "Estou aberto(a)" (que não deve ser confundido com "Eu sou fácil", rapazes). A conclusão em relação à base do pescoço é a seguinte: se você quiser parecer seguro de si mesmo, confiante e relaxado, não coloque sua mão em nenhum lugar do seu pescoço ou do seu rosto!

Agora você sabe como posicionar seu corpo de modo a parecer confiante e como, por fim, essas posições e esses gestos farão com que você se sinta confiante. Por que você precisa ser confiante? Eis o porquê:

- Você precisará começar conversas com estranhos e, ainda assim parecer confiante, poderoso e amigável.
- Você precisará ser capaz de controlar essas conversas sem ficar nervoso.
- Você precisará criar rapport por meio do estabelecimento de um denominador comum, de bajulação, usando sua linguagem corporal, mudando suas preferências de personalidade e sendo sincero e empático.
- Você precisará ler a linguagem corporal de outras pessoas e estabelecer a linha basal delas.
- Você precisará identificar incongruência comportamental por meio da observação de desvios do comportamento de linha basal.

- Você precisará sondar aqueles tópicos que estavam sendo discutidos quando você observou tais desvios com boas técnicas de questionamento para descobrir a verdade.

Você precisa de confiança para ser capaz de fazer tudo isso de forma bem-sucedida. Da próxima vez em que você precisar confrontar um valentão ou defender seus pontos de vista e suas ideias, faça o seguinte: em primeiro lugar, corrija sua postura de modo a relaxar sua respiração. Em seguida, amplie sua passada e caminhe de modo autoritário até a pessoa em questão e fique lá em pé como o Superman ou a Mulher-Maravilha, com seus pés a uma distância de uns 25 centímetros um do outro, erga o queixo e incline-se para a frente conforme você abordar essa pessoa, certificando-se de deixar sua voz mais grave. Não se esqueça de sorrir! Você quer ser agradável e autoritário ao mesmo tempo. Você exalará confiança, e nenhum valentão mexerá com isso. No entanto, se você não se sentir confiante, o valentão verá através de sua fachada e pisará em você. Se precisar, você tem suas técnicas de *steepling* e suas posturas de poder.

Se tudo o mais falhar, use suas mãos de Hitler ou o empurrão com a palma da mão, mas apenas como último recurso!

A voz confiante

Até mesmo o controle de sua voz o ajudará a transformar a forma como você se sente. Fale mais alto e com mais clareza, dê ênfase a sílabas e pontos chave, abaixe o tom agudo de sua voz, divida em pedacinhos as informações que você está passando e incorpore pausas de modo que as pessoas tenham tempo para digerir o que você está dizendo. Quando o tom de sua voz fica mais agudo, e sua voz fica mais suave e mais abafada, esse é um indicador certeiro de que você está se sentindo inseguro e nervoso. Você já viu o *talk show* chamado *Outnumbered* no canal Fox News? Ele é composto por quatro mulheres âncoras de notícias e um homem também âncora (daí o nome *"Outnumbered"*, que quer dizer em menor número) discutindo eventos atuais das notícias. Uma das mulheres no painel é Harris Faulkner, cuja voz, acima de todas as vozes das outras mulheres no painel, exala autoridade, porque ela fala com um tom mais baixo e menos agudo. Eu *quero* ouvi-la porque ela soa e parece mais confiante do que as outras mulheres no painel. Além do mais, sinto-me mais inclinada a acreditar no que ela tem a dizer.

Já falei para públicos dos mais diferentes históricos profissionais — investigadores de segurança e de saúde, auditores, investigadores de incêndios criminosos, dentistas pediátricos, donos de pequenos negócios e empresários — sobre linguagem corporal, detecção de mentiras e habilidades aguçadas de comunicação. No último ano, eu notei uma tendência infeliz. Depois de minhas palestras, profissionais do sexo feminino constantemente vinham até mim e me perguntavam como elas deveriam lidar com um valentão no escritório. Deixa-me triste pensar que as mulheres estão se sentindo vítimas de *bullying* ou que estejam se sentindo ameaçadas no trabalho. Para aquelas de vocês que estiverem lendo isso e que se encontrem nessa situação, usem o que apresentei neste capítulo. Você mudará a dinâmica que tem com esta pessoa, eu juro!

O próximo capítulo é todo sobre como criar rapport, até mesmo com um perfeito estranho. Ensinarei técnicas sobre como fazer com que as pessoas gostem de você, sintam-se confortáveis a seu redor, vejam-no como líder, deem-lhe ouvidos, peçam e aceitem seus conselhos e respeitem-no. Potenciais resultados podem incluir que se consiga uma promoção ou um aumento, a difusão de uma discussão entre outros, ganhar um caso ao convencer um júri, fazer com que um criminoso confesse o crime a você, fazer com que sua família e seus amigos sejam abertos e honestos com você, e, o melhor de tudo, cercar-se de pessoas positivas. Tudo isso parece bom? Então continue a leitura!

6
E, DE ESTABELEÇA RAPPORT: FAZENDO COM QUE AS PESSOAS *QUEIRAM* GOSTAR DE VOCÊ

A PERGUNTA QUE ME FAZEM COM MAIS FREQUÊNCIA DEPOIS QUE as pessoas ficam sabendo que interroguei membros do Talibã e da Al-Qaeda é "Como foi falar com aqueles caras sendo uma mulher?". Todos querem saber se me desrespeitaram ou se me senti de alguma forma em desvantagem por ser mulher. Eu digo às pessoas que foi o máximo, porque quase fui considerada de um terceiro sexo. Sim, sou mulher, mas, aos olhos deles, eu era um membro das Forças Armadas americanas que, por acaso, era do sexo feminino. Eles não olhavam para mim nem me tratavam da mesma forma como eles com frequência tratavam as mulheres em suas próprias culturas. Eu tinha uma imensa vantagem sendo de um "terceiro sexo"; na verdade, eu apostaria que qualquer interrogadora lhe diria a mesma coisa. Pense nisso: eu não era um fuzileiro naval grande e intimidador; eu era uma mulher pequena, empática, porém autoritária, de modo que os detentos se sentiam mais relaxados comigo. Eles não tinham que ficar com suas guardas erguidas, como teriam feito com um interrogador. Isso não quer dizer que meus colegas do sexo masculino não eram tão ou mais bem-sucedidos do que eu. Muitos o eram, especialmente aqueles que tinham históricos culturais semelhantes a alguns dos detentos ou que falavam os idiomas deles. (Se eu pudesse voltar atrás e viver aquilo de novo, eu aprenderia árabe. Os idiomas alemão e italiano da minha faculdade não me fizeram nenhum favor na GTMO, infelizmente.

Eu aprendi um pouco de árabe enquanto estava lá, mas, se conhecesse mais o idioma, isso teria me proporcionado ainda mais um denominador comum com os prisioneiros.)

> Uma coisa engraçada aconteceu um dia em relação ao idioma árabe. Depois de horas, dias e semanas interrogando detentos que falavam árabe, comecei a captar algumas palavras e frases-chave. Durante um interrogatório, entendi a resposta em árabe do detento e, sem esperar que meu intérprete traduzisse, lancei a ele outra pergunta de acompanhamento. O detento olhou para mim, surpreso, e ficou com raiva. Ele disse: "Você mente! Você fala árabe!". Tive que explicar a ele que não falava árabe, e que, assim como eles estavam aprendendo o inglês, eu estava aprendendo o idioma deles. Levou um bom tempo para que eu recuperasse a confiança dele; lição aprendida da minha parte: espere que seu intérprete traduza!

Consegui ganhar o respeito dos detentos valendo-me de múltiplos métodos. Primeiramente, ganhei o respeito deles a partir do respeito que me era mostrado por outras figuras de autoridade. Meu intérprete, mais velho e do sexo masculino, me respeitava, os guardas da prisão me respeitavam e outros membros do sexo masculino das forças armadas e civis me respeitavam. As pessoas tendem a respeitar aqueles que são respeitados por outros.

Ter um histórico de formação em antropologia e arqueologia também me ajudou a identificar e formar uma ponte entre algumas daquelas diferenças culturais, mas, mesmo assim, eu nunca tinha colocado os pés no Oriente Médio e não sabia falar nenhum de seus idiomas (além das poucas palavras e das poucas expressões que aprendi enquanto estava lá.) Então, como foi que consegui criar rapport com meus detentos por meio do denominador comum? Eu não tinha nenhum denominador comum com eles, ou pelo menos assim acreditava.

Primeiro, pensei no que, de fato, tínhamos em comum, eu e esse combatente estrangeiro da Al-Qaeda que odeia os Estados Unidos e tudo que ele representa. *Ah, eu sei! Ambos somos seres humanos! Se eu o tratar como um ser humano, então há esperanças de que ele aja de forma recíproca comigo e me trate como um ser humano também. Além disso, nós dois estamos na GTMO, em uma prisão; ele é um detento e eu estou aqui sob as ordens de alguém. Oh, e nós dois temos famílias. Eu não sou casada e não tenho filhos, mas tenho uma sobrinha, sobrinhos e primos e primas, e tenho certeza de que ele os têm também. Provavelmente nós dois gostamos de comer e de beber; talvez eu vá descobrir do que ele gosta de comer e traga essa comida comigo para o interrogatório, como um gesto bondoso.* Comecei com o básico. Nós todos respiramos o mesmo ar, comemos, bebemos e temos emoções, sentimentos e crenças, de modo que eu poderia estabelecer um denominador comum com qualquer uma dessas coisas, isso é algo sobre o que eu poderia ter esperanças de construir algo. Ainda que não compartilhássemos as mesmas crenças, eu poderia ter empatia com as dele e mostrar sinceridade. Além disso, os detentos eram geralmente inquisitivos em relação a quem eu era e como cheguei àquela posição, de modo que isso criava uma oportunidade para conversa e, portanto, para o estabelecimento de rapport. Veja bem, é possível criar rapport com qualquer um, até mesmo um terrorista. Alguns de vocês podem estar pensando: *Por que é que você quer fazer isso?* Ou: *Como foi que você conseguiu fazer isso?* As respostas são que eu *tinha* que fazer isso, e consegui porque sabia que, se fosse capaz de criar rapport e ganhar respeito e confiança, eu estaria ganhando algo bem mais valioso no final: informações de inteligência que manteriam em segurança os Estados Unidos, suas forças armadas e seus civis. *Esta* era razão pela qual eu era capaz de fazer isso. Lembre-se disso: você pode criar rapport com qualquer um.

UM DIA NA VIDA DE UMA INTERROGADORA

É tarde da noite; o ar ainda está quente, úmido e pegajoso. Meu uniforme ensopado de suor secou e agora estou com calafrios por causa do ar-condicionado soprando acima da minha cabeça na cabine de interrogatório enquanto espero a chegada de meu intérprete para "Ahmed" (nome alterado por motivos de segurança), meu detento saudita. O entusiasmo era não existente; para falar a verdade, eu estava desanimada. Todo detento saudita que eu havia interrogado até aquele momento parecera completamente calejado e intratável. Meus detentos sauditas tipicamente se sentavam na minha frente, me olhando feio, com ódio, com seus olhos pretos quase como se estivessem atirando facas na minha alma. Eu sabia que eles teriam me esfaqueado se tivessem tido essa oportunidade, mas estavam algemados e acorrentados ao chão, de modo que isso não ia acontecer. Eles franziam as testas e grunhiam para mim e diziam que eu tinha o *jinn* (gênio mau) em mim. Eu não chegava a lugar algum com os sauditas. Tentei todas as abordagens e todas as técnicas de formação de rapport possíveis com aqueles caras. Naquela noite, eu estava certa de que teria mais um interrogatório exaustivo que acabaria sendo mais uma vez decepcionante.

Eu havia trabalhado durante horas no meu plano de interrogatório; repassei todos os cenários possíveis na minha cabeça em relação a como poderia fazer com que ele ficasse engajado na conversa. Minha cabeça estava cheia de ideias. De repente, uma porta lá embaixo no corredor se abriu, com o grito familiar de "Detento no convés!" interrompendo a minha concentração. Meu intérprete e eu olhamos um para o outro e ambos soltamos um suspiro. Ele também sabia que aquela seria uma longa noite. Comecei a repensar a situação. *E se eu tentasse algo totalmente diferente? Eu só seguiria minha intuição*, pensei. *Nada de planos.* Logo depois, Ahmed apareceu na porta, flanqueado por guardas militares. Ele tinha aproximadamente 1,75 m, suas mãos estavam apertadas uma na outra, seus ombros estavam levemente voltados para dentro e sua postura estava levemente caída. Conforme observei em sua linguagem corporal, eu soube que essa era uma significativa diferença da típica postura de ombros largos, cabeça erguida e preparada para lutar assumida pelos meus outros detentos sauditas. Os ombros dele curvando-se para dentro me diziam que ele não estava seguro de si e da situação, possivelmente estava nervoso ou assustado. Eu sorri. Ele ergueu a cabeça e seus olhos captaram os meus. Por um microssegundo, eu o vi deixar transparecer um minúsculo sorriso que passou com um lampejo em sua face antes de ele voltar de imediato a fechar a cara. (Isso se chama uma microexpressão, que eu discutirei mais detalhadamente no Capítulo 9.) Eu sabia que eu estava certa em seguir a minha intuição.

Os guardas o guiaram para sentá-lo na cadeira. Destinávamos aos detentos cadeiras dobráveis de metal que não giravam nem rolavam, de modo que permanecessem sentados em segurança enquanto estavam acorrentados ao ferrolho no chão. Nós, interrogadores, nos sentávamos em cadeiras cobertas de tecido, que giravam, rolavam, obviamente muito mais confortáveis. Enquanto os guardas o guiavam até a cadeira dele, eu disse "Parem!". Ahmed olhou para mim com a preocupação estampada em seu rosto, e os guardas fizeram o mesmo. Eu removi a cadeira dele e rolei a minha cadeira confortável para que ficasse na frente do ferrolho. "Eu gostaria que ele se sentasse nessa cadeira", eu disse aos guardas. Agora meu intérprete parecia preocupado também. Normalmente eu informava meu intérprete de tudo que eu ia fazer na cabine, de modo que ele não fosse ser pego desprevenido e para que nós pudéssemos trabalhar como um time coeso. Eu não disse a ele que ia trocar de cadeira e me sentar na fria cadeira de metal, porque não tinha planejado fazer isso. Porém, foi o que minha intuição me mandou fazer. Meu intérprete sabia que eu sempre fazia as coisas por um motivo, e que provavelmente eu estava dando início a meu Plano B. Muitas vezes eu dava início aos Planos E, F, G também! Um interrogador tem que ser tão adaptável quanto água fluindo por fissuras de modo a encontrar seu caminho até a solução. A princípio, Ahmed resistiu, ele balançou a cabeça para trás e para a frente, dizendo "Laa!", que quer dizer "não" em árabe. Meu intérprete traduziu: "Não, por favor, eu não posso me sentar na cadeira dela. Por favor, dê-me a outra cadeira". Eu sorri e, olhando bem nos olhos dele, disse: "Por favor, sente-se na minha cadeira; eu quero que você fique confortável essa noite". Depois que meu intérprete traduziu o que eu tinha dito, Ahmed desistiu de resistir e, com relutância, sentou-se na cadeira. Os guardas prenderam as correntes de sua perna e de sua cintura no ferrolho no chão, e então eu os instruí a soltar as algemas das mãos dele. Agora Ahmed olhou para mim e sorriu de volta. Pensei comigo mesma: *Esse é o cara certo?* Os guardas perguntaram se eu precisava de mais alguma coisa; respondi que não precisava de mais nada e os dispensei. Eu e meu intérprete nos sentamos, trazendo nossas cadeiras um pouco mais para perto de Ahmed, entrando no espaço social dele; ele não pareceu se importar com isso. Existem quatro tipos de zonas de espaço de relacionamento: íntima, pessoal, social e pública. Essas zonas variam de um país para outro. Em muitos países do Oriente Médio, tendem a ser bem mais próximas uma da outra, até o ponto de serem praticamente não existentes. Por exemplo, as pessoas ficam paradas em seu espaço íntimo em público e os homens andam juntos de mãos dadas pelas ruas, em sinal de respeito. Porém, para os americanos, as zonas são mais claramente delineadas. O espaço íntimo é tipicamente uma zona de amortecimento de 45 cm em volta de si na qual você permite apenas que um cônjuge/parceiro e filhos entre. O espaço pessoal é uma zona de amortecimento que fica entre 45 cm e 1,20 m em que você permite a entrada de conhecidos e colegas de trabalho. E o espaço público é qualquer coisa fora de uma zona de amortecimento de 1,20 m, em que o restante do mundo existe.

Como diz o ditado, dance conforme a música. Quando meu intérprete e eu nos inclinamos juntos para a frente e estávamos prestes a engajar o meu detento em uma conversa, ele começou a falar em árabe. Fiquei ouvindo enquanto o meu intérprete traduzia: "Muito obrigado pela boa cadeira. Eu me sinto mal por aceitar me sentar nela, mas obrigado". Verifiquei o meu arquivo, perguntei a ele qual era seu nome e fiz algumas outras perguntas, e confirmei que, de fato, eu estava com o detento certo. Avance a história para três meses depois e eu e Ahmed havíamos estabelecido um rapport incrível, o que levou a um relacionamento de respeito mútuo, tudo isso criado intencionalmente da minha parte, é claro. Bebíamos chá juntos e trocávamos histórias e até mesmo ríamos um pouco, e dei a ele privilégios especiais por sua cooperação. Ele me deu mais informações durante aqueles três meses do que jamais poderia ter imaginado que ele fosse me dar.

Um dia, ele me pediu para que fosse sorrateiramente interrogá-lo mais tarde naquela noite porque ele tinha algo secreto para me contar. Ele não queria que os outros o vissem por medo de que pensassem que ele estava cooperando conosco (o que ele estava fazendo) e o retaliassem de alguma forma. Suas informações acabaram sendo tão valiosas que elas deram início a uma imensa investigação de campo. Depois disso, ele passou a ser disputado por outras agências, por causa da cooperação e do nível de confiança e rapport que eu tinha criado com ele. Alguns dias depois de terminar um de nossos interrogatórios, eu estava parada em pé na entrada, esperando que os guardas o trouxessem de volta para sua cela e ele me perguntou: "Você quer saber por que eu cooperei com você e lhe contei todas aquelas informações nos últimos meses?". Eu sorri e disse: "Sim, Ahmed, eu quero". A resposta dele foi: "Porque você foi tão legal comigo naquele primeiro dia, me dando a cadeira confortável, que eu tinha que ser legal com você. Você me respeitou, e então eu tinha que respeitar você. Minha cultura é assim". Se eu não tivesse dado ouvidos à minha intuição, nunca teria criado aquele relacionamento com Ahmed e certamente nunca teria conseguido as informações de inteligência que consegui. Tudo isso por causa de uma cadeira confortável.

Falando de modo geral, as pessoas sentem a necessidade de responder com reciprocidade a atos de bondade, seja um simples sorriso ou ajudar alguém — até mesmo os detentos na GTMO. Essa é uma técnica de elicitação comum chamada *quid pro quo*, que, em latim, quer dizer "isso por aquilo". Geralmente, se você dividir algo pessoal com alguém, ele dividirá algo pessoal com você; se você se oferecer para comprar um drinque a alguém, ele comprará um para você em troca. Dá para ter uma ideia. É simples, e funciona.

FAZENDO COM QUE QUALQUER UM GOSTE DE VOCÊ

Você não gostaria de saber como fazer com que as pessoas gostem de você? É claro que sim! Vou lhe contar como conseguir fazer isso com dez técnicas específicas de criação de rapport. Se você entender que as pessoas gostam de pessoas que são parecidas com elas, então este capítulo será sua fonte para a criação de relacionamentos pessoais e profissionais duradouros e significativos que podem levar a um aumento na confiança (de um companheiro) ou até mesmo uma promoção. Afinal de contas, não é o produto que faz a venda, é o vendedor que faz a venda por meio do relacionamento que ele estabelece com o comprador ao usar rapport e persuasão. Eu treino vendedores e proprietários de pequenos negócios em técnicas de criação de rapport para fazer com que eles fiquem melhores no que fazem. As pessoas não querem comprar coisas de que elas precisam de pessoas de quem elas não gostam, mas as pessoas quase sempre vão comprar coisas de pessoas de quem elas gostam, até mesmo coisas de que elas não precisam!

Rapport é uma sensação, a conexão criada entre duas ou mais pessoas quando elas estão interagindo e comunicando-se uma com a outra. Também é comportamento, as coisas que as pessoas fazem para ajudá-las a se relacionarem umas com as outras. Rapport tem a ver com empatia, respeito, confiança, aceitação e sinceridade. Tem a ver com conexão em nível emocional. Você pode mostrar a outra pessoa que você consegue se identificar com ela dando-lhe ouvidos com sinceridade, entendendo a forma como ela vê o mundo, e respeitando seus pontos de vista, quaisquer que possam ser eles. Isso é especialmente importante quando você estiver interagindo com pessoas de outras culturas e mostrando respeito pelas normas culturais delas. Por fim, rapport é uma relação mútua e positiva, e, quando você o tem, você tem um elo e, portanto, uma relação.

Você já deve ter lido que existe tanto a criação de rapport positivo quanto a criação de rapport negativo. A diferença entre os dois é a seguinte: quando você cria um rapport positivo com alguém, você o faz ao conseguir fazer com que alguém goste de você ao dizer ou fazer coisas que encorajam o respeito, a admiração, o interesse e a sinceridade daquela pessoa. Cria um rapport negativo quando você faz coisas que poderiam ser consideradas imorais ou antiéticas, como subornar alguém com incentivos ou vantagens especiais, ou formando um denominador comum à custa de outrem (geralmente ridicularizando outros ou engajando-se em brincadeiras condescendentes ou que causam mágoas). Meu conselho? Não se engaje em uma criação de rapport negativo; isso pode acabar sendo custoso no final das contas, sem mencionar o fato de que simplesmente não é uma coisa legal.

Alguns autores que já escreveram sobre esse assunto sustentam que o rapport não está necessariamente relacionado a fazer com que alguém goste de você. Eu discordo disso. Você não consegue ter um relacionamento positivo com alguém de quem não gosta. O rapport pode certamente ser usado para fazer com que as pessoas gostem de você, porque, lembre-se disso: as pessoas gostam de gente parecida com elas. Como você se torna parecido com outras pessoas? Encontrando ou criando um denominador comum com elas. O denominador comum pode ser torcer para o mesmo time de futebol, ou ambos terem a mesma idade, ou ambos terem cachorros, ou ambos gostarem de velejar. Você pode criar um denominador comum com os tópicos mais amplos também; vocês dois têm famílias, ou vocês dois gostam da arte da negociação. Qualquer que seja o denominador comum, encontre-o com a pessoa com quem você está tentando criar rapport, seja tentando fazer uma venda, interrogando um prisioneiro, prendendo um criminoso, negociando um acordo de divórcio ou dando o melhor de si para ser o melhor em uma entrevista de emprego. O estabelecimento de um denominador comum é apenas uma das técnicas de criação de rapport. Vou lhe dar mais dez técnicas de criação de rapport que você poderá usar para fazer com que as pessoas gostem de você, queiram conversar com você e para que o admirem e confiem em você. Minhas dez técnicas de criação de rapport são as seguintes:

1. Sorria.
2. Use o toque, com cuidado.
3. Divida algo sobre você mesmo (*quid pro quo*).
4. Espelhe ou equipare-se, com cautela.
5. Demonstre respeito.
6. Use uma linguagem corporal aberta.
7. Suspenda seu ego.
8. Bajule e elogie.
9. Dê tempo ao tempo e ouça.
10. Faça com que a pessoa se mexa e fale.

Vamos discutir cada uma delas mais detalhadamente.

1. Sorria

Existem dois tipos de sorrisos: um sorriso sincero e um sorriso de vendedor. Em um sorriso sincero, uma pessoa sorri com os olhos; você consegue ver os pés de galinha ou as marcas de expressão de sorriso em volta dos olhos da pessoa. Em um sorriso falso, ou um sorriso de vendedor, não há linhas de expressão correspondentes a sorriso em volta dos olhos. Eu lanço um lampejo de um sorriso de vendedor para fotos intencionalmente, de modo que meus pés de galinha não apareçam! Para acompanhar um sorriso sincero, tente também erguer suas sobrancelhas. As sobrancelhas erguidas indicam interesse. Isso, de forma subconsciente, diz à outra pessoa que você está interessado nele ou nela e que ele ou ela deveria estar interessado(a) no que você acabou de dizer. Quando olhamos para bebês e animais fofinhos que dão vontade de pegar no colo, ficamos geralmente de olhos arregalados e sorrindo. Por quê? Ver quão adoráveis eles são geralmente nos deixa felizes, e nós queremos nos ver da mesma maneira. Todas as bonecas e princesas de desenhos animados têm olhos imensos, de modo que sejam visualmente agradáveis. Portanto, quanto maiores estiverem nossos olhos (dentro do razoável, claro), mais atraentes nós somos para os outros. É interessante que nossas pupilas também vão se dilatar quando nós virmos algo interessante ou atraente. Os olhos expressam tanta coisa sem palavras, use os seus a seu favor.

Assim, de modo a parecer sincero quando seu chefe lhe mostrar fotos de sua neném recém-nascida (que você realmente acha que parece um picles vermelho e constipado), ofereça a ela um sorriso sincero (lembre-se de enrugar os olhos) e levante a sobrancelha enquanto diz "Que linda!". Sorria também quando estiver ao telefone. Você sabia que, na verdade, dá para ouvir alguém sorrindo? É claro que é um pouco mais difícil saber se o sorriso é sincero, mas dá para ouvir para saber se há sinceridade. Também dá para ouvir se alguém está com energia e entusiasmo. Sorrir lhe dará carisma. As pessoas que sorriem passam a impressão de que são otimistas; quanto mais confiança você tiver, mais energia terá; o contrário também é verdade, quanto menos confiança você tiver, menos energia e carisma você terá. As pessoas gostam de outras pessoas que são positivas, animadas, felizes e otimistas — em uma palavra: carismáticas. Temos a tendência de confiar nas pessoas que têm essas qualidades mais do que em pessoas que parecem quietas, infelizes, apáticas ou entediantes. Sorrir não dói!

2. Use o toque, com cuidado

Quando estiver tentando criar uma primeira boa impressão, você precisa de uma apresentação forte e inesquecível. Você quer que as pessoas se lembrem de você sentindo-se bem em relação a elas mesmas. Na primeira vez em que nós tocamos em alguém quando os conhecemos, é tipicamente por meio de um aperto de mãos. Dependendo da parte do mundo em que você estiver, siga as normas culturais para cumprimentar um estranho (em alguns países poderia ser uma reverência com a cabeça). Nos Estados Unidos, gostamos de um firme aperto de mãos; outros países preferem um aperto de mãos mais suave e mais gentil. Não exagere no aperto de mãos, apertando a mão da pessoa de modo que você corte a circulação dela, ou sacudindo a mão da pessoa com tanto entusiasmo a ponto de deixá-la com dor de cabeça. Uma pegada levemente firme enquanto estiver dando um aperto de mãos com alguém para cima e para baixo, uma ou duas vezes, será o suficiente. As pessoas me perguntam o que é um aperto de mãos adequado. Um aperto de mãos adequado é sempre um aperto de mãos recíproco. Sempre iguale seu aperto de mãos ao da outra pessoa.

Além disso, certifique-se de que você não esteja com as palmas das mãos suadas. Primeiro seque as mãos, seja no seu bolso, atrás de suas costas ou na frente do casaco de seu terno, como se você o estivesse endireitando. Também nunca use o aperto de mãos do político, o aperto de mãos com as duas mãos, a menos que você esteja dando um aperto de mãos em uma pessoa mais velha ou queira expressar uma empatia sincera. Você nunca deveria usar o aperto de mãos do político com o propósito de controle; este é um assassino instantâneo de rapport.

Depois do aperto de mãos, o toque inicial, vem o toque do acompanhamento. Sei que isso soa um pouco estranho, até mesmo um pouco provocativo, mas lhe garanto que não é esse o caso. Na sociedade atual, o toque parece estar restrito apenas àquelas pessoas que nós conhecemos realmente bem, como familiares e amigos. O modo como sua família lidava com o toque quando você era uma criança, se você era abraçado ou nunca lhe demonstravam afeto, terá um efeito sobre a forma como você se sente em relação aos outros tocando em você agora. Além disso, com o sempre presente fantasma das acusações de assédio sexual pairando sobre tudo, as pessoas tendem a manter suas mãos para si. Eu não as culpo, mas o que nós podemos estar perdendo é a mensagem importante que o toque traz. Tocar em um estranho de forma respeitosa e profissional pode trazer um senso mais profundo de conexão e ligação e ajudar você a criar rapport. Às vezes, o toque pode falar por nós quando as palavras falham; a mão no ombro de alguém quando essa pessoa acabou de lhe dizer que teve que sacrificar o cachorro diz "Eu sinto muito, pode contar comigo". O toque não envolve apenas outras pessoas, é claro. Nós também fazemos o que eu chamo de "ficar limpando nossas penas" [como fazem os animais] — enrolar os cabelos, manter nossos braços próximos às laterais do corpo, nos abraçar, ficar mexendo na cutícula, esfregar um dedo em nosso lábio superior, massagear nossos pescoços para aliviar o estresse ou esfregar nossos braços para cima e para baixo. Todos esses gestos enviam uma mensagem de calma e tranquilização para os nossos cérebros. A forma como o cérebro responde ao toque de outros depende do contexto: quem está tocando em você e em que tipo de cenário.

Usar o toque logo que você conhece alguém significa que você estará tocando em um estranho, de modo que você deveria conhecer as zonas seguras. A parte superior das costas e o ombro até o cotovelo são zonas tipicamente seguras em que pessoas de ambos os sexos podem tocar umas nas outras com segurança. Nunca é aceitável tocar na parte inferior das costas de alguém. Essa é uma zona íntima. Se você vir dois de seus colegas de trabalho juntos e uma pessoa do sexo masculino acompanhar a pessoa do sexo feminino por uma porta com a mão gentilmente tocando a parte inferior das costas dela, ou ele é um verdadeiro detonador de limites ou eles estão dormindo juntos. Seguindo as regras das zonas seguras, tente incorporar o toque com alguém novo pelo menos três vezes durante os primeiros dez a quinze minutos de conversa. Seu primeiro toque é o aperto de mãos de abertura. Seu segundo toque poderia ser um toque de leve no ombro quando você apresentar Jane a Bob. O terceiro poderia ser um tapinha amigável e gentil de leve na parte superior do braço da pessoa, acompanhado por uma piada ou risada compartilhada. O quarto toque poderia ser um aperto de mãos trocado com a pessoa antes de você ir embora, enquanto você diz a ela o quanto gostou de conhecê-la. Você acabou de tocar quatro vezes em um estranho de forma segura.

3. Divida algo sobre você mesmo

As pessoas tendem a querer reciprocar confianças e comportamento positivo, então divida algo pessoal sobre si usando a elicitação *quid pro quo* discutida antes. Por exemplo, se eu confidenciei a você que fui parada por estar em alta velocidade com o carro e recebi uma multa de R$ 180, eu esperaria que você me respondesse compartilhando uma experiência similar. Se você respondeu dizendo "Que droga. Eu fui parado na semana passada, mas consegui me safar da multa porque era meu aniversário", eu saberia que você se sente confortável dividindo informações pessoais comigo. Eu poderia então optar por partilhar mais segredos ou informações sensíveis na esperança de que você fizesse o mesmo.

Com frequência, eu sou contratada como uma espécie de *role player* para testar alunos durante o treinamento deles. Em um dos testes, meu objetivo é fazer com que eles dividam informações sensíveis comigo. Faço isso usando a técnica do *quid pro quo*. Eu não compartilho informações realmente sensíveis com eles, eu as invento.

As informações deles, contudo, são legítimas. Se consigo fazer com que eles pensem que confio neles o bastante a ponto de confidenciar coisas a eles, geralmente eles mergulham de cabeça e dividem seus próprios segredos comigo. Essencialmente, eu estou explorando o fato de que as pessoas geralmente confiam em pessoas que são confiáveis, mas, por se tratar de treinamento, tenho que fazer isso nessa circunstância em particular. Usar o *quid pro quo* pode ajudá-lo a descobrir um denominador comum. Voltando ao exemplo anterior, digamos que você dividiu comigo a informação de que você também foi parado, de modo que talvez nosso denominador comum seja que ambos gostamos de dirigir rápido, ou que ambos achamos que o limite de velocidade no trânsito deveria ser aumentado, ou que ambos acreditamos que os policiais não têm nada melhor a fazer do que distribuir multas. É claro que você pode encontrar um denominador comum com as pessoas sem nem mesmo tentar. Eu geralmente gosto de dormir em aviões. Contudo, se ouço o meu vizinho falando com o mesmo sotaque que eu (o que é raro, porque não são tantas as pessoas que falam o "idioma" de Rhode Island), instantaneamente sinto que temos uma conexão ou que dividimos algo em comum, então mais provavelmente eu vá começar uma conversa com aquela pessoa.

Vi estranhos passarem uns pelos outros nas esteiras em aeroportos e trocarem "toca aqui" no ar ou assentimentos de aprovação porque ambos estavam usando a mesma camisa de um time esportivo. De modo parecido, meu pai é um cara que curte Harley, e quando saímos de moto juntos, qualquer um por quem nós passamos que também esteja em uma moto, até mesmo se não for uma Harley Davidson, acena, porque fazemos parte do mesmo clube de quem gosta de motocicletas. Viu como é fácil encontrar um denominador comum? Uma vez que vocês digam "Eu também!" ou "Eu concordo plenamente com você!", vocês estão emocionalmente conectados por meio do rapport. Que a negociação ou venda de ideias comece!

Eis outro exemplo. Você está em uma longa fila de pessoas que estão na mercearia, e você pode ver que o caixa está frustrado e descarregando sua frustração nos clientes. Na hora em que você chega a ele ou ela, a pessoa está até mesmo com um humor ainda pior do que antes. Você não fez nada além de esperar pacientemente na fila, então por que deveria ser tratado com desrespeito só porque ela está tendo um dia ruim? Não deveria. Então, da próxima vez, mude a atitude da pessoa usando essa técnica. Acredite em mim, isso funciona! Eu mesma a usei uma vez quando estava em uma fila que se estendia por metade do corredor, de tão longa que era. Eu podia ver que a caixa já estava frustrada em relação a tentar atender as pessoas de modo que a fila andasse o mais rápido quanto lhe era possível, e eu sabia que quando visse minha cesta cheia de coisas isso só aumentaria a agitação dela. Um por um, todos os clientes na minha frente começaram a espelhar a atitude dela. Quando chegou na minha vez, eu decidi que, em vez de espelhar a atitude dela, eu mudaria sua atitude. Fui andando até ela, voltei-lhe um grande sorriso, coloquei minha cesta em cima do balcão e disse: "E pensar que eu vim buscar duas coisinhas. Aff!". Ela fez uma pausa, ergueu o olhar para mim, relaxou os ombros, sorriu e disse, com um suspiro: "Você é exatamente como eu! Eu faço isso o tempo todo". Eu criei um denominador comum com ela, mas foi o meu sorriso que realmente irrompeu em meio à disposição infeliz dela. Não acho que nenhuma outra pessoa naquela fila sorriu para ela. *Quid pro quo,* pessoal! Você recebe de volta o que dá.

4. Espelhe ou equipare-se, com cautela

Rapport pode ser estabelecido espelhando-se a linguagem corporal de uma pessoa, seu tom vocal e a altura de sua voz, as palavras e frases, a frequência e a velocidade do piscar, e até mesmo a respiração. Espelhar a linguagem corporal (*isopraxismo*, se você quiser usar o termo chique) envolve exibir a mesma postura e os mesmos movimentos da pessoa com quem você está interagindo, mas em uma imagem espelhada. Na imagem a seguir, Kelly (à direita) está segurando uma taça de vinho com a mão esquerda, ao passo que Chris (à esquerda) está segurando sua taça com a mão direita. Eles são uma perfeita imagem em espelho um do outro. Digamos que você esteja em uma entrevista de emprego, e a entrevistadora está sentada atrás de uma mesa. Em determinado ponto, ela inclina-se para a frente e apoia seu cotovelo esquerdo na mesa, com a mão debaixo do queixo. Se você quisesse espelhá-la, cruzaria a perna esquerda sobre seu joelho direito, se inclinaria para a frente, descansaria seu cotovelo direito em cima de seu joelho e tocaria com os dedos em seu queixo.

Espelhamento.

Equiparar linguagem corporal é o inverso do espelhamento; isso ocorre quando você exibe exatamente a mesma postura corporal, mas sem a imagem em espelho. Na imagem a seguir, Kelly e Chris estão igualando a imagem um do outro, com cada um segurando sua taça de vinho com a mão direita. Voltando ao exemplo anterior, se a entrevistadora estivesse descansando seu queixo em sua mão direita, você repousaria seu queixo sobre sua mão direita, e assim por diante. Tanto o espelhamento quanto a equiparação de movimentos requerem o estudo consciente do comportamento de outra pessoa, mas eles precisam ocorrer fora da ciência consciente da outra pessoa, de modo que pareça algo natural e inconsciente da sua parte. É importante que você não imite a outra pessoa, visto que isso só destruirá o rapport. Com esse propósito, evite fazer movimentos repentinos e espere 30 segundos até começar a igualar/espelhar os movimentos ou o discurso da outra pessoa. Além disso, coloque seu toque pessoal em suas respostas e varie-as de modo que fiquem levemente diferentes das da outra pessoa. O segundo em que a pessoa captar o que você está fazendo é o segundo em que você parecerá um imbecil. Se algum dia você já pegou alguém o copiando, provavelmente foi irritante e um pouco sinistro, certo? Mas, se você conseguir, de forma sutil, equiparar os seus movimentos e o seu discurso com os dos outros, subconscientemente eles acharão que você é parecido com eles e, dessa forma, sentirão que podem formar uma conexão com mais facilidade com você. É quase como se você estivesse criando um denominador comum simplesmente ao parecer e soar como a outra pessoa.

Equiparação.

Quando a outra pessoa começar a espelhar ou se equiparar a você inconscientemente em resposta, isso é chamado de acompanhamento de ritmo e condução. Tente fazer isso hoje no trabalho ou à noite em casa. Veja se você consegue fazer com que seu colega de trabalho ou familiar comece a espelhar ou equiparar sua postura e seus gestos. Quando ele fizer isso, estará em total sintonia com você e provavelmente prestando atenção em cada palavra sua. Você pode espelhar as pessoas e equiparar-se a elas ao telefone também — simplesmente use as mesmas palavras, os mesmos padrões de discurso, o mesmo vocabulário, o mesmo tom, o mesmo tom de voz e o mesmo volume. Se você falar e soar como elas, elas gostarão de você sem nem mesmo saberem disso e, *voilà!* — você tem rapport. Com frequência eu faço uso dessa técnica quando tenho que ligar para o *help desk* tecnológico. Por não entender de tecnologia, sei que vou deixar a pessoa do outro lado frustrada, então começo a criar rapport com ela o mais rápido possível. Eu geralmente consigo ouvir a outra pessoa sorrindo ao telefone quando estamos para encerrar a ligação. Se você alguma vez na vida tiver que trabalhar com um intérprete, espelhe a pessoa com quem você estiver falando e equipare-se a ela, mesmo que vocês não consigam entender o idioma um do outro. Não permita que o intérprete faça isso, porque então será o intérprete, e não você, quem estará criando o rapport! Bons interrogadores treinam seus intérpretes para que se equiparem a ou espelhem sua linguagem corporal, de modo que eles possam trabalhar como uma unidade. Mesmo que o detento entenda apenas o intérprete, o rapport é (espera-se que seja) estabelecido com o interrogador, visto que é ele quem está estabelecendo o ritmo da conversa.

Com frequência eu vejo que fazer o espelhamento verbal é mais fácil e mais eficaz do que espelhar o corpo. Se eu espelho o tom da voz de alguém, assim como a frequência e o ritmo do discurso, em vez de espelhar postura e gestos, eu soo como aquela pessoa, e, portanto, elas acham que sou parecido com elas. Por exemplo, Introvertidos tendem a falar baixinho e devagar e pensar no que dizer e em como dizer por medo de trocar os pés pelas mãos. Sendo uma Extrovertida, eu tenho a tendência a falar alto e rápido, e com bastante frequência troco os pés pelas mãos. Assim, quando converso com pessoas mais introvertidas, tenho que "baixar a bola" de modo que eu seja mais como elas. (Falarei mais sobre preferências de personalidade no Capítulo 7.)

Um exemplo de como uso palavras para fazer o espelhamento é a minha história da bruxa loira. Certo dia, eu estava fazendo compras na mercearia e fui andando até o corredor de degustação de vinho. O cavalheiro que estava atrás da mesa me entregou uma taça de degustação e, antes mesmo que eu pudesse prová-la, ele a puxou de volta. "Posso ver sua identidade?", disse ele em um tom exigente e condescendente. Eu pensei, *Uau, que elogio!* Entreguei a ele minha carteira de motorista que tinha uma foto minha de cerca de 2002, com cabelos escuros, a cor de cabelo com a qual nasci. "Você tinha cabelos escuros", disse ele, em tom zombeteiro. *Nada como declarar o óbvio*, eu pensei. Não feliz com sua atitude, decidi usar minhas habilidades de criação de rapport para fazer com que ele agisse de forma um pouco mais amigável para comigo. "É, eu usei uma coisa chamada descolorante", respondi a ele, com um grande sorriso.

Ele me devolveu a minha carteira de motorista e começou a servir o vinho na taça: "Eu chamo isso de bruxaria", disse ele.

"Bem, bruxaria custa muito dinheiro", respondi a ele, em um tom de brincadeira.

Ele ergueu o olhar e sorriu! Sucesso! Naquele ponto, outra compradora com cabelos loiros se juntou a nossa conversa: "Eu uso bruxaria também, e ela está secando a minha conta bancária", disse ela, enquanto se inclinava para a frente e fingia sussurrar isso de modo confidencial para mim. Tanto eu quanto ela usamos a palavra dele (bruxaria) e isso fez com que ele se sentisse bem. Logo, nós três estávamos conversando enquanto degustávamos o vinho. Comprei uma garrafa do vinho e saí de lá feliz. Existe poder no uso das palavras de outra pessoa. As pessoas notarão que você está fazendo isso e prestando atenção nelas. E, vamos encarar uma coisa: quem não deseja atenção?

5. Demonstre respeito

O mundo dá voltas. O carma é um saco. Aqui se faz, aqui se paga. Todos esses ditados basicamente querem dizer que a forma como tratamos os outros é a forma como seremos tratados em resposta. Se você não vai dar algo, não vai conseguir algo, é simples assim. Então, como mostrar respeito de modo que possa conseguir ganhar respeito? Primeiramente, permita que as pessoas tenham os próprios pontos de vista e as próprias opiniões, exatamente como você gostaria que outros permitissem que você tivesse os seus.

Às vezes, você tem que concordar em discordar, o que requer a suspensão do ego. Seja cortês, polido, profissional e não agressivo. Demonstre autoestima, respeito, admiração e honra em relação a qualquer pessoa. Como eu digo a meus alunos em treinamento para serem interrogadores, você atrai mais abelhas com mel do que com vinagre. Em outras palavras, você conseguirá mais das pessoas se for legal. Quem quer dar qualquer coisa, seja um desconto, um brinde, um conselho ou informações sensíveis a uma pessoa má e mesquinha?

Tentei instilar em novos interrogadores a ideia de que, não importa que crime hediondo um detento tenha cometido — e, acredite em mim, muitos eram para lá de hediondos —, eles ainda eram seres humanos e deveriam ser tratados como tal. Os interrogadores inexperientes com que trabalhei sempre voltavam a dizer algo nas linhas de "Diga-me a verdade, senão...!" Senão o quê? Senão eles permaneceriam na prisão? Ou não ganhariam um cigarro? Detentos recusavam-se a cooperar se ouvissem uma coisa dessas. Eles tornavam-se defensivos, confrontadores e até mesmo agressivos. Isso faz muito sentido. É como um pai gritando com um filho: "Limpe seu quarto, senão...!". Essa abordagem é ineficaz porque só faz com que a criança se torne desafiadora. Esses detentos não se importavam porque sabiam que nós não poderíamos fazer nem faríamos com que eles falassem. A única escolha que tínhamos era fazer com que eles *quisessem* falar. Nós não tínhamos que pedir "por favor, por favor", mas de fato precisávamos mostrar algum respeito ainda que fôssemos as figuras de autoridade. Quando eu mostrava respeito aos meus detentos, a maioria deles me respeitava em resposta, e era assim que eu criava rapport e obtinha informações de inteligência. Então, da próxima vez em que você estiver em um restaurante e a garçonete lhe trouxer o pedido errado, em vez de reclamar com ela e chamá-la de incompetente, tente dizer, educadamente: "Sinto muito, mas meu pedido está errado. Você se incomodaria de trazer o que eu pedi de modo que eu possa comer com a minha família? Muito obrigada". Ela provavelmente sairá correndo para ir buscar seu pedido em vez de cuspir na sua comida.

Outra vantagem em ser respeitado é que você também adquire confiança. Quando você consegue fazer com que alguém confie em você, você terá permissão de entrar no espaço pessoal dessa pessoa. Nós baixamos nossas guardas com as pessoas em quem confiamos e contamos a elas nossos medos, desejos e segredos.

6. Use uma linguagem corporal aberta

Se você quiser que as pessoas se abram com você, primeiramente você tem que usar uma linguagem corporal aberta. Se você fechar sua linguagem corporal, as pessoas vão se fechar para com você. Para manter sua linguagem corporal aberta, exponha as três áreas vulneráveis que mencionei anteriormente: a base do pescoço, a barriga e a região da virilha. Quando todas essas três zonas vulneráveis estiverem abertas e expostas, você estará conscientemente dizendo: "Eu confio que você não vai me machucar; eu confio que você não vai bater na base do meu pescoço e arruinar minha traqueia, nem me dar um soco na barriga ou um chute na virilha". A propósito, se você nunca foi atingido no estômago, seja grato por isso. Eu costumava praticar o estilo Shorin-ryu de caratê há mais de uma década. Eu era faixa marrom e estava na melhor forma da minha vida. Em um dos exercícios, eu estava contra um faixa preta de dezesseis anos de idade chamado Manni, que era um lutador poderoso. Eu tinha que bloquear os socos dele, mas é desnecessário dizer que não bloquei o primeiro; ele me acertou na barriga e me tirou o ar. Foi a primeira vez na vida em que tive o ar tirado de mim e achei que fosse morrer. Literalmente, eu não conseguia respirar. Quando meu fôlego finalmente voltou, Manni disse: "Agora você bloqueará o meu soco", e com certeza eu fiz isso!

Falando pela minha própria experiência, o estômago/a barriga é uma zona muito vulnerável. Expor este e os outros pontos vulneráveis diz às pessoas que você é confiante e que está aberto para elas. Transmite a ideia, sem falar nada, de que você confia nelas e de que espera que elas também confiem em você.

Tente não cruzar os braços na frente do peito. As pessoas quase sempre entendem esse gesto como defensivo ou de rejeição, e na maioria das vezes é isso mesmo. Nem sempre; às vezes, as pessoas fazem isso quando estão pensando ou apenas com frio. No entanto, a maior parte das pessoas verá isso como um movimento defensivo, então não o faça. Além do mais, mantenha as palmas das mãos abertas e expostas; não fique com as palmas das mãos voltadas para dentro, voltadas para a direção do seu corpo ou, pior ainda, escondendo as mãos ao enfiá-las no bolso. Por fim, não se feche colocando barreiras entre si e a outra pessoa. Uma barreira pode ser uma escrivaninha, uma tela de computador, uma pilha de papéis ou até mesmo uma taça de vinho. Seu corpo também pode ser usado como barreira. Por exemplo, se um homem se aproximar de uma mulher que está sentada em um bar e ela não tiver nenhum interesse nele, ela olhará por cima do ombro, com o braço permanecendo entre eles, de modo a recusar, polidamente, o avanço dele. O braço e o ombro dela são as barreiras dela. Ela pode até mesmo usar sua bolsa de mão como reforço.

Remova todas as barreiras entre si e a pessoa com quem você estiver tentando criar rapport, porque uma barreira bloqueará a comunicação. Quando eu interrogava detentos, geralmente mantinha a mesa para o lado de modo que eu pudesse fazer anotações, ou simplesmente fazia as anotações com meu bloco no colo. Eu removia todas as barreiras possíveis entre mim e os detentos. Eu queria me abrir tanto quanto fosse possível para ganhar a confiança deles e, no fim das contas, formar com eles um laço emocional, o que então elicitaria vergonha se eles mentissem para mim.

7. Suspenda seu ego

Para criar rapport, às vezes é preciso estar aberto para conselhos, aprendizado e críticas. Pessoas com egos inflados têm dificuldade em serem corrigidas, criticadas (não críticas degradantes, mas críticas construtivas), ensinadas ou aconselhadas. Então, por exemplo, você precisará suspender seu ego e seu orgulho quando um novo cliente em potencial quiser lhe ensinar a importância de *branding* para sua empresa, mesmo você sendo diretor de *marketing*. Tive de fazer isso muitas, muitas vezes, e ainda faço isso até hoje, porque tenho uma autorização de segurança e não posso falar sobre o que eu faço, seja como for.

O lado positivo é que permito que as pessoas se sintam bem me ensinando. Pessoas com autorizações de segurança não podem revelar detalhes sobre seus trabalhos, especialmente para pessoas que não têm autorizações de segurança. Se é comum ver profissionais que não precisam de autorizações de segurança se gabando dos projetos em que estão trabalhando, tentando ganhar vantagem uma em cima da outra, pessoas com autorizações de segurança não podem fazer o mesmo. O pessoal das Forças Especiais da Marinha está no mesmo barco; quando estão cercados por outros marinheiros, até mesmo na comunidade da inteligência, eles não podem partilhar informações sobre o que eles fazem, onde eles foram implementados, nem em que missões andaram. Isso costumava ser especialmente difícil para mim quando eu ouvia as pessoas falarem de toda a tortura e de todo o abuso que supostamente aconteciam na GTMO. Eu estava lá e não testemunhei nenhum tipo de tortura nem abuso (físico ou mental) de detentos, mas, infelizmente, tinha que segurar a minha língua enquanto eles soltavam sua ignorância, porque eles não tinham uma "necessidade de saber".

8. Bajule e elogie

Bajulação, quando feita de modo engenhoso, faz com que as pessoas se sintam bem. Quando as pessoas se sentem bem, elas querem partilhar mais sobre si para fazer com que você se dê conta simplesmente do quão incríveis elas realmente são. Apenas não exagere nisso. Se você jogar bajulação demais para cima das pessoas, elas perceberão o que você está fazendo e você perderá toda a credibilidade e todo o rapport. Você pode bajular as pessoas quanto à aparência física se isso for socialmente aceitável. Se uma colega de trabalho perdeu uns 15 kg, por exemplo, é aceitável que eu diga "Sua aparência está ótima e você deve se sentir tão saudável". Ao bajular uma pessoa do sexo oposto, todavia, é sempre mais seguro fazer isso em relação a atributos não físicos, como a ética de trabalho da outra pessoa, sua dedicação, ajuda em um novo projeto, papel como mentor(a), especialização no assunto, e assim por diante. Se você for homem, evite dizer a uma mulher "Uau, você fica o máximo nesse vestido". Eu costumava bajular meus detentos dizendo a eles que eu sabia quanto orgulho eles tinham de suas culturas, religiões e família, ou que os outros detentos os viam como modelos a serem seguidos. O truque em relação à bajulação ou elogios está em ser genuíno e sincero; a regra é que existe um limite.

9. Dê tempo ao tempo e ouça

Assentir com a cabeça, movendo-a para cima e para baixo, diz a alguém: "Continue falando. Estou lhe dando ouvidos e estou interessado(a)". Isso também diz "Eu concordo com você", "Eu gosto do que você está dizendo" ou "Eu quero ouvir mais". Acrescente um erguer de sobrancelha e isso aumenta a mensagem de interesse. Se você vir alguém assentir para você assim e a pessoa abrir um lampejo de um sorriso de vendedor, tome cuidado — provavelmente ela está apenas aplacando você enquanto ela pensa em uma maneira de escapar da conversa. Certifique-se de ouvir as pessoas. Não as interrompa, não aja cedo demais e não responda a uma pergunta antes que elas tenham terminado de fazê-las, nem termine as frases delas para elas. Todos esses hábitos são irritantes e enviam o sinal de que você preferiria ouvir a si mesmo falando.

Quando você mostra às pessoas que está interessado no que elas têm a dizer, elas apreciarão isso, e isso fará com que elas se sintam importantes. Aprenda a diminuir seu ritmo e dar-se um tempo para realmente ouvir o que elas estão dizendo. Se você não estiver dando ouvidos a elas, você perderá informações cruciais. Durante meus interrogatórios, eu costumava ficar tão ansiosa para fazer a próxima pergunta que com frequência eu me esquecia de fazer uma pausa para ver se o detento acrescentaria de livre e espontânea vontade mais alguma informação sem que eu tivesse que fazer uma pergunta de acompanhamento. Fazer uma pausa é, na verdade, uma técnica ótima, porque isso cria silêncio. A maioria das pessoas acha o silêncio incômodo e desconfortável, então elas rapidamente entrarão na conversa novamente só para aliviar a estranheza. Eu digo para as pessoas desfrutarem o silêncio. Se você criar um espaço para o silêncio e deixar que os outros falem na maior parte do tempo, duas coisas acontecem: em primeiro lugar, eles lhe darão informações; em segundo, os egos deles ficarão mais cheios, porque isso explora o fato de que as pessoas adoram ser ouvidas e adoram ouvir a si mesmas falando. Isso faz com que elas se sintam bem, e você sabe o que acontece quando nós fazemos com que as pessoas se sintam bem: elas ficam mais aptas a gostarem de nós. Como meu trabalho era conseguir informações, com frequência eu sentava relaxada e deixava que os detentos levassem a conversa; afinal de contas, quando eu estava falando, eles não estavam.

10. Faça com que a pessoa se mexa e fale

Esta é a última técnica de criação de rapport porque, a essa altura da conversa, você já deve ter estabelecido algum rapport; agora você deseja apenas fortalecer esse rapport.

Nós já sabemos que é uma coisa boa deixar as pessoas falarem. Você realmente quer que elas fiquem à vontade com você para permanecerem engajadas na conversa, algo que você consegue ao fazer perguntas abertas que requerem uma resposta em narrativa, em vez de uma pergunta que deva ser respondida com sim ou não.

Outra boa maneira de fazer isso é pedindo ajuda. Por exemplo, digamos que você esteja em um avião e pede para um estranho ajudar você a abrir o bagageiro acima para colocar sua mala ali dentro; ou que esteja em um bar lotado e, em vez de se espremer entre frequentadores regulares para pedir uma bebida, você pede a uma pessoa que está sentada ao bar para pedir um drinque para você, e eles fazem isso, e acabam se sentindo bem em relação a si mesmos por ajudarem. Eu costumava trabalhar com um agente aposentado do FBI que era um especialista em análise comportamental. Com frequência, ele dizia que ninguém ajuda os outros só para ser bondoso, que as pessoas fazem isso para que elas mesmas se sintam bem. Eu não discordo disso em teoria, mas será que nós somos realmente assim tão egoístas? Acho que existe definitivamente um elemento de querer se sentir bem em qualquer ato de altruísmo. Jody Arias fazia isso com repórteres enquanto estava na cadeia. Ela provou ser muito astuciosa e com frequência usava sua aparência para enganar as pessoas. Ela conhecia o truque para levar as pessoas a fazerem algo para ela de modo que ela pudesse criar rapport. Enquanto estava na cadeia preparando-se para ser entrevistada por repórteres em 2008, ela conseguiu que os repórteres se engajassem em uma conversa amigável com ela, não pertinente ao tema das entrevistas, e então pediu que eles trouxessem a ela um pó compacto para que ela pudesse "retocar a maquiagem". Ela chegou até a dizer: "Não liguem as câmeras ainda". Jodi estava tentando fazer com que todo mundo ficasse a seu lado e pensasse nela como sendo a bela e inocente vítima. Lembre-se disso: para vender a si mesmo, um produto ou uma ideia, o primeiro passo é fazer com que as pessoas conversem com você. Pedir favores e fazer perguntas abertas ajudará a manter seu alvo engajado. Agora, faça com que ele continue se mexendo. Se você tiver a oportunidade, mova-se pelos arredores enquanto estiver conversando com alguém. Isso pode dar a impressão de que vocês passaram horas juntos em muitos locais diferentes quando, na verdade, vocês só passaram alguns minutos na presença um do outro. Andar e mover-se pelos arredores também aliviará o estresse. Se você é um advogado que está prestes a entrevistar uma nova testemunha, tente começar a conversa assim que se encontrar com ela no corredor, e depois continue a falar com ela enquanto segue seu caminho até o local de encontro de fato. Se você tiver tempo para um intervalo, vão, vocês dois, andando até a cafeteria ou lanchonete e voltem para a área de encontro. Quando encerrar o encontro, caminhe com a testemunha até o lado de fora. A testemunha sentirá como se tivesse passado um dia inteiro com você e se sentirá mais proximamente conectada a você.

TUDO NA FAMÍLIA

Usar minhas habilidades nos meus amigos e em meus familiares é difícil para mim, mas é algo que às vezes eu tenho que fazer. Quando eu e meu colega Serge estávamos formando a nossa empresa, foi ele quem de fato teve a ideia do nome e do símbolo (ainda que, em geral, seja eu a criativa e artística da sociedade), que amei logo de cara. Desenvolvi nosso folheto com o novo nome e logo e enviei uma cópia a meu irmão, que fez o design do nosso website. Ele imprimiu nosso folheto e levou-o até meus pais. Recebi um telefonema da minha mãe enquanto enfrentava o trânsito da hora do *rush* de Virginia Beach. "Seu pai quer falar com você." *Ah, meu Deus, lá vem*, eu pensei, pois meu pai fez com que ela me ligasse por um motivo.

"Leen?"

"Sim, pai."

"Eu não entendo esse nome de congruência. [O nome da minha empresa é The Congruency Group — O grupo da congruência.] Não gosto desse nome. O que isso quer dizer? Você sabe que o nome de uma empresa é tudo. Steve Jobs teve dificuldade em fazer com que a Apple decolasse por causa do nome.

As pessoas comuns não vão saber o que quer dizer congruência. Eu não sei... seria melhor se você repensasse esse nome."

Enquanto eu tentava explicar o significado do nome e por que nós o escolhemos, senti que estava voltando para minha forma típica de conversar com o meu pai: na defensiva!

Eu sou exatamente como ele (teimosa). Quando enfiamos alguma coisa na cabeça, é preciso mover a lua de lugar para nos convencer do contrário. Enquanto a conversa prosseguia, eu me dei conta de que estava discutindo com ele. Eu pensei: *Como é que eu ganho a vida? Eu ensino as pessoas a acabarem com discussões! Por que eu não posso fazer isso com o meu pai?* Então liguei o interruptor no modo trabalho e comecei a usar minhas técnicas, fazendo uso de repetição de palavras (falarei sobre como repetir palavras para acabar com uma discussão logo, logo), pedindo que ele me oferecesse uma explicação (porque eu certamente não ia mudar o nome da empresa!) e usei de bajulação. Perguntei a ele o que ele achava que eu deveria fazer, e ele respondeu que eu tinha que explicar o nome de alguma forma. Respondi a ele sugerindo que colocássemos o histórico do nome da empresa no folheto e no site. Por fim, chegamos a um acordo. Deixei aquela conversa fazendo com que ele se sentisse bem por ter sido ouvido.

Analisando a situação em retrospecto, foi uma boa sugestão, e você verá a explicação do nome da minha empresa tanto em nosso site como em nosso folheto. Porém, o motivo pelo qual contei essa história a você foi para provar que tive que engolir o meu ego e dar ouvidos à crítica construtiva do meu pai, assim como tive que ser paciente e ouvir com atenção de modo a ter uma conversa com respeito mútuo. Eu mudei o destino daquela conversa para melhor. Quando você se der conta de que caiu na armadilha de discutir com alguém ou de que está ficando frustrado tentando provar um ponto ou explicar alguma coisa, pare e inspire, e faça uso de suas novas técnicas de criação de rapport! Suspenda seu ego, use de bajulação, seja respeitoso, espelhe/equipare-se àquela pessoa, ouça com atenção, repita palavras que a outra pessoa usar, e sorria. Eis outro exemplo dessas técnicas em ação:

Filho: "Não é justo que você tenha tirado meu PlayStation de mim!"

Mãe: "Então você não acha que é justo que eu tenha tirado o PlayStation de você?"

Filho: "É! A mãe do meu amigo nunca tira as coisas dele!"

Mãe: "A mãe do seu amigo nunca tira as coisas dele, é?"
Filho: "Não! Você é injusta!"
Mãe: "Então, para esclarecer a situação, eu estou sendo injusta com você tirando seu PlayStation porque você não faz sua lição de casa. Estou certa?"
Filho: "Eu faço a minha lição de casa, mãe!"
Mãe: "Hummm, você faz a sua lição de casa, mas recebi um bilhete da escola dizendo que você não fez."
Filho: "Eu *fiz* a lição, só me esqueci de entregá-la."
Mãe: "Então, porque você esqueceu de entregar a lição, eu estou sendo injusta. Certo?"
Filho: "Ok, ok, eu vou me certificar de entregar a lição amanhã."
Mãe: "Que bom! Entregue sua lição no dia devido e serei justa com você."

Então, em vez de o filho sair batendo os pés tempestuosamente em direção a seu quarto, batendo a porta, e ignorando-a pelo restante da noite, a mãe o acalmou por meio da arte da conversa e da repetição de palavras. Acredite em mim, é fácil assim, e uso isso o tempo todo com meus familiares e colegas. (Estou me dando conta de que, é claro, se eles lerem este livro, meu segredo será revelado!)

O espelhamento, que já discuti, é outra técnica ótima de se usar quando estamos tentando pôr fim a uma discussão. Se você incorporar pausas e diminuir sua frequência de discurso quando estiver em uma discussão acalorada, você não estará recuando, na verdade, estará ficando por cima. Porque pessoas que falam mais devagar e com a voz menos aguda parecem mais confiantes e mais calmas, de modo que o agressor logo se sentirá um tolo ao erguer a voz ou ficar emotivo. Seu objetivo é fazer com que o agressor meça seus passos e conduza você, especialmente seu comportamento, de modo a acalmar todo mundo e ter uma conversa racional.

CINCO DICAS PARA TER HABILIDADES DE COMUNICAÇÃO AGUÇADAS

A criação de rapport melhorará suas habilidades de comunicação interpessoal, eu lhe garanto. Mas quero compartilhar com você algumas outras ferramentas que o ajudarão a comunicar-se de forma eficaz e a criar relacionamentos respeitosos e recíprocos, tanto pessoais quanto profissionais. Aqui estão cinco dicas para serem acrescentadas a seu arsenal de habilidades de comunicação aguçadas.

1. Gerencie suas emoções

Se você levar as coisas para o lado pessoal, ficará emotivo e irracional. Perceba que às vezes você está falando com o cargo/o título/a posição que a pessoa ocupa, e não com a pessoa em si. E a posição, não a pessoa que a está assumindo, pode lhe dizer que você não está atendendo às expectativas. Você não pode desgostar de alguém ou ficar enfurecido com alguém que está fazendo seu trabalho, mesmo que a pessoa pudesse usar um pouco mais de *finesse* ao fazê-lo. Tente não se sentir pessoalmente atacado quando as pessoas lhe oferecerem críticas construtivas ou conselhos sobre como você poderia fazer melhor as coisas. Da mesma forma, se você não consegue lidar com a verdade, não peça conselhos. Não fique ofendido quando as pessoas defenderem aquilo em que acreditam e que seja o oposto daquilo em que você acredita. Todos temos direito a nossas opiniões. E não leve para o lado pessoal quando alguém discordar de você. Nunca sinta que você tem que se defender; apenas apresente os fatos com um comportamento calmo (como ainda estou aprendendo a fazer com meu pai).

2. Concordar em discordar

Se você espera que as pessoas sempre gostem de você ou sempre concordem com você, você está caminhando rumo à decepção. Também é preciso aceitar que não se pode mudar as pessoas. A ideia de que podemos mudar os outros é uma grande causa de brigas em relacionamentos. Se um dos membros de um casal imaginar que, com o passar do tempo, conseguirá mudar o parceiro ou a parceira, deixe-me ser bem direta e dizer: *Desista, isso não vai acontecer.* Todos já caímos nessa em algum momento. Eu estava em um relacionamento com um cara ótimo, mas ele era um introvertido e eu vivia esperando que ele mudasse para atender às minhas preferências pela extroversão; é claro que isso não aconteceu. Eu queria que o relacionamento desse certo porque ele era digno de confiança e honesto, mas percebi que não poderia, e que não deveria, querer mudá-lo e, por fim, o relacionamento acabou. Se você pensar coisas como *"Eu vou fazer com que ele goste de vinho e de teatro em algum momento"*, ou *"Ela aprenderá a adorar cozinhar"*, ou *"Ele se tornará mais aberto com seus sentimentos e se comunicará melhor"*, ou *"Ela terá mais ambição depois que se der conta de seu potencial"*, você estará caminhando para uma imensa decepção. Também não espere que as pessoas gostem de você, mesmo que, admitamos, possa ser um imenso baque sobre o nosso ego quando nos damos conta de que não gostam da gente. E, por fim, não espere que as pessoas concordem com você o tempo todo. Às vezes, você simplesmente terá que concordar em discordar e seguir em frente. Se isso for feito com respeito mútuo, você pode ficar agradavelmente surpreso de que a outra pessoa o respeita por defender suas crenças, e pode acabar mudando de ideia e vendo as coisas do seu jeito. Eu notei que, quando estou engajada em uma conversa com outra pessoa e nós dois concordamos em discordar, aquilo de que estávamos discordando assume menos importância no esquema maior das coisas. Da próxima vez que você se encontrar tentando dizer às pessoas no que ou como pensar, diga isso: "Você não concorda?". Se não concordarem, está tudo bem.

3. Esteja ciente das coisas

Cegueira inatencional, suposições e inclinações podem afetar de forma negativa seu rapport com os outros. O termo *cegueira inatencional* quer dizer que não vemos o que não esperamos ver. Isso também pode significar que não ouvimos o que não esperamos ouvir, e não vivenciamos o que não esperamos vivenciar. Muitos de vocês já devem ter visto no YouTube aquele vídeo de teste de atenção com o gorila dançante ou o urso fazendo *moonwalk* enquanto um grupo de pessoas brinca com uma bola. No vídeo, metade das pessoas está vestindo roupas brancas e a outra metade, roupas pretas. O vídeo pede que você conte quantas vezes o time de branco passa uma bola. Porém, enquanto você está ocupado contando, um gorila ou urso dançante passa bem no meio das pessoas jogando. Quando reproduzo esse teste para as pessoas, muito poucas veem o gorila ou o urso. Por quê? Uma vez que eu passo novamente o vídeo, elas veem o animal tão claramente quanto a luz do dia e geralmente ficam chocadas por não o terem visto da primeira vez. Isso acontece porque elas não esperavam ver um gorila ou um urso; elas estavam ocupadas demais contando quantas vezes o time de branco passava a bola. Por que é tão importante superar a cegueira inatencional? Deixe-me lhes dar um exemplo de como a cegueira inatencional quase me custou um interrogatório, e outro exemplo de como uma suposição me fez parecer idiota (e, no processo, me deixou realmente enfurecida comigo mesma!).

    Minha primeira história se desenrola em uma cabine de interrogatório. Eu estava interrogando um detento e, embora ele não fosse confrontador, ele também não era amigável. Eu não tinha rompido as barreiras e conseguido atingi-lo de forma positiva, então não tínhamos nenhum rapport. Eu estava tentando fazer com que ele se engajasse em uma conversa e que fizesse contato visual comigo, mas ele olhava para o chão enquanto me dava respostas vagas e monossilábicas. Ele estava se alienando por completo da conversa comigo e eu estava ficando frustrada. Sei que eu não podia forçá-lo a falar comigo ou a gostar de mim. Naquele ponto, meu intérprete virou-se para mim e sussurrou no meu ouvido: "Você sabe que ele está rezando, não sabe? É por isso que ele está se alienando da conversa com você". Eu não sabia que ele estava rezando. Olhei para ele e ele estava batendo de leve com as pontas dos dedos juntas imitando o movimento da contagem de contas de um terço. Arrá! Eu não esperava vê-lo rezando, de modo que não o vi rezando. Minha cegueira inatencional fez com que eu me focasse em tentar criar rapport e obter contato visual a ponto de que em momento algum percebi o que as mãos dele estavam fazendo. Então eu me inclinei gentilmente na direção dele e coloquei a minha mão nas mãos dele e perguntei, muito educadamente, se ele poderia parar de rezar enquanto nós conversávamos e disse a ele que eu daria um tempo para que ele rezasse ao final do interrogatório, sozinho na sala. Existe um motivo cultural pelo qual eu toquei nele. Sendo mulher, eu era considerada "impura", e ele só poderia rezar se estivesse puro.

Então eu sabia que, ao tocá-lo, ele não poderia voltar a rezar. Eu poderia ter perdido rapport com ele, mas valia a pena tentar. Ele realmente ficou irritado comigo a princípio, mas consegui recuperar a confiança dele, especialmente quando o deixei rezar sozinho da forma adequada ao final do interrogatório, como disse que faria. Se meu intérprete não tivesse me dito que ele estava rezando, minha cegueira inatencional poderia ter feito com que eu terminasse aquele interrogatório prematuramente por causa da frustração e acabaria não coletando nenhuma informação naquele dia.

Minha segunda história tem a ver com a leitura da linguagem corporal. O marido de uma amiga estudava programação neurolinguística. Sabendo o que eu faço, ele me disse um dia: "Eu quero fazer um exercício com você. Vou lhe dizer três coisas. Uma delas será mentira. Diga-me qual delas é a mentira". Eu pensei: *Ah, vai ser divertido*. Ele disse: "Eu falo islandês, estudei jiu-jítsu e, quando tinha onze anos de idade, ganhei o campeonato nacional de xadrez". Imediatamente meu instinto me disse que ele estava mentindo em relação ao xadrez, porque, não apenas ele me deu mais detalhes sobre isso do que nas outras duas declarações, mas também ele se ergueu nas pontas dos pés, inclinou-se na minha direção e deu de ombros enquanto dizia aquilo. Quatro *tells* indicadores de mentiras bem ali! Então eu disse: "Você não fala islandês". Por quê? Porque presumi que ele não tinha como falar islandês. Veja como uma suposição pode afetar o pensamento! Eu sabia que ele havia mentido sobre jogar xadrez, mas como deixei que uma suposição vencesse, perdi a verdadeira mentira. Fiquei tão enfurecida comigo mesma! Eu geralmente não suponho nada, uma regra de ouro quando se é um interrogador, mas, naquele dia, fui vítima disso. Que vergonha para mim!

4. Influenciar favoravelmente as pessoas

Nós queremos influenciar as pessoas de um jeito positivo. Nós queremos que elas gostem de nós, que confiem em nós, que nos respeitem e que se sintam confortáveis ao nosso redor. Eis aqui três maneiras como você pode influenciar favoravelmente os outros, o que chamo de os 3 Es:

- **Energize:** tenha uma atitude positiva e animada. As pessoas querem ficar por perto daqueles que são positivos; ninguém quer ficar perto de uma pessoa depressiva ou de um vampiro de energia. Energia positiva é contagiosa. Uma vez me disseram que tenho um sorriso contagiante, o que foi o melhor dos elogios, porque isso queria dizer que posso fazer com que os outros sorriam.
- **Encoraje:** seja sincero e empático em relação aos outros de modo a encorajá-los a se abrirem e partilharem seus sentimentos, seus pensamentos e suas ideias. Os melhores líderes são aqueles que fazem com que seus subordinados sintam que podem expressar suas preocupações e seus pontos de vista sem nenhuma repercussão. As pessoas procuram confirmação nos outros e confiam em pessoas com autoridade. Para ser visto como alguém com autoridade, esforce-se para ser um líder respeitado.
- **Engaje:** não apresse o rapport ou a conversa. Responder rápido demais em uma conversa diz que você não estava ouvindo o que a outra pessoa acabou de dizer; você estava pensando no que você ia dizer. Mesmo que você tenha ouvido aquela pessoa, isso envia o sinal de que você não a ouviu. Isso também passa a impressão para os outros de que o que você tem a partilhar tem mais importância do que o que elas têm a compartilhar. O engajamento é uma via de mão dupla.

5. Não tenha medo de permitir que eles ensinem coisas a você

Esta última dica requer a suspensão de ego e funciona otimamente com pessoas com egos grandes.

Há duas técnicas de elicitação que você pode usar para fazer com que as pessoas lhe ensinem coisas: uma é fingindo ser ingênuo (o que eu chamo de bancar o idiota), e a outra é expressando descrença (mesmo que seja fingida). Por exemplo, quando eu estava fazendo meus interrogatórios, eu bancava a idiota fingindo não saber certas coisas sobre os meus detentos, como a quem eles eram afiliados, onde foram treinados, quem eles conheciam na prisão e assim por diante. Eu usava essa técnica para obter informações, e isso funcionava, especialmente com aqueles detentos com grandes egos, porque eles gostavam de sentir que eram mais espertos do que eu ou que sabiam mais do que eu. Eu os colocava em uma posição em que eles sentiam que eu não fazia a mínima ideia das coisas e de que eles poderiam estar me fazendo um favor me ensinando sobre elas. Você pode apostar que eu era uma boa aluna!

De forma similar, quando você expressa descrença: "Não acredito que você tenha aumentado suas vendas tanto assim em apenas seis meses", as pessoas tenderão a explicar o quão incríveis elas são e como fizeram o que fizeram. Essas duas técnicas permitem que a outra pessoa suba no palanque e seja ouvida.

Agora você tem dez técnicas de criação de rapport e cinco dicas que pode usam para aperfeiçoar suas habilidades de comunicação interpessoais. Você está a caminho de ser um especialista em comunicação! O próximo capítulo levará a criação de rapport a um outro nível enquanto eu falo sobre as preferências de personalidade e sobre como mudar as suas de modo a equipará-las às dos outros pode trazer muito sucesso ou o completo fracasso para que você chegue até a verdade.

7
PREFERÊNCIAS DE PERSONALIDADE: COMO MUDAR AS SUAS PARA SE EQUIPARAR ÀS DELES

A ESSA ALTURA, VOCÊ SABE QUE AS PESSOAS GOSTAM DE OUTRAS pessoas que são parecidas com elas. Você aprendeu que pode parecer, soar e agir como os outros usando a técnica de rapport de espelhamento/equiparação. Agora vamos ver se você consegue levar isso um passo adiante e adaptar suas preferências de personalidade de modo a equipará-las às dos outros, com o propósito de aprofundar suas conexões pessoais.

Antes que você possa avaliar as preferências dos outros, você precisa primeiro conhecer o seu próprio estilo de preferências. Uma ótima maneira de fazer isso é entrando na internet e fazendo um teste de avaliação de personalidade. Eu fiz o teste Myers-Briggs inicialmente e baseei a minha pesquisa nos traços de personalidade do tipo junguiano, mas qualquer teste legítimo pode ser valioso. Eis alguns outros que eu recomendo: o Teste DISC de Personalidade, o Índice de Personalidade de Trabalho, o Teste de Temperamento de Kiersey (a It Works Global usa esse teste) e o Teste das Cores de Birkman, só para citar alguns. Qualquer um que você venha a escolher o ajudará a avaliar suas preferências de personalidade e, portanto, as preferências de personalidade dos outros.

Você pode até mesmo estudar a leitura facial, ou fisiognomia, uma antiga arte conhecida no mundo todo da qual eu não tinha ouvido falar até que um aluno me contou sobre alguém chamado Mac Fulfer. Mac era um advogado que inicialmente ficou interessado na leitura facial visando à seleção de júri. Depois de anos de estudo e prática, ele escreveu *Amazing Face Reading* ("Incrível leitura facial"), seu guia para a leitura facial. Tive o prazer de conversar com Mac ao telefone e por meio de e-mails depois que ele fez a leitura da minha face a partir de uma foto que enviei a ele. Ele foi incrível e acertou em cheio! Ele não sabia nada e ao mesmo tempo sabia tudo sobre mim, só de olhar para a minha face. Fiquei tão impressionada que comprei os materiais de treinamento dele. Espero um dia ir pessoalmente a um de seus treinamentos.

Conhecer suas preferências de personalidade e as preferências dos outros ajudará você de diversas maneiras importantes. Isso o ajudará a se preparar para interagir com as pessoas, fazer negócios, fechar um acordo, administrar reuniões, negociar, entregar informações, atribuir uma tarefa, selecionar o candidato certo para um emprego, orientar e ser *coach*, e muito mais! Isso me ajudou de uma forma particularmente preciosa que dividirei com você neste capítulo.

Você já ouviu falar no acrônimo MBTI? Ele representa o Myers-Briggs Type Indicator [Indicador de tipos de Myers-Briggs]. Katharine Cook-Briggs e sua filha, Isabel Briggs-Myers, estudaram os trabalhos e os escritos de Carl Gustav Jung, um psiquiatra e psicoterapeuta suíço. Nos tipos psicológicos do livro de Jung, ele teorizou que existem quatro funções psicológicas principais por meio das quais nós vivenciamos o mundo: sensação, intuição, sentimento e pensamento, com uma dessas quatro funções prevalecendo na maior parte do tempo.

Myers e Briggs extrapolaram a teoria de Jung e desenvolveram seu próprio agrupamento de diferenças psicológicas em quatro pares opostos, ou dicotomias, resultando em dezesseis possíveis combinações de preferências psicológicas. Elas desenvolveram um questionário projetado de modo a medir preferências psicológicas na forma como as pessoas obtêm sua energia (Extroversão ou Introversão), como as pessoas absorvem informações (INtuição ou Sensação), como tomam decisões (Pensamento ou Sentimento) e como organizam o mundo a seu redor (Julgador ou Percebedor). Elas desenvolveram esse questionário em 1942 e chamaram-no de Indicador de tipos de Briggs-Myers, mas ele acabou mudando de nome em 1956 para Indicador de tipos Myers-Briggs. O teste não tem o propósito de identificar traços de personalidade nem mede ou determina o caráter, a moral ou os valores de uma pessoa. Ele tem o propósito de medir preferências de personalidade, não atitudes. A coisa fundamental a se saber é que as preferências de personalidade de uma pessoa podem e vão mudar, então, o MBTI mede suas preferências no momento em que você fizer o teste.

Influências externas como com que tipo de humor você acordou naquela manhã, se você vivenciou ou não algo traumático, se sentiu envergonhado com algo ou culpado por algo, ou se você estiver doente... tudo isso mudará a forma como você responderá às perguntas e assim mudará o resultado de seu teste, embora não haverá mudanças drásticas demais. Por exemplo, na maior parte do tempo eu sou ENTJ, o que quer dizer que eu prefiro obter a minha energia de pessoas ao meu redor (Extroversão); que eu gosto de aprender informações conceitualizando e olhando para o quadro maior antes de entrar nos detalhes (INtuição); eu tomo decisões baseadas na análise e no peso dos prós e dos contras, e não como isso afetará outras pessoas (Pensamento); e que eu gosto de ordenar o mundo ao meu redor de modo que eu complete tarefas dentro de um prazo e consiga uma conclusão (Julgamento). Contudo, em alguns dias, especialmente quando estou chateada, não quero nada com as pessoas e só quero ficar sozinha para recarregar as minhas baterias (Introversão). Em outros dias, eu fico tão de saco cheio de regras, prazos e de ficar olhando no relógio que só quero ser espontânea e viver a vida sem nada previamente programado (Percepção). Porém, esses dias não são como eu geralmente prefiro me sentir ou agir. Se eu fosse fazer o teste MBTI em um dia em que eu não sentisse que tomei as melhores decisões ou que tive um desempenho à altura dos meus padrões, meus resultados seriam diferentes do que se eu tivesse acabado de sair do palco em um dos meus eventos em que falo e dou palestras. Mantenha isso em mente quando você for fazer o teste. Eu não entrarei em uma análise profunda das quatro dicotomias do MBTI, mas lhe darei uma visão geral deles para que você tenha um entendimento deles e possa identificar preferências de personalidade em si mesmo e nos outros. Isso o ajudará a se relacionar com outras pessoas, a se comunicar bem com elas, e, no fim das contas, criar um denominador comum e rapport.

A seguir, eis uma experiência pessoal que explicará como tudo isso é possível. Em 2007, eu era gerente de projeto de um curso de interrogatório que tinha duração de dez semanas. Tratava-se de um curso muito intensivo, e a empresa para a qual eu trabalhava na época decidiu dar dois desses cursos quase simultaneamente, com um número mínimo de funcionários. Todos nós trabalhávamos até a exaustão. Como a minha preferência é ENTJ (Extroversão, Intuição, Pensamento e Julgamento), eu estava tentando organizar o mundo estressante a meu redor, o que resultou no fato de que a preferência do Julgamento ficou a mil. Eu estava criando e impingindo regras, cronogramas a serem seguidos e prazos, tanto para os alunos quanto para os funcionários. Enquanto eu estava fazendo isso, infelizmente, fiquei tão focada em conseguir que o trabalho fosse feito e em prover o melhor treinamento para os alunos que não me dei conta de que estava parecendo agressiva, autoritária, exigente e até mesmo insincera para com os alunos. Os funcionários já me conheciam e provavelmente só ignoraram as minhas ações. Mesmo que eu me importasse com a qualidade do treinamento que eles estavam recebendo, eles me percebiam como uma pessoa que não se importava com eles. Minhas intenções em momento algum mudaram, coloquei um esforço de 110% em ensinar a eles e orientá-los porque me importava profundamente com uma meta: preparar aqueles alunos para interrogarem terroristas e extraírem informações de inteligência para salvar vidas. Eu não dava aula para fazer amigos. Eu achei que os alunos fossem se sentir recompensados pela minha determinação e por meu trabalho árduo. Infelizmente, eu estava errada, e foi preciso que eu engolisse um pouco o meu ego para aceitar isso.

Certo dia, no final do curso, uma das minhas alunas, Lisa, me chamou para conversar em particular e me oferecer conselhos, conselhos estes que foram difíceis de se ouvir, mas pelos quais sou tão grata agora. Ela me disse que ela me "sacou", mas que eu não estava atingindo todos os alunos porque parecia arrogante e insensível (presumi que fosse condescendente também, mas ela não disse isso). E aqui estava eu achando que eles apreciavam a minha dedicação e o meu esforço! Quão boa instrutora seria eu se não conseguia chegar até todos os meus alunos e inspirá-los? Ao final de nossa conversa, ela me agradeceu por ser uma inspiração para ela. Depois disso, achei que havia perdido o meu toque como mentora, professora, instrutora, treinadora, o que eu mais amava fazer. Como foi que eu errei? Meu pai é professor e eu o admirava por seu estilo de ensino da "escola dos durões". Eu havia desenvolvido esse mesmo estilo de ensino. O estilo em si era bom, mas eu precisava trabalhar com a forma como eu o passava. Continuei dando aulas durante anos depois daquela conversa, mas em todas as aulas que eu dava, ficava com aquilo que minha aluna havia me dito lá nos fundos da minha mente. Foi só quando já estava trabalhando para conseguir minha certificação de instrutora sênior na Escola de Inteligência das Forças Conjuntas que mergulhei profundamente no estudo de MBTI e dos tipos de personalidade e as apliquei em um contexto mais prático, o ensino. Para fazer por merecer a minha insígnia, eu tinha que criar uma nova ferramenta para melhorar o aprendizado. Eu queria combinar as minhas habilidades de leitura da linguagem corporal e de criação de rapport com essa nova ferramenta. Assim que me dei conta de que havia diferenças nos estilos de aprendizado, decidi olhar para o MBTI e correlacionar minhas preferências de personalidade com os estilos de aprendizado preferidos dos meus alunos, e então comparei isso com os estilos de ensino preferidos dos instrutores. Em minha pesquisa descobri por que eu não tinha alcançado meus alunos naquela turma de Lisa anos antes, e por que a percepção que as pessoas tinham de mim não se equiparava com a forma como eu mesma estava me vendo. Eu e Lisa havíamos perdido o contato uma com a outra com o passar dos anos depois daquele curso, só porque a vida fica uma loucura e leva a gente para lá e para cá, até que nos reconectamos no Facebook. Eu nunca tinha tido a oportunidade de dizer a ela como aquela conversa mudou a minha carreira como mentora/instrutora/treinadora para sempre. Quando finalmente retomamos o contato, ela me disse: "O nome de uma das minhas filhas foi inspirado em você: Melena". Eu me senti honrada e mortificada. Eis aqui o que eu aprendi com ela naquele dia: que eu precisava mudar o meu estilo de comunicação, o qual era um resultado direto de minhas preferências de personalidade.

A seguir estão as quatro dicotomias de MBTI, e o que eu sei sobre as minhas preferências de personalidade, e a forma como eu as altero para atender as preferências de outros de modo a melhorar seu aprendizado e criar rapport.

EXTROVERSÃO/INTROVERSÃO

A dicotomia Extroversão/Introversão nos diz como preferimos ser energizados. Extrovertidos são energizados ficando cercados de atividades e de outras pessoas; Introvertidos são energizados ficando sozinhos ou com uns poucos amigos íntimos em um ambiente silencioso.

Como sou Extrovertida, falo alto e rápido, e termino as frases dos meus alunos quando sei (ou acho que sei) o que eles estão prestes a dizer. Eu não tinha me dado conta de que isso era percebido como algo desrespeitoso pelos meus alunos introvertidos, que eu esperava que acompanhassem o meu estilo de comunicação e de energia, mas que era algo que eles não podiam fazer. Na verdade, isso os exauria e os deixava frustrados ao ponto de que eles se fechavam e me alienavam. Aprendi que, quando estivesse trabalhando com alunos introvertidos, eu tinha que falar mais devagar e "dividir minhas informações em partes", entre pausas, para dar a eles tempo para processarem-nas e responderem a elas. Eu tinha que reduzir minha energia e animação e aquietar meus gestos corporais, minha voz e meu comportamento de modo geral para que eles pudessem se comunicar mais confortavelmente comigo. Resumindo, eu tinha que ser como eles. Assim que comecei a de fato incorporar essa mudança no meu comportamento, meus alunos introvertidos ficaram muito mais confortáveis e relaxados ao meu redor. Eles me pediam conselhos e orientações, e conseguiam entender os conceitos que eu lhes ensinava mais prontamente. A mudança no comportamento dos meus alunos foi impressionante, e foi preciso pouco esforço da minha parte para me adaptar a uma personalidade diferente que era mais bem adequada às pessoas com quem eu estava me comunicando.

INTUIÇÃO/SENSAÇÃO

A dicotomia INtuição/Sensação é a forma como preferimos absorver informações. INtuitores gostam de absorver uma tarefa conceitualizando-a e vendo primeiro o quadro geral para depois trabalhar e identificar tarefas específicas. Sensoriais preferem criar e ler tarefas específicas, regras e processos de modo a obterem o resultado final em um quadro geral. Por exemplo, adorei escrever este livro, mas quando minha editora me deu um pacote tão grosso quanto um sanduíche, com os tamanhos das fontes e os requisitos em DPI para as imagens, não fiquei nada feliz. Deixe-me lidar com a conceitualização e teorização do livro; deixe que eles o formatem! Porque sou uma processadora de informações INtuitora, fico frustrada quando as informações são entregues a mim na forma de listas e procedimentos. E, considerando que nem todos os meus alunos eram INtuitores como eu, adivinha o que acontecia? Eu vivia, sem querer, frustrando-os quando entregava informações, como detalhes para uma lição de casa ou cenário de exercício de uma forma conceitual. Eu imaginava que eles seriam capazes de captar ideias conceituais e dividi-las em regras e processos em itens, exatamente da forma como eu era capaz de fazer. Sensoriais preferem que lhes sejam dados as regras e os procedimentos primeiramente e, a partir daí, eles conceitualizam e teorizam o resultado. Para comunicar com eficácia uma lição de casa ou um cenário de exercício testável, eu tinha que mudar a forma como entregava as informações para chegar tanto a meus alunos INtuitivos quanto a meus alunos Sensoriais. Até entender isso, perdi muitos alunos sem saber, e deixei-os por si para que entendessem sozinhos as lições de casa. Isso não era justo com eles. Uma vez que entendi que eu só tinha que apresentar as informações de um jeito diferente, meus alunos Sensoriais entendiam minhas lições de casa e sentiam-se confortáveis com a forma como eu as apresentava.

Eis um exemplo: eu passava uma lição de casa ao final de um longo dia quando os alunos estavam arrumando suas coisas, prontos para irem embora, que consistia em escrever uma biografia sobre eles mesmos com quinhentas palavras, escrita a mão e com espaço duplo, na terceira pessoa. Meus alunos INtuitivos ouviam "escreva um ensaio sobre si mesmo" e então começavam a considerar o que eles queriam divulgar sobre si: as experiências mais excitantes, como eles cativariam o público com uma abertura de arrasar e assim por diante. Então, dois minutos depois, eles levantavam as mãos e perguntavam "Srta. Sisco, quantas palavras mesmo? Posso digitar?". Eles alienavam-se de todos os detalhes e de todas as regras da tarefa, exatamente como eu teria feito, mas eles tinham captado o conceito e provavelmente já sabiam sobre o que eles iam escrever. Meus alunos Sensoriais estavam tão ocupados concentrando-se em anotar as regras da tarefa que pensar sobre o que eles escreveriam era a última coisa que tinham em mente. Eles podiam lhe dizer exatamente como a tarefa deveria ser feita, todas as diretrizes, e quando deveria ser entregue, mas não faziam a mínima ideia de sobre o que escrever. Eles pensariam nisso depois, de acordo com as regras e com o processo, é claro. Para impedir que meus alunos Sensoriais ficassem distraídos por meus alunos INtuitivos (que viviam erguendo as mãos e me pedindo para repetir os detalhes e segurando todo mundo por mais tempo na sala de aula), decidi que o melhor para todos os meus alunos serem capazes de processarem as informações, usando seu próprio estilo preferencial, seria entregar a tarefa para lição de casa digitada em uma folha de papel. Dessa forma, meus INtuitores poderiam ler e reler as regras enquanto faziam a contextualização e meus alunos Sensoriais poderiam digerir as regras plenamente de modo a teorizarem sobre o que eles escreveriam.

Para alcançar todos os seus alunos, você tem que variar seus métodos de entrega de informações: verbal, escrito, vídeo, palestra e assim por diante. Tente fazer este exercício com seus amigos ou familiares, ou com seus alunos se você for professor(a). Faça com que eles escrevam uma lista de palavras que lhes vierem à mente quando pensarem na palavra "árvore". Processadores INtuitivos anotarão um bando de palavras similares a essas: outono, *Halloween*, vassoura, cozinha, peru e bola de futebol. Onde está a conexão entre árvore e bola de futebol? Eu a vejo, é claro, pois essas foram as palavras que escolhi. Processadores sensoriais anotarão palavras similares ao seguinte: galho, folhas, tronco, raízes, musgo, terra. Você percebe a diferença? Os Sensoriais ainda estão se conectando à árvore original com suas palavras; os INtuitivos estão anotando palavras que parecem totalmente não relacionadas a ela. Agora escolha um que você sabe ser um Intuitivo e um que você sabe que é um Sensorial e faça com que ambos realizem a tarefa para demonstrar as diferenças entre as formas como as mentes deles trabalham e processam informações. Você ficará maravilhado e entretido.

PENSAMENTO/SENTIMENTO

A dicotomia Pensamento/Sentimento nos diz como preferimos tomar decisões. Eu mencionei antes que minha ex-aluna Lisa disse que eu era vista como insensível e que não me importava com os alunos, porque preferia tomar decisões baseadas em fatos e análise para chegar ao melhor resultado, em vez de me basear na forma como elas faziam com que as pessoas se sentissem. Por causa disso, sem querer, às vezes eu feria os sentimentos das pessoas. Por exemplo, quando era a gerente de projeto do curso de interrogatório, eu tinha que tomar uma decisão para desligar alunos com base nos critérios de desempenho estabelecidos pela empresa. Uma aluna em particular deu seu máximo, e como era inteligente e tinha uma excelente memória, conseguiu passar nas provas escritas, mas não conseguiu atender aos critérios de desempenho quando chegou a hora de aplicar o que ela havia aprendido (técnicas de interrogatório). Como resultado disso, eu a desliguei do curso. O comandante dela ficou chateado e me disse que ela não poderia permanecer no departamento porque eu a havia desligado do curso; eles teriam que transferi-la para algum outro lugar, porque aquele treinamento era uma exigência para que ela permanecesse lá. Eles me pediram para reconsiderar a minha decisão visto que ela foi realmente bem nos testes por escrito. Minha resposta foi que eu não poderia formá-la no curso e lhe dar a credencial para que fosse uma interrogadora autorizada do DoD porque ela não conseguia fazer o trabalho em um ambiente de treinamento, quem diria em campo (em um ambiente operacional, onde as coisas eram reais). Ela colocaria a si mesma e a outros em perigo. Eu não ia voltar atrás, mesmo que gostasse dela e quisesse que ela fosse bem-sucedida. No final, mantive a minha decisão, junto com as recomendações dos outros instrutores. Algumas pessoas acharam que eu estava sendo dura demais, mas eu tomaria a mesma decisão hoje. Se você sabe que está tomando uma decisão como um Pensador e que o resultado de sua decisão pode chatear outras pessoas, certifique-se de usar algumas técnicas de criação de rapport quando for informar aqueles afetados pela sua decisão, de modo que você não seja visto como indiferente, insensível e sem sentimentos.

JULGADOR/PERCEBEDOR

Por fim, a dicotomia Julgador/Percebedor é a forma como preferimos organizar o mundo que nos cerca. Eu sou uma Julgadora; gosto de ter as coisas feitas dentro do cronograma, e gosto da sensação de concluir as coisas. Não gosto de deixar algo inacabado, seja um projeto ou uma conversa. Até mesmo nessa era da tecnologia, com smartphones e iPads (eu tenho ambos), ainda uso post-its para fazer listas para as contas que eu tenho a pagar, coisas que tenho que fazer e listas de supermercado. Eu tentei mesmo usar meu iPad como meu organizador, mas isso não deu certo e voltei ao meu organizador grosso e pesado com encadernação de couro e aos meus post-its. (Acho que é por isso que prefiro ler livros impressos em papel a livros baixados em um tablet.) Por causa do meu foco intenso em fazer com que o trabalho seja feito, às vezes fico cega para o fato de que ele poderia ser feito de um modo melhor. Já decidi na minha cabeça como o trabalho será feito, então, quando outras pessoas têm ideias em relação a mudanças, às vezes eu sou teimosamente resistente a suas ideias porque não quero mudar aquilo a que já me comprometi a fazer. Esse traço de personalidade não é conducente para um ambiente de trabalho em equipe, então é algo contra o que eu trabalho conscientemente todos os dias. Foi isso que me levou a falhar com meus alunos como mentora e professora anos atrás. Felizmente, agora sei que posso me adaptar e mudar minha preferência Julgadora para que seja mais Percebedora, de modo a melhorar as minhas habilidades de comunicação interpessoal.

Diferentemente dos Julgadores, os Percebedores esperarão até o último minuto para tomarem uma decisão; eles gostam de manter suas opções em aberto. Eles estão abertos a ideias e a mudança, e, portanto, são mais flexíveis do que os rígidos Julgadores. Regras, cronogramas e prazos frustram Percebedores porque eles não gostam de se sentir confinados ou restritos. O problema enfrentado com frequência por Percebedores é que eles demoram demais para tomar uma decisão ou atender a um chamado para a ação e assim, perdem os prazos.

Espero que agora você tenha um entendimento básico das quatro dicotomias de preferência baseadas nas dicotomias junguianas e da forma como você pode aplicá-las em sua vida em se tratando de comunicação com aqueles que o cercam, seja em um ambiente pessoal ou profissional.

Há muitos que são contra o uso de ferramentas de análise de personalidade, mas gostaria de compartilhar com você como usei uma e como isso me ajudou a aperfeiçoar minha habilidade de comunicação, e como isso deu certo. Depois que consegui minha certificação como instrutora sênior, tive a oportunidade de usar o teste de personalidade como uma ferramenta de comunicação aprimorada em instalações de treinamento militar, o que fez de mim uma instrutora e mentora melhor. Uma vez que eu vier a ter conhecimento de outras ferramentas, farei uso delas também.

Agora você tem dez técnicas de criação de rapport, minhas cinco dicas de comunicação e um entendimento de como usar tipos de preferência de personalidade para melhorar suas habilidades de comunicação interpessoal e formar relacionamentos fortes e mutuamente respeitosos.

Vamos lidar agora com o próximo objetivo: ler acuradamente a linguagem corporal e detectar mentiras.

8
B, DE LINHA BASAL: USANDO TODOS OS SEUS SENTIDOS

QUANDO EU ME JUNTEI AOS RESERVISTAS DA MARINHA DOS ESTA- dos Unidos em 1997, não fazia a mínima ideia de como aquela decisão afetaria a minha vida. Isso me levou em uma jornada incrível e foi assim que cheguei aonde estou hoje e, em parte, foi como vim a escrever este livro. Durante os anos que atuei como analista de inteligência, e depois, como oficial da inteligência, trabalhando para e com diferentes agências, minha família e meus amigos lá em Rhode Island realmente não sabiam com exatidão o que eu estava fazendo. Eles sabiam que eu era reservista da Marinha e eles sabiam que eu trabalhava na Inteligência, mas, fora isso, não faziam a mínima ideia de para o que eu estava sendo treinada, e nunca me perguntaram. Tenho uma grande família e fui uma felizarda por crescer com a maioria dos meus primos. Éramos os melhores amigos uns dos outros. Andávamos juntos e saíamos juntos — até mesmo fomos em cruzeiros juntos! Éramos unha e carne! Então, quando chegou a hora de dar no pé, realmente odiei deixar a minha família para trás, mas eu precisava ir e vivenciar o mundo, e explorar a Califórnia e todas as suas diversões. Mas logo os militares tinham planos diferentes para mim. Eu voltei para o Leste, para Alexandria, Virginia, no verão de 2001, para trabalhar no Escritório da Inteligência Naval e me preparar para o recrutamento. Estar um pouco mais perto de casa tornava as viagens para Rhode Island mais fáceis, tanto em termos logísticos quanto financeiramente falando.

Em uma visita particular em um feriado do Natal à minha casa, um dos meus primos, Darren, estava bancando o anfitrião para um importante jogo de pôquer. Ele tinha um verdadeiro salão de pôquer em seu porão, equipado com uma belíssima mesa de pôquer e um bar completo; sim, ele levava aquele jogo a sério. De qualquer forma, meus irmãos me convidaram para ir até lá e jogar pôquer com os meus primos, e queriam que eu usasse as minhas "habilidades de ler as mentes das pessoas" (embora eu e você saibamos que eu não as tenho) em Darren para derrotá-lo, pois ninguém mais conseguiria fazer isso e todos eles estavam cansados de perder para ele. Eu ri da ignorância deles em relação às minhas habilidades, mas entrei na brincadeira e me juntei ao plano deles.

Quando cheguei, Darren me avisou: "Lena, nós vamos jogar a dinheiro, e eu sou imbatível". Eu abri um sorriso e pedi uma "colinha", uma tabela de equivalências, porque eu frequentemente ficava confusa com o que significavam as mãos e quais batiam quais. "Você está falando sério?", ele me perguntou, rindo. Então aquele imenso sorriso apareceu no rosto dele quando ele se deu conta de que eu era um alvo fácil; ele ia tirar o meu dinheiro e me tirar do jogo... ou pelo menos era isso que ele imaginava!

Comprei as fichas para começar a jogar e mantive minha "colinha" perto de mim quando começamos a jogar (porque eu realmente não sabia jogar pôquer). Darren era bom. Ele estava ganhando quase todas as rodadas. Enquanto isso, eu o observava com atenção. Eu estudava seus olhos, suas expressões faciais e seus gestos assim que ele olhava para suas cartas, quando ele ganhava com uma boa mão, e quando ele ganhava com um blefe. Oito de nós começamos a jogar naquela noite. Depois de algumas horas, sobramos Darren e eu. Todo mundo estava chocado porque eu ainda estava no jogo, especialmente visto que eu ainda estava usando a minha "colinha". Mas devo admitir que banquei a ingênua de propósito para fazer com que todo mundo pensasse que eu era apenas uma garota tola tentando jogar pôquer — certamente nenhuma ameaça. Mantive o foco deles desviado de mim, de modo que eles, em momento algum, estudavam as minhas reações. Eu sabia quando Darren tinha uma boa mão porque ele franzia levemente o rosto e seus gestos corporais diminuíam, ele se concentrava. Acho que ele estava se concentrando em não mostrar seus *tells!* Quando ele não tinha uma boa mão, sorria, nervoso, ficava inquieto, mexendo em suas cartas, reposicionando-se em sua cadeira e ficava mais falante, ele até mesmo me provocava, como se estivesse se esforçando exageradamente para parecer confiante, compensando em demasia a situação.

Então, ali estávamos nós, nós dois segurando nossas cartas, nos preparando para mostrarmos o que tínhamos em mãos. Com o desprezo escrito em todo seu rosto, Darren disse: "Lena, você fez um bom jogo, mas, infelizmente, você não levará para casa aquele dinheiro todo esta noite". (Falarei mais sobre desprezo no próximo capítulo.) O que notei foi que ele não conseguia olhar para mim quando ele disse isso; seus olhos mexiam-se pelos arredores da sala e ele começou a embaralhar suas cartas. Eu sabia que ele estava blefando. "Veja e chore!", disse ele, enquanto jogava suas cartas na mesa. Ali, na mesa, havia dois reis e uma rainha. Olhei para ele, soltei um suspiro, e coloquei minhas cartas na mesa bem devagar, uma por uma: "Bem, caramba, essas cartas são boas, Darren... mas as minhas são melhores". Ali, na mesa, havia dois reis e um ás. Todo mundo gritou animado e riu, todos pasmados. Darren ficou tão chocado que perdeu a fala. "Acho que aqueles 220 dólares são meus, certo?" Dei metade do dinheiro para meu irmão mais novo, pois me sentia mal por ele ter perdido. Eles ainda me chamam de leitora de mentes, mas você sabe que não sou isso, e que você também não o será.

Nem sempre você estará com uma acurácia de 100%, e nem sempre você ganhará todos os jogos de pôquer. Existe uma margem de erro quando se está detectando mentiras, mas essa margem é menor quando se trata de pessoas que têm anos de experiência na leitura da linguagem corporal, na interpretação de congruência comportamental e em ficar ouvindo para ver se nota algum *tell* indicador de mentiras. Para realmente baixar essa margem de erro, você precisa usar todos os seus sentidos, especialmente os olhos e os ouvidos, quando as pessoas falarem. Ouvimos as palavras que eles dizem e combinamos essas palavras com a forma como elas são ditas (altura da voz, tom, uso de palavras) e se a linguagem corporal está de acordo com ela ou não. Comecei este livro dizendo a você que era difícil detectar mentiras, e é mesmo. Você tem que realmente focar e prestar atenção para captar as pistas sutis e os *tells* que as pessoas vão deixar transparecer, e depois comparar o que está sendo dito verbalmente com o que o corpo está dizendo não verbalmente, e tudo isso com um *timing* preciso!

SIGA A REGRA DE TRÊS (OU NÃO ME LEIA)

A chave para ser um bom detector de mentiras está no estabelecimento da linha basal da linguagem corporal das pessoas antes que você possa dizer que eles estão deixando transparecer *tells* indicadores de mentiras. Eis a minha regra de três em se tratando de detectar mentiras: 1) estabeleça a linha basal do comportamento normal de uma pessoa (como eles agem normalmente, como se portam, se mexem, os gestos que fazem, como conversam, como soam e como falam); 2) identifique conjuntos de *tells* indicadores de mentira (verbais ou não verbais), pois somente um *tell* indicador de mentiras não é o bastante para determinar se alguém está mentindo; e 3) saiba qual é o contexto em que as informações estão sendo passadas (ou seja, identifique se a pessoa está estressada, sob coação, magoada, não se sentindo bem, tomando medicamentos e assim por diante, porque todos esses fatores podem afetar sua linguagem corporal).

1. Linha basal

Então, como se estabelece a linha basal das pessoas? Primeiramente, tenha uma conversa de quinze minutos com elas quando estiverem relaxadas, calmas e confortáveis com você e com o ambiente. Converse sobre tópicos casuais e não pertinentes; não as bombardeie com perguntas e não permita que elas controlem a conversa. Faça com que se sintam relaxadas e à vontade de modo que você possa ver como elas normalmente agem. Em seguida, estude-as atenciosamente e observe o seguinte:

- **Posição e postura:** elas ficam em pé com os ombros inclinados ou eretas? Os ombros estão rolados para trás ou para a frente? Elas ficam mexendo os pés com frequência ou ficam paradinhas? Usam suas posturas de poder? (Reveja o Capítulo 5 caso precise refrescar a memória em relação às posturas de poder.)
- **Pés:** elas apontam os pés na sua direção ou para longe de você quando estão conversando? Elas ficam batendo os pés ou os mantêm imóveis? Elas cruzam os tornozelos enquanto estão sentadas ou em

pé? Elas erguem-se nas pontas dos pés ou permanecem com os pés bem no chão quando estão falando?
- **Mãos:** elas conversam com as mãos? Elas torcem as mãos, escondem-nas em seus bolsos, tocam em seus rostos com elas ou tocam com elas em você, relaxam as mãos no colo, mostram suas palmas a você ou as mantêm escondidas? Ficam mexendo nas cutículas?
- **Olhos:** elas fazem um bom contato visual ou seus olhos ficam se movendo de um lado para o outro? Elas piscam com frequência, ficam com olhares fixos, reviram os olhos ou erguem suas sobrancelhas? Para onde se voltam os olhos delas quando estão tentando se lembrar das informações? (Falarei mais sobre programação neurolinguística [PNL] mais adiante, no Capítulo 9.)
- **Boca:** elas sorriem muito ou franzem a testa? Elas mordem, franzem ou lambem os lábios?
- **Voz:** a voz delas é grave ou aguda? Alta ou baixa e grave?
- **Discurso:** que tipos de palavras elas usam? Abrandadoras (mais sobre isso no Capítulo 10), visuais, sinestésicas, descritivas, negativas ou positivas? Qual é a frequência normal do discurso delas?

Uma vez que você tenha uma boa ideia de como elas movem seus corpos e de como elas falam, comece a fazer perguntas pertinentes para ver se você nota alguma alteração em seu comportamento normal. (Ensinarei boas técnicas de questionamento no Capítulo 10.) Para lhe dar uma ideia de como isso funciona, vou dividir a minha linha basal com você — apenas não a use contra mim! Eu sou meio-italiana, sou de Rhode Island e sou Extrovertida. Eu falo alto e rápido, e sou muito animada; falo com as mãos. Na verdade, tenho que ter algo se mexendo o tempo todo, seja batendo os pés, fazendo gestos com as mãos ou enrolando os cabelos. Tenho olhos e sobrancelhas muito expressivos. Além disso, sou muito amigável, de modo que pode ser que eu toque com frequência na parte de cima do seu braço quando estivermos conversando (se eu gostar de você). Se eu, de repente, ficar calada, parar de me mexer, começar a arrumar minha aparência ou evitar contato visual, você saberá que há algo errado, porque meu comportamento normal acabou de mudar. Agora você tem que descobrir por quê. Seria por que estou estressada em relação ao tópico que você trouxe à tona? Ou será que acabei de mentir para você enquanto eu respondia à sua pergunta?

> **Exercício: estabeleça sua própria linha basal**
>
> Fique em pé na frente de um espelho e diga alguma coisa que é verdadeira. Em seguida, conte uma mentira. Converse sobre algo que o deixa triste e depois sobre algo que o deixe feliz. Enquanto você estiver fazendo isso, observe sua face. Você vê emoções transparecendo ali? O que sua boca está fazendo? O que os seus olhos e as suas sobrancelhas mostram? Se você se sentir engraçado e não conseguir fazer esse exercício sem rir, peça que um amigo o observe, mas diga a ele o que deve procurar. Pense na forma como você age quando está confortável e quando está estressado.

2. Conjuntos

Como mencionei, a presença de apenas um *tell* não é capaz de determinar mentiras. É preciso ter mais evidências, pelo menos três ou quatro *tells,* para ajudá-lo a decidir se uma pessoa está ou não mentindo para você. E então você tem que confirmar a mentira, obtendo a verdade. Eu ensinarei vários *tells* indicadores de mentiras no Capítulo 9, e *tells* indicadores de mentiras verbais e não verbais no Capítulo 10. Assim que você tiver sua coleção de *tells,* você será capaz de procurar conjuntos de *tells.*

Eu ainda treino pessoal que trabalha para o DoD em elicitação e contramedidas de elicitação e sou usada como *role player* para exercícios de treinamento em elicitação. Durante um evento de treinamento, me mandaram me aproximar de um aluno para elicitar informações dele; meu objetivo era coletar informações biográficas básicas como nome, endereço, emprego, ocupação e assim por diante. Eu me aproximei de meu alvo e dei início a uma conversa amigável e despretensiosa. Estendi a mão e disse: "A propósito, meu nome é Lena". O que era de se prever, ele trocou um aperto de mão comigo e disse: "Meu nome é [e aqui ele fez uma pausa] John", enquanto ele desfazia o contato visual e olhava para baixo. Em um momento em nossa conversa, eu disse a ele: "Posso notar que você não é daqui. (Eu não queria perguntar à queima-roupa de onde ele era, porque isso poderia ter feito surgir alguma preocupação em relação ao motivo pelo qual eu queria saber disso, então usei uma técnica de elicitação.) Ele quebrou o contato visual novamente, olhou para seu drinque, engoliu em seco, bebeu um gole de seu drinque, soltou um suspiro, voltou a olhar para mim e disse: "Eu sou do Arizona?" "É mesmo?", respondi, com ares de dúvida.

Ele parecia surpreso e ficou na defensiva. "É, por quê?"

"Ah, parecia que você não tinha certeza disso", respondi.

"Não, eu sou do Arizona."

Bem, ele não era do Arizona e, sendo uma especialista treinada em linguagem corporal, eu sabia que ele não era de lá. O motivo pelo qual sabia disso foi porque ele exibiu um conjunto de *tells:* (1) ele quebrou o contato visual; (2) ele engoliu em seco (o que poderia indicar que sua boca estava ficando seca devido ao estresse); (3) ele soltou um suspiro (uma resposta calmante); e (4) ele fez uma declaração usando uma inflexão. Esses quatro *tells* praticamente me disseram que ele estava mentindo. Mais tarde, descobri que ele era da Pensilvânia, e é claro que seu nome não era John. Eu soube disso também porque... quem faz uma pausa quando alguém pergunta seu nome?

3. Contexto

A terceira regra declara que você tem que considerar o contexto no qual está recebendo as informações de alguém de modo a avaliar com acurácia as mentiras. Por exemplo, trauma, choque, doença, estresse, aflição e intoxicação são fatores que podem influenciar bastante a forma como uma pessoa se comunica, tanto verbal quanto não verbalmente. Você pode perceber certos *"tells"* não verbais quando, na verdade, eles são apenas um resultado do medo. O contexto afeta *tells* verbais também. Se alguém foi ao dentista e ele fez algo em seus dentes, se a pessoa sofre de junta temporomandibular (como eu), estiver com dor de garganta, estiver rouco por haver gritado em um show na noite anterior, se for um fumante inveterado ou estiver tomando antidepressivos ou relaxantes musculares, todos esses fatores podem alterar os padrões e a frequência do discurso, assim como o volume, o tom e se a voz fica aguda ou não.

Quando os detentos chegavam de Bagram, Afeganistão, até a Baía de Guantánamo, Cuba, eles vinham de avião. A maior parte dos afegãos e dos combatentes estrangeiros que estavam lutando no Afeganistão pela Al-Qaeda e pelo Talibã nunca haviam estado em um avião antes. Então você pode imaginar que muitos estavam com medo de voar; a maioria ficou enjoada com os movimentos. Depois de um longo voo do Afeganistão até Cuba, eles eram colocados em uma balsa, depois em um ônibus, e então levados de carro até o campo da prisão, onde passavam por uma triagem médica, tomavam banhos, recebiam suas roupas e acessórios e eram levados para dentro de uma cabine de interrogatório durante cerca de vinte a trinta minutos para serem questionados. Eu era uma daquelas interrogadoras iniciais. Nós queríamos fazer uma rápida avaliação de quem tinha informações de valor de inteligência e quem tinha mais probabilidades de nos dar essas informações em menor tempo, o que geralmente significava identificar os detentos que requeriam menos esforço da nossa parte em relação a planos de interrogatórios, técnicas focadas de questionamentos, elicitação e abordagem. Durante esse interrogatório de trinta minutos, detectar mentiras era muito difícil para mim, porque eu estava vendo o estresse deles, seu choque, além da ansiedade pela provação pela qual eles tinham acabado de passar para chegarem lá. Alguns estavam vomitando em uma lata de lixo e outros estavam simplesmente exaustos, então, para mim, não fazia nenhum sentido tentar avaliar a veracidade e a acurácia deles naquele ponto. Eu coletava informações, mas teria que verificar sua veracidade e acurácia posteriormente, depois que eles tivessem se assentado, depois de um ou dois dias, e eu pudesse conduzir um interrogatório pleno.

Agora você conhece a minha regra de três em se tratando de detectar mentiras: estabeleça primeiramente a linha basal, procure conjuntos de *tells* e conheça o contexto em que você está observando esses *tells*. No próximo capítulo, vou falar sobre como avistar desvios da linha basal e sobre como isso pode ajudá-lo a detectar mentiras.

9
L, DE LUTAR PARA ENXERGAR DESVIOS: INCONGRUÊNCIA COMPORTAMENTAL

NESTE CAPÍTULO, FORNECEREI UM SISTEMA PARA A OBSERVAÇÃO da linguagem corporal — postura, gestos e expressões faciais —, os significados que essas coisas com frequência carregam e como podem indicar mentira. Quando estiver fazendo a leitura da linguagem corporal, você precisará olhar para o corpo como um todo, da cabeça aos pés, de modo a certificar-se de que consegue ver o corpo inteiro quando estiver observando alguém.

Quando eu estava treinando o pessoal do Departamento de Defesa, às vezes me sentava nos fundos da sala e observava os alunos (que não faziam a mínima ideia de quem eu era) durante um exercício que criávamos para eles chamado "Impromptus". Seria exigido de cada aluno que ficasse em pé na frente da sala de aula e que defendesse uma opinião aleatória, controversa e até mesmo embaraçosa que ele ou ela na verdade não tinha, durante dois minutos, tentando convencer a classe de sua posição. Por exemplo, um aluno poderia ter que defender por que não deveria ser permitido que as mulheres se juntassem às Forças Armadas; outro poderia defender por que não há problemas em trair seu cônjuge. Colocar os alunos na frente da sala de aula os deixava nervosos o bastante, mas os forçar a defenderem um tópico com o qual não somente eles se sentiam desconfortáveis, mas do qual discordavam completamente, era algo que aumentava ainda mais a pressão e o estresse. Eu observava o intenso estresse na linguagem corporal deles, certificando-me de que eu conseguia ver tudo, desde seus pés até suas testas, e documentava todos os *tells* que eu via em cada um deles. Assim que os exercícios eram concluídos, o instrutor dizia: "Enquanto vocês estavam fazendo isso, uma especialista em linguagem corporal estava sentada nos fundos da sala de aula observando seus *tells*. Deixem-me apresentar a vocês sua próxima instrutora, que ensinará a vocês sobre congruência comportamental". Naquele ponto eu via todo um novo grande conjunto de *tells,* inclusive olhos piscando rapidamente, pessoas engolindo em seco, andando de um lado para o outro, se arrumando, movimentos expressivos dos olhos, polegares de poder, pés seguindo rapidamente na direção da porta com o torso voltado para a classe, mãos sendo escondidas e microexpressões transparecendo em suas faces. Esses *tells* estavam vindo por conta do nervosismo, da ansiedade e, sim, da mentira. O propósito do exercício era duplo: primeiramente, eu queria informar aos alunos sobre seus *tells* por causa do que se esperaria deles em suas carreiras profissionais e, em segundo lugar, eu queria ensinar a eles o que procurar em outras pessoas, e para que soubessem que esses *tells* poderiam ser o resultado de mentira ou ansiedade ou de ambos. O corpo pode "deixar transparecer" a fraude por meio da face (expressões), da cabeça, dos olhos, da boca, das mãos, sinais de incerteza e do nariz (aquilo que chamo de efeito Pinóquio). Comece a procurar esses *tells* nas pessoas que você sentir que estejam enganando você. No entanto, lembre-se da minha regra de ouro de três: estabeleça a linha basal primeiro, procure conjuntos de *tells* e conheça o contexto em que você está vendo esses *tells*. Eu gosto de ver pelo menos três *tells,* todos de uma vez ou sucessivos, antes de determinar que alguém está sendo enganador. Um *tell* somente não é o bastante para determinar mentiras; isso é o que os "leitores de mentes" fazem, e o motivo pelo qual eles erram com tanta frequência.

A FACE: EMOÇÕES E COMO ELAS TRANSPARECEM NAS EXPRESSÕES FACIAIS

Emoções humanas são universais, o que significa que, não importa em que continente você estiver, em que país você estiver ou com que subcultura você estiver lidando, todos os seres humanos mostram emoções da mesma forma por meio de expressões faciais. Dr. Paul Ekman, um psicólogo americano e um detector de mentiras humano, que também serviu como conselheiro científico para a série de TV *Lie to me* (Engana-me se puder), é considerado o pioneiro das pesquisas relacionadas às emoções humanas e a forma como elas são representadas a partir de expressões faciais. Suas pesquisas levaram-no até Papua Nova Guiné, onde ele provou que as emoções humanas são expressadas da mesma forma universalmente. Dr. Ekman queria provar que as emoções eram biologicamente determinadas e não culturalmente adaptadas. No início de suas pesquisas, ele apresentou seis emoções básicas: felicidade, tristeza, surpresa, raiva, medo e repulsa. Posteriormente, ele acrescentou o desprezo, mas existem tantas outras sub-emoções, como: preocupação, culpa, vergonha, embaraço, ciúmes, amor, alívio, curiosidade e outras tantas. Então, por que você precisa saber como se parecem as emoções humanas? Porque quando você aprender a detectar mentiras, precisará ser capaz de ver a diferença entre emoções reais e fingidas, quais emoções verdadeiras as pessoas estão tentando esconder, e quais emoções falsas elas estão tentando transmitir. E, como diz o ditado, você não sabe daquilo que você não sabe.

Quando alguém vivencia uma emoção ou emoções, os músculos em sua face respondem de modo a expressar tais emoções. Uma emoção verdadeira permanecerá em uma expressão facial correspondente que durará por alguns segundos. Essas expressões são chamadas *macroexpressões*; elas indicam veracidade e sinceridade. Quando as pessoas estão suprimindo verdadeiras emoções, seja de forma deliberada ou inconscientemente, elas ainda deixarão transparecer a verdade na forma de *microexpressões*, um termo cunhado pelo Dr. Ekman. Microexpressões passam em um lampejo pelo rosto da pessoa por uma fração de segundo e são muito difíceis de serem detectadas. Você nunca as verá se não estiver prestando atenção, que é o motivo pelo qual é crucial estar em estado de alto alerta quando estiver tentando detectar mentiras. Existem muitas "peças se movendo" em relação à arte e à ciência de detectar mentiras, que é tanto uma arte quanto uma ciência por causa da *finesse* e da especialização necessárias para notar os conjuntos de *tells*, e decifrar o que eles querem dizer são uma forma de arte, enquanto decifrar as respostas biológicas e fisiológicas que ocorrem quando as pessoas mentem é um tipo de ciência. A observação das micro-expressões faciais é uma boa ferramenta para a detecção de mentiras, mas se lembre de uma coisa: uma expressão em si não é o bastante. Você precisa de mais.

A seguir estão os atributos físicos das sete emoções básicas que listei anteriormente, com fotografias correspondentes. Aprenda como elas se parecem (ou como deveriam parecer), de modo que você seja capaz de identificá-las nos rostos dos outros.

Uma vez que você tenha aprendido como essas emoções aparecem na face, você começará a captá-las com mais facilidade. Estude os rostos das pessoas; a prática leva à perfeição.

1. **Raiva.** Você pode ver que as sobrancelhas estão franzidas, para baixo e juntas; os olhos estão com o olhar fixo, quase olhando com ódio, e os lábios estão bem franzidos.

2. **Medo.** Quando as pessoas estão com medo, elas levantam as sobrancelhas e, às vezes, as juntam. Seus olhos ficam arregalados, mas as pálpebras inferiores ficarão tensas e parecerão se mover para cima. Seus lábios vão se separar e ir para trás, enquanto o maxilar fica rígido. As pessoas podem demonstrar medo em uma microexpressão quando você tiver descoberto a mentira delas.

3. **Repulsa.** Quando as pessoas sentem repulsa ou desgosto por algo, elas torcem o nariz como se tivessem sentido o cheiro de um gambá. As sobrancelhas vão se juntar, de modo que você verá a testa ser franzida, e os cantos da boca vão se virar para baixo. Então, moças, se vocês perguntarem a seu marido, namorado ou sua cara metade se ele gosta de seu novo corte de cabelo assimétrico e ele olhar para você, torcer o nariz e disser: "é, é bonitinho", ele provavelmente está só sendo bondoso.

4. **Surpresa**. A surpresa se parece muito com o medo, mas, se você olhar com atenção, verá que existem grandes diferenças entre eles. Quando as pessoas estão surpresas, elas erguem as sobrancelhas, mas não as juntam. Seus olhos ficam arregalados, como quando sentem medo, mas, neste caso, eles ficam mais arredondados porque a pálpebra inferior permanece separada. Às vezes, você consegue até mesmo ver os brancos dos olhos da pessoa cercando a pupila inteira. A boca se abrirá e o maxilar inferior ficará caído, aberto. Todas as pessoas, no mundo todo, demonstram surpresa dessa forma. Digamos que você tenha certeza de que sua esposa está tendo um caso, e de que você tem convicção de que sabe com quem ela está tendo um caso, então, quando você perguntar a ela: "Sandra, você tem visto Tom ultimamente?", e ela demonstrar surpresa, seria melhor que vocês se sentassem para terem uma conversa franca. Ela pode estar mostrando surpresa porque você acha que ela está tendo um caso, ou talvez ela esteja mostrando surpresa porque você descobriu que, de fato, ela está tendo um caso!

Raiva.

Medo.

Repulsa.

Surpresa.

Felicidade.

Tristeza.

Desprezo.

5. **Felicidade.** A verdadeira felicidade é expressada em um sorriso genuíno que chega até os olhos. Assim, você deveria ver rugas (pés de galinha) em volta dos olhos quando alguém genuinamente sorri. Com frequência, você pode ver modelos e estrelas de cinema mostrando seus dentes brancos perolados em um sorriso falso para evitar a formação de pés de galinha. Admito que faço o mesmo. As pessoas vão sorrir quando estiverem felizes, quando estiverem embaraçadas e quando sentirem que estão se safando com uma mentira. Quando mentem, algumas pessoas sorriem de forma incontrolável, em uma microexpressão. Meus detentos costumavam tentar literalmente limpar os sorrisos de seus rostos quando mentiam para mim. Jodi Arias e Neil Entwistle, ambos assassinos condenados, foram vistos na TV, na corte, "chorando". Porém, estranhamente, não havia nenhuma lágrima — nenhuma tristeza de verdade. Se você olhar com atenção, o que conseguirá ver por trás do bloqueio facial, enquanto cobrem os rostos com as mãos enquanto fingem chorar, é que os cantos de suas bocas estão se virando para cima em um minúsculo sorriso. Isso pode parecer uma declaração óbvia, mas, se eles estivessem realmente tristes daquele jeito, os cantos de suas bocas estariam

virados para baixo, e não para cima; eles simplesmente não foram capazes de controlar-se e deixaram transparecer sua verdadeira emoção — sua felicidade. Isso é chamado prazer profundo, outro termo de Paul Ekman. Esse termo refere-se a um lampejo de sorriso que passa pelo rosto da pessoa quando ela está escondendo algo ou está se safando de algo (ou pelo menos é o que acham).

6. **Tristeza.** A verdadeira tristeza é vista na boca, nos olhos, nas sobrancelhas e até mesmo no queixo! Quando alguém está triste, os cantos de suas bocas viram-se para baixo, sempre. As partes internas das sobrancelhas com frequência serão elevadas e também ficarão juntas. Às vezes se forma uma covinha no queixo, especialmente quando lágrimas estiverem iminentes. Para aqueles de vocês que tiverem filhos, olhem para eles da próxima vez em que eles estiverem prestes a chorar e observe o que você vir; em seguida, observe o que você não vê quando eles estão derramando lágrimas de crocodilo.

7. **Desprezo.** Quando eu peço que as pessoas definam desprezo, isso é algo que a maioria não consegue fazer. Desprezo é a sensação de superioridade, seja moral ou de outra forma — a sensação de "eu sou melhor do que você". Quando alguém deixa transparecer o desprezo, isso significa que a pessoa se sente superior de alguma maneira. Geralmente isso é visto em um simples meio sorriso; um lado da boca se volta para cima, enquanto isso não acontece com o outro. A pergunta que temos que fazer a nós mesmos quando vemos desprezo é: Por que essa pessoa se sente tão superior?

A maioria das pessoas não faz a mínima ideia de que deixa transparecer emoções. Quando avisto microexpressões, ou o que chamo de emoções que transparecem na face, eu conto isso às outras pessoas, mas, com frequência, elas não acreditam em mim. Uma ocorrência do transparecer de emoções de que sempre vou me lembrar ocorreu quando eu estava observando o exercício de "Impromptus" que mencionei antes. Uma mulher levantou-se e foi até a frente de sala para falar sobre o quanto ela odiava sua mãe e sobre que pessoa horrível ela era. Enquanto ela andava de um lado para o outro, falando com o chão e mal travando contato visual com algum de nós, eu estudava sua linguagem corporal com atenção. Em determinado momento, vi os cantos de sua boca virarem-se para baixo por uma fração de segundo quando ela ergueu o olhar de relance e continuou tentando convencer a classe de que sua mãe era uma influência negativa em sua vida. Depois que ela terminou de falar, eu disse a ela: "Você ama a sua mãe!". (Lembre-se de que eu não sabia se ela havia crescido com a mãe ou até mesmo uma figura materna; eu não sabia nada sobre ela ou sua família.) Ela olhou para mim e quase se desfez em lágrimas: "Sim! Eu odiei dizer aquelas coisas horríveis!". Eu disse a ela que ela deixou transparecer uma tristeza verdadeira por uma fração de segundo e que eu vi isso. Ela não fazia a mínima ideia disso. Às vezes, nossas emoções são tão fortes que elas aparecem não importando quanto tentemos escondê-las.

A seguir apresento quatro estudos de casos curtos sobre identificação de microexpressões faciais. Em um deles, ajudei um fuzileiro naval a identificar e, no fim das contas, lidar com um problema que ele teve; em outro, ajudei um profissional da indústria de armamentos a conseguir um contrato com comida; no terceiro, ajudei um interrogador a obter uma confissão de um terrorista; e no último, ficou provado que todos nós deixamos escapar esses sinais. Observe que todos os nomes e detalhes de identificação (incluindo títulos e cargos) foram alterados a fim de proteger a privacidade.

Estudo de caso 1: Microexpressões e o especialista em CI

Um major dos Fuzileiros Navais dos Estados Unidos (USMC) que comandava uma unidade particular em uma organização da USMC convidou um jovem sargento em seu escritório para perguntar a ele o que achava de trabalhar naquela unidade em especial. O major desconfiava que o sargento estivesse insatisfeito. Segue a conversa que os dois tiveram:

Major: "Você está gostando de trabalhar aqui?"

Sargento: "Eu adoro, senhor." [Essa afirmação foi seguida por uma aquiescência mais entusiasmada.]

Major: "Sargento, você conhece o meu background?"

Sargento: "Sim, senhor. Você é o especialista em CI. [CI é a sigla para contrainteligência.]

Major: "Correto. Isso significa que eu fui treinado para ler as pessoas. Assim que acabei de fazer aquela pergunta, por uma fração de segundo antes de responder, você deixou escapar uma expressão facial de desgosto."

[O sargento permaneceu sentado em silêncio olhando para o major.]

Major: "Então, perguntarei novamente: você está gostando de trabalhar aqui?"

Sargento: [Uma pausa, em seguida, um suspiro.] "Eu odeio, senhor."

Estudo de caso 2: Microexpressões e dores de fome

Nic, um parceiro e instrutor em táticas e armas de chumbo para a Weaponcraft, LCC, ex-fuzileiro naval e ex-aluno meu, me encontrou no Facebook e recentemente entrou em contato para me agradecer pela minha aula de linguagem corporal que ele assistiu anos atrás. Ele queria compartilhar comigo uma história de sucesso e me contar como o meu treinamento ajudou a conseguir um grande contrato para sua empresa. Este é o relato dele:

> Durante um encontro de negócios recente, me vi em parceria com um poderoso novo cliente em potencial com um sério caso de baixo nível de atenção. À medida em que ia desenrolando meu movimento habitual de desenvolvimento de rapport, eu era capaz de perceber que não estava chegando a lugar algum. À medida que avançava em minha apresentação, percebi que estava perdendo o cliente completamente e sabia que tinha pouco tempo para estabelecer algum tipo de rapport antes que o encontro inteiro fosse por água abaixo. Passei a observá-lo de cima a baixo atrás de uma pista do que estava dando errado e o que podia fazer para consertar. Eu estava sendo chato? Ele não gostou do meu PowerPoint? Talvez eu estivesse com mau hálito? Assim que passei a procurar algo cognitivamente, tudo se tornou bastante óbvio.
>
> Meu cliente, que no início havia se sentado à minha frente, havia girado sua cadeira e estava com o corpo inteiro apontado para a saída mais próxima, do lado de seu pescoço estendido. Sua cabeça balançava de um lado para o outro dizendo "não", mesmo que verbalmente ele estivesse dizendo "sim". Então, as mãos dele começaram a dançar pela mesa e seus

dedos começaram a acompanhá-las, fazendo uma coreografia de balé no gelo — isso até que ele encontrasse sua caneta. A fixação dele àquela caneta poderia ser comparada ao momento em que o homem descobriu o fogo — minhas chances não pareciam promissoras com aquele cliente. Por sorte, naquele dia eu estava em cima da hora para a reunião e por conta disso não tive tempo de limpar a mesa em que havia almoçado. Enquanto refletia, tentando estabelecer rapport com aquele sujeito para que ele não fosse embora, peguei meu sanduíche comido pela metade e fiz que ia jogá-lo no cesto de lixo. Com aquele movimento, todas as minhas questões foram respondidas.

Quando o cliente viu minha comida e viu que estava prestes a jogá-la fora, seus olhos se arregalaram como pratos de jantar. Meu cliente não estava entediado, e ele não estava achando que eu era uma má escolha para liderar o seu projeto; ele estava faminto. Imediatamente perguntei a ele se não gostaria que terminássemos a reunião tomando um café no restaurante do outro lado da rua; ele mal respondeu, correndo para agarrar o casaco e se dirigindo até a porta. Em questão de cinco minutos depois de pôr comida no estômago, o negócio foi fechado e ele passou a se mostrar uma pessoa completamente mais agradável. Não tenho dúvidas de que se não tivesse conseguido captar as dicas sutis que ele estava dando, eu nunca teria voltado a falar com ele depois que a reunião terminasse.

Estudo de caso 3:
Microexpressões e a confissão de um terrorista

Eram cerca de 11h em um dia quente de setembro de 2002 em Cuba. Eu havia acabado de entrar em minha sala de interrogatório com ar-condicionado ao lado de meu linguista Pashtu designado para mim naquele dia. Enquanto esperávamos nosso prisioneiro afegão ser trazido até a sala, o suor começou a congelar sobre meu corpo. Ele chegou acorrentado e usando o macacão laranja padrão usado pelos prisioneiros. Ele tinha uma aparência agradável e entabulou conversa conosco espontaneamente. À medida que o interrogatório prosseguia, comecei a notar que a cada vez que eu dizia "Al-Qaeda" ele cobria a boca para esconder um sorriso. Havia informações confirmadas de que ele era um membro, de modo que eu estava apenas tentando obter uma confirmação dele. Após suas inúmeras tentativas de ocultar seu sorriso (prazer de enganar), finalmente me inclinei sobre ele e perguntei: "Você sabia que toda vez que eu digo 'Al-Qaeda' você sorri?". Ele começou a sorrir e, mais uma vez, sua mão se dirigiu para a boca. "Não, não", disse ele. "Às vezes, quando as pessoas mentem, elas sorriem ou dão risada porque estão envergonhadas, imaginando que elas serão descobertas, ou porque estão felizes, imaginando que irão se safar. Qual desses dois tipos é você?", rebati. Ele finalmente admitiu ser um membro, mas insistiu que não havia feito nada de errado.

Estudo de caso 4:
Microexpressões e um prisioneiro preocupado

Na GTMO vivenciei meu primeiro ataque de pânico. Aconteceu durante um interrogatório — um interrogatório entediante, na verdade. Enquanto ouvia um detento, meu coração subitamente decidiu disparar, começando a bater forte e super-rápido, tão rápido que tive dificuldade de respirar. Mesmo que eu estivesse tentando agir como se tudo estivesse bem, devo ter demonstrado um ar de surpresa em meu rosto, pois o detento disse algo e o intérprete se inclinou e disse: "Ele quer saber se está tudo bem com você". Meu coração voltou a bater normalmente e respondi: "Espero que sim! Meu coração começou a bater muito forte". Ele respondeu: "Espero que você esteja bem". Fiquei impressionada com o fato de ele ter visto a emoção em meu rosto, sem mencionar a preocupação que demonstrou por mim.

Agora você sabe como a leitura de expressões faciais — e melhor ainda, ser capaz de identificá-las em uma fração de segundo para descobrir as verdadeiras emoções de alguém — pode mudar o resultado de uma situação difícil.

A CABEÇA

Uma das maneiras mais fáceis de perceber congruências ou incongruências comportamentais é prestar atenção ao que a cabeça faz, sobretudo quando alguém diz sim ou não. Em geral, se alguém está sendo autêntico, haverá congruência entre o que ele diz e o que o corpo dele demonstra. No entanto, se alguém diz sim, mas sua cabeça gira de um lado para o outro indicando não, ouça ao que diz a cabeça, não os lábios dessa pessoa. Você precisa descobrir por que existe uma incongruência tão grande nesse caso. Lance Armstrong ofereceu um exemplo perfeito de incongruência comportamental quando ele foi interrogado sob juramento a respeito de ter usado drogas de aumento de performance pelo procurador Jeffrey Tillotson, da SCA Promotions. Isto aconteceu em 2005, antes que ele enfim admitisse ter recorrido a doping por anos a fio para vencer o Tour de France. Em determinado momento, Tillotson perguntou a Lance: "Você nega... as declarações que a srta. Andrews alega que o senhor fez no hospital da Universidade de Indiana?". (Betsy Andrews era uma enfermeira do hospital; em seu depoimento, ela afirmou que, quando havia estado no hospital, Lance afirmara usar drogas de aumento de performance.) Em resposta, Lance fez que não com a cabeça (movendo-a de um lado para o outro) ao mesmo tempo que disse o seguinte: "Cem por cento, com certeza". As palavras que ele usou e a linguagem corporal não batiam; havia uma grave incongruência. Lance expôs outro *tell* indicativo de mentiras: ele não respondeu com sim ou não a perguntas que pediam sim ou não como resposta; em vez disso, ele respondia "Com certeza". "Com certeza" não é um substituto para sim ou não! (Falarei mais sobre substitutos indicativos de mentira em perguntas que pedem respostas sim ou não no Capítulo 10.) Lance também disse "Cem por cento". Por que ele sentiu a necessidade de acrescentar esse qualificador? Ele não usou isso quando respondeu a outras perguntas. Mentirosos tendem a usar esse tipo de construção de frase para nos convencer de suas mentiras. Mais uma vez: apenas um *tell* não prova que ele mentiu, mas ele nos deu três *tells* indicativos — uma indicação muito forte de que ele estava sendo enganoso. (E é claro que toda a verdade apareceu mais tarde mesmo assim.) Discutirei os *tells* verbais indicadores de mentiras com mais profundidade no Capítulo 10.

OLHOS MENTIROSOS

> Os olhos são a janela da alma, a boca é a porta. O intelecto, o ímpeto, são vistos nos olhos; as emoções, sensibilidades e afeições, na boca. Os animais procuram identificar as intenções dos homens direto em seus olhos. Mesmo um tato, quando você o caça e o encurrala, olha para você nos olhos.
>
> HIRAM POWERS

Contato visual

Os olhos podem demonstrar emoções, intenções, pensamentos e sentimentos. Eu sou uma grande amante de animais; tenho muitos (até demais) animais de estimação; meus amigos e minha família pensam que sou louca. Por três anos trabalhei como voluntária em um zoológico local, e atualmente faço trabalho voluntário em outra instituição semelhante, tomando conta de animais em contato com o público e lidando com grandes aves de caça. Trabalhei com tigres, ursos-gatos, antas, ursos, primatas, cangurus, aves de caça, lontras, cães da pradaria, porcos-bravos-africanos, antílopes, várias espécies de ruminantes, corujas, francelhos e coelhos. Aprendi que o contato visual com animais desempenha um papel tão importante quanto com os humanos. Por exemplo, você nunca deve encarar um tigre nos olhos, pois o tigre interpretará isso como um sinal de agressão e pensará que você o está provocando para começar uma luta. Você definitivamente quer evitar isso, e falo por experiência própria. Nunca vou me esquecer do primeiro dia em que conheci dois novos e jovens tigres siberianos. Era madrugada e eles ainda estavam em seu cercado interno, esperando para serem levados lá para fora para que pudessem divertir-se na lagoa e brincar com suas bolas de praia prediletas. Entrei no cercado deles junto com a guarda que trabalhava com eles. Os tigres estavam familiarizados com ela, mas não comigo. Ela ajoelhou-se no chão, então me ajoelhei a seu lado. Enquanto fazia isso, travei contato visual com um dos tigres e ele cravou o olhar em mim. Eu simplesmente não conseguia desviar meu olhar do dele, provavelmente porque sabia o que estava prestes a acontecer e não queria perder aquilo.

Ele abaixou a cabeça, abriu a boca e começou a andar de um lado para o outro. Então, ele deu um pulo para cima da porta da jaula, que estava apenas a pouco mais de um metro de distância de mim. Como foi assustador! Eu era uma nova ameaça em potencial no domínio dele. Depois que algumas semanas haviam se passado, os tigres tinham me visto algumas vezes depois do incidente. Estávamos no meio de uma manhã de sábado e tínhamos acabado de deixá-los sair para seu cercado externo. Depois de limparmos o cercado interno, fui dar uma olhada neles lá do lado de fora através de uma porta de metal escondida que o público não conseguia ver. Os dois me viram na porta e vieram correndo na minha direção. Eu pensei, *Ah, que droga! Eu os irritei de novo!* Mas o que aconteceu em seguida realmente me deixou chocada. Eles ficaram meio que dançando em volta da porta, brincando um com o outro como se fossem dois grandes gatos domésticos, e então começaram a esfregar os rostos no portão, exatamente como o meu gato Titus faz em casa para demarcar seu território (geralmente isso significa que ele se esfrega em mim e nos móveis). Eu me ajoelhei novamente, porém, agora, em vez de virem para cima de mim para me atacarem, eles estavam quase ronronando (um som de prazer e cumprimento). Então comecei a ronronar em resposta a eles. Foi incrivelmente legal, mas nunca duvidei, nem por um segundo que, se eles tivessem a oportunidade, aqueles gatinhos grandes pudessem me jogar de um lado para o outro como se eu fosse um brinquedo de gato.

Hiram Powers disse que os animais procuram nossas intenções em nossos olhos. Se você olhar nos olhos de um cachorro estranho, ele olhará de volta nos seus para ver se você está assustado ou agressivo. Ele pode atacar de uma forma ou de outra: se você estiver vulnerável, ele não ficará intimidado com você; mas se você parecer agressivo, ele desejará se defender. Se você não tiver certeza quanto ao animal, é melhor olhar para seu nariz ou suas orelhas. Atualmente, venho fazendo experimentos com a frequência do piscar das corujas megascops com que trabalho. Descobri que elas imitam minha frequência de piscar e até mesmo a duração do piscar, seja rápida ou devagar. Isso é incrível! Faço isso como uma técnica desestressante antes de lidar com elas. Isso funciona, mas não sei ainda por quê. Esse é meu próximo projeto de pesquisa!

Nos Estados Unidos, nos ensinam que é respeitoso manter um bom contato visual, mas que ficar encarando de forma pesada ou olhando feio para alguém é simplesmente rude e esquisito. Bom contato visual envolve olhar nos olhos, em torno da face e quebrar o contato visual com frequência. Faça o que parecer confortável e normal para você.

Existem muitas ideias erradas em relação aos olhos e à mentira. É comum ouvir dizer que quebrar o contato visual significa que a pessoa está mentindo. De fato, eu acho que isso é verdadeiro na maioria das pessoas, mas não em todas. Alguns mentirosos o encararão intensamente. Eles fazem isso porque estão cientes do fato de que se pensa que os mentirosos têm olhos que vivem se mexendo, e então, de propósito, eles se esforçam para não quebrar o contato visual e acabam encarando as pessoas. Tanto encarar quanto ficar mexendo demais os olhos podem ser indicadores de mentiras, especialmente quando representam um desvio do comportamento basal de alguém, então se lembre de estabelecer a linha basal dos movimentos dos olhos de uma pessoa antes de começar a fazer qualquer julgamento.

O movimento dos olhos é uma atividade normal quando estamos falando. Ficar encarando as pessoas é considerado rude e até mesmo hostil, até mesmo nos Estados Unidos. Em outras culturas, contudo, é rude fazer qualquer contato visual direto. Descobri isso quando estava na Coreia. Então se certifique de se informar sobre as normas culturais de seus arredores. Tendo sido arqueóloga, eu tinha esse conhecimento basal antes da minha vida como interrogadora, então tinha uma vantagem de ter algum conhecimento sobre normas culturais e sensibilidades. O importante é fazer o que lhe parecer natural enquanto ainda estiver respeitando os sentimentos e as expectativas daqueles ao seu redor.

Piscar rápido

Pessoas que ficam nervosas e ansiosas quando mentem vivenciarão as respostas fisiológicas de que falei no Capítulo 5. Uma dessas respostas é que os olhos começam a secar. Um dos resultados disso é o *tell* de ficar piscando rápido, o que ocorre em um esforço de lubrificar os olhos. Bill Clinton piscava rapidamente durante todo seu testemunho perante o grande júri quando mentiu sobre seu relacionamento íntimo com Monica Lewinsky. Será que ele estava nervoso? Muito provavelmente. Ele estava mentindo? Sim, estava. O rápido piscar dos olhos indicava nervosismo ou mentira? No caso dele, eu diria que era um indicativo de ambos. Ele estava nervoso por estar mentindo sob juramento. O testemunho dele estava repleto de conjuntos de *tells* indicadores de mentiras, alguns dos quais eu abordarei no próximo capítulo. Eu vejo instrutores na plataforma piscando assim quando eles estão nervosos. A menos que haja algo em seu olho, como um cílio ou uma lente de contato deslocada ou caso haja algum problema físico como conjuntivite, piscar rápido definitivamente indica ansiedade e é um bom indicativo de mentira naquelas pessoas que ficam nervosas quando mentem (que são a maioria de nós).

Piscar prolongadamente

Quando as pessoas piscam lentamente para você, isso geralmente é um sinal de uma resposta emocional ou de concentração. Pode ser que elas estejam vivenciando uma emoção forte, que está fazendo com que elas fechem os olhos. Pode ser que elas estejam erguendo um bloqueio mental contra algo que elas ouviram e de que não gostaram, quase como se fechando os olhos fosse protegê-las do que quer que fosse que elas acharam perturbador. Elas poderiam estar se preparando para contar uma mentira e tentando pensar no que dizer. Ou poderia ser o caso de que elas simplesmente não querem olhar nos seus olhos enquanto mentem (porque, lembrem-se disso: os olhos são as janelas da alma). Há tantos significados possíveis por trás de um piscar prolongado, mas, junto a outros conjuntos de *tells*, isso pode ser um indício de mentira.

Programação neurolinguística (PNL)

O uso da PNL como ferramenta para detectar mentiras é controverso. Cientistas, psicólogos e treinadores certificados em PNL refutam a ideia de que a PNL pode ser usada para monitorar movimentos dos olhos de modo a detectar mentiras. Dizem que a teoria da PNL, como as dicotomias de preferência de personalidades de Myers-Briggs, tem fraco suporte científico, e que a pesquisa inicial continha erros factuais e, portanto, foi desacreditada pela comunidade científica. Acredito que isso se deva ao fato de não ser ensinado corretamente. Gosto de usar a PNL para ajudar a detectar mentiras, e vou contar a você por que e como.

No entanto, primeiramente, vou apresentar uma história muito breve da PNL em termos leigos.

Vamos primeiramente dissecar o termo. Você pode ver que ele tem três componentes distintos: neurologia, linguagem e programação. Neurologia tem a ver com a forma como seus cérebros funcionam — a forma como nós pensamos. Linguagem é como nosso cérebro soa — a forma como nós nos comunicamos. E a programação tem a ver com lidar com nossos padrões de pensamento e nossos comportamentos emocionais e mentais. A noção de que certos movimentos dos olhos estão relacionados a pensamentos específicos de pensamento foi sugerida pela primeira vez pelo psicólogo americano William James, em seu livro de 1890, *Princípios de psicologia*. Contudo, não foi até o início da década de 1970 que os psicólogos começaram a ligar os movimentos dos olhos a diferentes processos cognitivos associados aos dois hemisférios do cérebro. Em 1976, John Grinder e Richard Bandler exploraram ainda mais o relacionamento entre a neurologia, a linguagem e a programação, e a forma como este relacionamento poderia ser usado para atingir objetivos específicos na vida. Foram Bandler e Grinder que disseram que a ciência da PNL poderia tratar de problemas como distúrbios alimentares e de aprendizado, fobias, hábitos e comportamentos indesejados, só para citar alguns.

Grinder e Bandler também criaram o quadro de acesso de pistas dadas pelos olhos. Esse quadro conecta a direção do olhar de alguém com a forma como aquela pessoa está pensando, ou qual sentido a pessoa está usando. Grinder e Bandler dizem que nossas experiências de vida são catalogadas em nossas mentes e são relembradas por sua associação com uma experiência ou com um sentido: visual (vista), auditivo (audição), sinestésico (emocional, mas inclui o toque), olfativo (cheiro) e gustativo (gosto). Na PNL, esses sentidos são chamados de modalidades. Por exemplo, quando sinto determinado cheiro de uma vela aromatizada, instantaneamente sou levada de volta ao final da década de 1980, quando eu e a minha melhor amiga, Tina, passávamos infinitos dias tranquilos de verão nas praias em Rhode Island. Nesse caso, o sentido olfativo ativa o gatilho da memória.

Segundo o quadro:

- Se uma pessoa olha para cima, ela está acessando os sentidos visuais, seja para se lembrar de informações (para cima e para a esquerda) ou para criar/construir informações (para cima e para a direita).
- Se alguém olha para mais ou menos a altura das orelhas, a pessoa está acessando os sentidos auditivos para se lembrar de informações (para a esquerda) ou para criar/construir informações (para cima e para a direita).
- Se uma pessoa olha para baixo e para a esquerda, ela está acessando os sentidos sinestésicos; tanto sentimentos relembrados quanto fabricados. Se olhar para baixo e para a direita, a pessoa está se engajando em um diálogo interno, essencialmente falando consigo mesma. Sobre o quê? Cabe a você descobrir.

Essas são diretrizes gerais e não devem ser tomadas como absolutas. Como dizem, sua quilometragem vai variar.

Há dois grandes problemas com o uso da PNL como ferramenta de detecção de mentiras. Em primeiro lugar, a PNL não é uma ciência absoluta e invariável, visto que pessoas diferentes podem apresentar respostas diferentes, com diferentes movimentos oculares, com base em como elas funcionam. Por exemplo, eu não olho para cima e para a esquerda quando estou acessando minhas memórias; geralmente olho direto para a minha frente, a menos que eu esteja tentando me lembrar de algo como datas (com o que eu sou péssima), ponto em que geralmente olho para cima e para a esquerda. Então, perceba que as pessoas podem não estar avaliando ou fabricando as informações onde elas "deveriam" estar, de acordo com o quadro. Em segundo lugar, pode haver múltiplas pistas dos olhos em qualquer resposta. Às vezes, você consegue observar uma forte resposta emocional inicial antes de a pessoa seguir para a lógica e a razão, ou vice-versa. Além do mais, até mesmo quando as pessoas mentem, elas tendem a acessar alguma verdade, e isso transparecerá em seus movimentos oculares também. Por exemplo, se um adolescente quisesse mentir sobre o motivo pelo qual ele voltou para casa depois do horário em que deveria ter voltado e dizer que foi porque o carro de seu amigo quebrou, uma imagem do carro detonado do amigo pode realmente existir em sua mente, de modo que ele vai se lembrar da imagem do carro e seus olhos irão para cima e para a esquerda (lembrança visual). É claro que ele ainda pode se sentir culpado e triste em relação a mentir, de modo que seus olhos podem ir para baixo e para a direita (sinestésico, sentimentos emocionais). E, se ele, de repente, se lembrar daquela vez em que o carro de seus pais quebrou e seu pai começou a gritar, seus olhos podem voltar-se para a frente e para a esquerda (lembrança auditiva). Note que em nenhum momento, nem ao menos uma vez, durante essa mentira, o adolescente olhou para cima e para a direita (construção visual), que teria sido um claro sinal de que ele estava inventando coisas. E, por fim, lembre-se de que você não pode usar apenas a PNL para detectar mentiras; você precisa estabelecer a linha basal e procurar conjuntos de outros *tells* indicadores de mentiras.

Há um segredo que divido com meus alunos para o estabelecimento de uma linha basal em menos de um minuto: se você quer saber para onde se voltam os olhos de alguém para se lembrar de informações, faça esta pergunta: "Qual é a sexta palavra do hino nacional de seu país?". Nove entre dez pessoas vão olhar para cima e para a esquerda enquanto respondem. (A outra pessoa vai olhar direto para mim porque ela não faz a mínima ideia de por que eu o chamei para vir na frente da sala para que todo mundo visse.) Eles estão literalmente cantando o hino em suas cabeças e contando as palavras. Então, se eu perguntasse a alguém "Quanto você deve?", e a pessoa olhasse para cima e para a direita enquanto dissesse "Cerca de 5 mil dólares", isso poderia querer dizer que ela inventou esse número (talvez porque esteja embaraçada em relação ao quanto ela realmente deve). Então eu poderia me aprofundar naquela pergunta e explorá-la ainda mais a fundo para ver se ela estava sendo verdadeira ou não. Uma boa pergunta de acompanhamento é simplesmente "É mesmo?", uma técnica de questionamento que discutirei no próximo capítulo.

Durante o programa de uma semana do Body Language Institute de Janine Driver, "Treine o Treinador" (com dias de mais de 10 horas de aula), conduzimos um exercício em que todos os alunos contam uma história verdadeira para a classe de modo que possamos estabelecer a linha basal de seu comportamento verbal e não verbal, inclusive os movimentos de seus olhos. Então eles contam mais duas histórias, uma verdadeira e a outra inventada.

Peguei a mentira de uma aluna bem facilmente, porque os movimentos dos olhos dela desviaram tão flagrantemente de sua linha basal! Não usei essa pista somente para determinar que ela estava mentindo, é claro; isso teria sido uma tolice. Eu vi mais *tells* indicadores de mentiras que consegui agrupar com outros, mas o desvio nos movimentos dos olhos dela foi uma das indicações mais claras de que ela estava mentindo. Eu fui capaz de determinar qual história era verdadeira e qual era mentira.

Uma vez que você tem uma linha basal, você precisa testá-la. Faça perguntas cujas respostas você já conhece. Faça perguntas que fariam com que a pessoa que estivesse respondendo se lembrasse de imagens, sons e sensações. Depois faça a ela perguntas que exigiriam que ela formasse uma imagem, um som ou uma sensação ou um sentimento. Por exemplo, para lembrança visual e criação de imagens, você poderia perguntar "Como é o interior de um disco voador?", seguido de "Descreva sua sala de estar". Para lembrança auditiva e invenção, você poderia perguntar "Que som faria um pterodáctilo?", seguido de "Agora descreva o som de um bebê chorando". Para lembrança sinestésica e invenção de sentimentos e sensações, você poderia perguntar "Como você se sentiria se X acontecesse?". Vou lhe contar um segredo: mentirosos não terão sentimentos nem sensações associados a suas mentiras, porque aquilo nunca aconteceu. Eles terão que inventar sentimentos e sensações que eles acham que *deveriam* ter tido. Então, se você suspeita que seu adolescente esteja mentindo em relação ao motivo pelo qual ele voltou tarde para casa, pergunte a ele "Como você se sentiu em relação a isso?". Se ele estiver mentindo, ele hesitará, usando uma palavra para ganhar tempo ou alguma outra técnica de enrolação. Lembre-se disso: se não aconteceu, ele terá que imaginar um sentimento ou uma sensação que ele acha que deveria ter tido. Essa é, na verdade, uma das minhas perguntas a fazer quando acho que alguém está mentindo. E, por fim, se durante uma conversa você vir alguém olhando para baixo e para a esquerda, a pessoa pode estar tendo uma conversa interna ou um debate interno sobre se ela deveria ou não mentir, pesando os prós e os contras. Se você achar que isso está acontecendo, pergunte "O que está se passando pela sua cabeça?". Observe os olhos dela e para onde eles vão. As respostas para ambas as perguntas envolvem lembrar-se de informações, então, em ambos os casos, os olhos deveriam ir para a mesma área. Se isso não acontecer, você precisara descobrir o porquê.

A BOCA

Engolindo em seco

Assim como o rápido piscar, engolir em seco é a resposta do corpo para a boca seca por causa do estresse. Você pode ouvir quando a boca das pessoas fica seca, na voz rouca, e você pode observar isso quando a pessoa engole em seco, bem como a saliva seca em volta de sua boca. Engolir em seco indica ansiedade e nervosismo, e, junto a outros *tells,* isso também pode ser um indício de mentira.

Lábios que desaparecem

Como diz Janine Driver, "Quando não gostamos do que ouvimos, nossos lábios desaparecem". Se você procurar no Google por fotos de Anthony Weiner tiradas quando ele estava mentindo em relação à sua troca de mensagens de texto com conteúdo sexual, com frequência você poderá ver um maxilar cerrado e lábios apertados. Se alguém negar insistentemente alguma coisa, mas franzir os lábios enquanto fizer isso, a pessoa provavelmente está bem infeliz em relação ao que quer que seja que ela está sendo acusada de fazer. Minha mãe tem lábios naturalmente finos, mas quando ela está enfurecida, ela fica praticamente sem lábios!

AS MÃOS

Escondendo as mãos

As pessoas acham que, ao colocarem as mãos nos bolsos, elas parecem mais casuais e relaxadas, porém, na verdade, isso passa uma mensagem de nervosismo. Toda vez que você esconde uma parte do corpo, principalmente as mãos, está escondendo a forma como se sente. Se você esconder as mãos, esconde suas emoções. Você não vai querer dar a impressão de que está escondendo alguma coisa, especialmente suas verdadeiras emoções, porque parecerá inseguro, não confiável e enganador. Mantenha as mãos fora dos bolsos. Se tiver que as colocar nos bolsos, ou se essa for uma postura confortável pela qual você tiver preferência, pelo menos mantenha os polegares de poder para fora.

Palmas das mãos fechadas

Já mencionei que mostrar as palmas de suas mãos faz com que você pareça sincero, aberto e confiável. Quando as palmas de suas mãos estão abertas, você está basicamente dizendo: "Eu estou lhe mostrando minha mão [como em um jogo de pôquer]. Eu não tenho nada a esconder". Inversamente, quando você esconde as palmas de suas mãos, isso envia a mensagem de que você está guardando algo para si, seja uma emoção ou um pensamento. Pessoas que falam com as palmas de suas mãos voltadas para dentro, para seus corpos (se não for a linha basal delas) podem estar se sentindo inseguras, ou podem não estar lhe contando toda a verdade.

Se você tiver estabelecido a linha basal de alguém que normalmente fala com as palmas das mãos abertas e, então, a pessoa de repente muda e passa a fechá-las ou voltá-las para seu corpo, esse é um desvio e pode ser um indício de mentira (no mínimo, uma mentira por omissão). Como sempre, procure outros *tells*.

Mão na cabeça

As mãos indo para a cabeça (face, pescoço, cabelos, topo da cabeça) geralmente indicam alto estresse e/ou mentira. Você não quer passar a impressão de que está incerto ou de que não é digno de confiança, então tente evitar tocar no rosto, na cabeça ou no pescoço. Mas você saberá o que isso quer dizer quando vir outros fazendo isso. A seguir, eis alguns exemplos das diferentes maneiras como colocamos as mãos em diferentes partes da cabeça e seus respectivos significados.

Mão na boca.

1. **Mão na boca.** A mão perto da boca geralmente significa: desaprovação, pensamento profundo, diálogo interno ou mentira. Já declarei que mentirosos às vezes cobrem a boca para esconderem suas mentiras (ou seu "prazer profundo"). Algumas pessoas tocarão na área acima de seus lábios para se autotranquilizarem ou para ajudarem a focar. Alguns farão isso enquanto estão com o olhar fixo no nada e cogitando ou ruminando em relação a alguma coisa. Esse gesto também pode indicar ceticismo. Brian Wilson fez isso durante boa parte de sua entrevista com Eric Snowden. Dá para dizer que ele não estava caindo em nenhuma palavra da história de Snowden! (Observação: O próprio

Snowden exibia uma linguagem corporal poderosa e confiante.) Na imagem anterior, Chris estava com a mão na boca e descansando o indicador em seu lábio superior. Ele parece estar com dúvida, até mesmo cético, em relação ao que quer que Kelly esteja lhe dizendo, mesmo que Kelly esteja lhe mostrando as palmas de suas mãos e dizendo, de forma subconsciente, "Eu não tenho nada a esconder".

Quando a mão cobre a boca por completo, isso pode indicar surpresa, nervosismo, vergonha e embaraço, ou expectativa; com frequência, isso também é um forte sinal de mentira. Meus detentos com frequência cobriam suas bocas quando mentiam ou deixavam transparecer prazer profundo. Inconscientemente, eles estavam mascarando o que estava saindo de suas bocas.

Mão no queixo.

2. **Mão no queixo.** A mão no queixo significa uma de três coisas: poder, tédio ou contemplação. Tenho certeza de que você já viu as pessoas repousando seus queixos na mão, seja em uma reunião executiva, em uma audiência, durante a aula, em fotos de perfis executivos ou enquanto estão assistindo à televisão. No site do Body Language Institute você verá a foto do perfil de Janine Driver. Seu queixo está repousado em sua mão, e ela parece autoritária e poderosa. Essa é outra postura de poder. Como diz Janine: "Coloque a mão no queixo para vencer!".

Ao fazer isso, você parece poderoso e confiante. Tente fazer o seguinte experimento: da próxima vez em que estiver no trabalho, tentando vender um projeto ao seu gerente, ou em um almoço, tentando ganhar um novo contrato de cliente, ou na concessionária tentando vender um carro usado: quando você entregar as informações, coloque sua mão no queixo. Você parecerá mais confiável e confiante. Tente fazer isso! Steve Jobs, o fundador da Apple, sempre era fotografado com a mão no queixo; essa se tornou sua postura icônica. Na imagem, Kelly está com a mão no queixo enquanto Chris está tentando explicar algo a ele. Parece que Kelly já se decidiu e está defendendo sua posição.

A mão colocada embaixo da boca, na bochecha ou no queixo é um gesto espontâneo e confortável quando as pessoas estão avaliando, considerando e analisando coisas. Contudo, isso também pode indicar fadiga ou tédio. Quando o queixo está pousado na mão e o dedo indicador está apontado para a orelha, a pessoa está avaliando questões; quando o dedo indicador está em cima do lábio, a pessoa está cética, desconfiada ou potencialmente enganadora. Você consegue se lembrar do que a mão no queixo significa ao lembrar-se do acrônimo PTC — poder, tédio ou contemplação.

3. **Mão no pescoço.** Se alguém estiver massageando o pescoço enquanto você estiver falando com a pessoa, ou ela está tentando relaxar músculos tensos ou está estressada, e o aumento no fluxo sanguíneo está fazendo seu pescoço coçar. A pergunta que você deveria ter em mente é a seguinte: por que ele está tenso ou estressado? Alguns esfregam a nuca logo antes de mentir. Se você não tiver criado rapport, ou se tiver acabado de perder o rapport, essa pessoa pode estar inconscientemente dizendo: "Você é uma dor no meu pescoço". Esfregar o pescoço também pode indicar um comportamento de flerte se uma mulher tocar na base de seu pescoço e depois em seu pescoço enquanto estiver inclinando a cabeça e expondo sua artéria carótida. Esse é um gesto desarmador que diz "Estou aberta". Você será capaz de diferenciar um do outro muito facilmente.

4. **Coçar a cabeça.** Se você vir alguém coçando a cabeça, como já se viu com frequência Vladimir Putin fazendo nas fotos, isso poderia sugerir que a pessoa está profundamente absorta em pensamentos,

confusa ou em um estado de descrença. Isso também pode indicar mentira, como foi o caso quando Lance Armstrong estava coçando a cabeça durante entrevistas sobre seu *doping,* antes de sua admissão pública disso. O ato de coçar a cabeça também pode ser uma tentativa inconsciente de desviar a atenção da boca, de onde uma mentira está prestes a sair. Se um coçar de cabeça for acompanhado de um coçar de pescoço, a pessoa poderia estar dizendo: "Eu não faço a mínima ideia do que estou dizendo a você". É claro que poderia ser simplesmente o fato de que a cabeça da pessoa estava coçando. Se você estiver tentando vender sua nova ideia ao seu chefe e ele coçar a cabeça, torcer o nariz e apertar os lábios de modo a formarem uma linha fina, pense em outra ideia.

SETE SINAIS DE INCERTEZA

1. O dar de ombros

Eu adoro o dar de ombros porque é um sinal claríssimo; praticamente o tempo todo isso indica incerteza, mas nem sempre indica mentira. Você tem que observar muito cuidadosamente a linha do ombro, porque alguns dares de ombros mal são notáveis. Os ombros podem erguer-se quase imperceptivelmente, tão pouco quanto a respiração faz com que a barriga seja erguida.

Às vezes, um dar de ombros é tão óbvio e extremo que fica claro que a pessoa desistiu. Algumas pessoas fazem isso inconscientemente quando se comprometem com alguma coisa, camuflando sua certeza. Um dar de ombros, por si só, não é necessariamente um indício de mentira; você tem de procurar conjuntos de modo a determinar se trata-se de uma mentira ou não.

Em novembro de 2013, irrompeu uma história sobre uma garçonete gay, Dayna Morales, que trabalhava no Asian Gallop Bistro, em Nova Jersey. Ela postou no Facebook que serviu um casal certa noite que, em vez de lhe deixarem uma gorjeta, deixaram a ela um bilhete dizendo que eles não concordavam com o "estilo de vida" dela. A história viralizou. As pessoas começaram a doar dinheiro para ela, não sei ao certo o motivo, mas ela disse que ia doar o dinheiro para o projeto Wounded Warrior. Ela recebeu cerca de 3 mil dólares. O problema surgiu uma semana depois, quando o casal que ela serviu naquela noite a viu no noticiário mostrando o recibo da refeição com o bilhete nele escrito. Dando-se conta de que era o recibo deles, eles sabiam que não tinham escrito nenhum bilhete lá; eles haviam, contudo, deixado uma gorjeta de dezoito dólares. Eles entraram em contato com uma rádio e foram entrevistados. Eles declararam que de modo algum concordavam com o sentimento odioso da mensagem; na verdade, eles se consideravam bem tolerantes em relação às crenças e aos estilos de vida de outras pessoas. Além do mais, nem era a letra deles no bilhete. A rádio voltou a entrevistar Dayna, dizendo que o casal que ela havia acusado havia ido até ela e fornecido a cópia de seu recibo, que claramente mostrava uma gorjeta de dezoito dólares e nenhuma mensagem desagradável; eles também forneceram uma cópia de seu extrato bancário, que mostrava a cobrança da refeição, incluindo a gorjeta de dezoito dólares. Quando perguntaram a Dayna como isso aconteceu, tudo que ela pôde fazer foi se manter firme em sua história e dizer: "Hum, aquela não é minha letra. Eu não sei. Mais uma vez...", enquanto ela continuava dando de ombros e erguendo as sobrancelhas. Sim, ela mostrou congruência comportamental ao demonstrar incerteza dando de ombros enquanto declarava "Eu não sei", mas para mim parecia mais como se ela estivesse dizendo "Eu não sei como vou sair dessa". Quando o âncora perguntou: "Você consegue entender como esse casal está chateado?", Dayna respondeu "Eu, eu acho que sim. Quero dizer, eu... Claro", dando de ombros o tempo todo. Ela não tinha certeza se eles estavam chateados? Certamente ela deveria saber que eles estavam chateados e por que eles estavam chateados, mas talvez estivesse incerta quanto a ser pega na mentira. Ela também usou o gaguejar e técnicas de enrolação, que discutirei no próximo capítulo. Dayna nos exibiu um belo conjunto de *tells* indicadores de mentiras. Não é de se surpreender que mais tarde foi descoberto que Dayna mentiu e inventou a coisa toda. A maior parte dos três mil dólares em doações que ela coletou de pessoas aleatórias que simpatizaram com a causa delas e que haviam sido vítimas de sua fraude foi devolvido aos doadores.

2. Encolher-se, querendo virar uma bolinha

Se você alguma vez já se sentiu vulnerável, triste, deprimido, envergonhado ou derrotado de qualquer forma que fosse, provavelmente você tentou parecer menor. Mentirosos encolhem-se, querendo virar uma bolinha, propositalmente, como uma súplica por piedade. Se alguém der de ombros, virar as palmas de suas mãos para cima, encolher o pescoço e puxar o queixo para dentro, muito provavelmente essa pessoa está tentando parecer menor e mais vulnerável. Mas tome cuidado: às vezes, as pessoas ficam "menores" logo antes de atacarem, com raiva. Pense em uma cascavel que se enrola antes de atacar. Se alguém estiver com raiva e de repente ficar menor, você pode querer recuar. Esse não é um sinal de incerteza; é, sim, um sinal de que a raiva está prestes a ser extravasada.

A folha de figo.

3. A posição da folha de figo

Eu falei sobre as três áreas vulneráveis do corpo no Capítulo 5: a base do pescoço, a barriga e a região da virilha. Com frequência, vejo membros das Forças Armadas e oficiais do governo em particular, parados, em pé, com as mãos entrelaçadas na frente de suas partes íntimas. Eu chamo isso de posição da folha de figo. Embora pensemos nessa posição como sendo respeitosa, na verdade, ela é uma posição submissa de respeito. Se você quiser demonstrar respeito, mas também confiança, em vez de submissão, fique com as mãos atrás da parte inferior de suas costas em vez de colocar as mãos na posição de folha de figo. Isso envia o sinal de que você está expondo todas suas três zonas vulneráveis porque você não tem medo algum. Quando nos sentimos vulneráveis e desprovidos de poder, valor ou autoestima, tendemos a nos fechar e subconscientemente proteger nossas áreas vitais e vulneráveis. Na imagem anterior, Kelly não parece confiante; ele parece vulnerável e autoprotetor.

Infelizmente, a posição de folha de figo tornou-se a posição padrão para indicar respeito e um comportamento de pessoas de negócios, mas, na verdade, isso indica inquietação e ansiedade. Para aqueles de vocês que querem causar uma boa impressão para ganhar um novo cliente ou parecer poderoso quando estiverem buscando uma promoção, exponham suas partes íntimas (não literalmente!) e coloquem as mãos atrás das costas.

4. Autoarrumação [ou "ficar limpando as penas"]

Quando as pessoas sentem estresse, com frequência elas tentam sentir-se melhores tocando em si mesmas e com gestos autopacificadores, o que também é chamado autoarrumação [ou "ficar limpando as penas"]. Uma das minhas maiores implicâncias e um dos mais comuns gestos em que as pessoas ficam tocando em si mesmas ocorre quando as pessoas estão em pé com braços de T-Rex, braços curvados nos cotovelos e enfiados junto às laterais do corpo, quando estão abordando um grupo de pessoas, sejam cinco ou 5 mil pessoas. Elas ainda tentam "conversar" com as mãos, porém, como seus cotovelos estão grudados nas laterais do corpo, suas mãos movem-se pelos arredores como se elas fossem um tiranossauro rex. Quando ficamos em pé com os cotovelos grudados nas laterais do corpo desse jeito, passamos a mensagem (para os outros e para nós mesmos) de que nos sentimos inseguros ou incertos em relação a nós mesmos. Mesmo se estivermos tentando exalar confiança por outros meios, como abaixar nosso tom de voz, manter uma postura ampla e erguer o queixo, se usarmos os braços de T-Rex, nós negamos todos os nossos outros esforços. Quando estamos relaxados, confiantes e confortáveis, ficamos parados com nossos braços pendendo nas laterais de nossos corpos, nos nossos quadris, ou com as mãos enganchadas nos bolsos, como James Dean. Na foto a seguir, Kelly está com os braços enfiados bem junto às laterais de seu corpo. Ele parece inseguro de si, não confiante.

Braços de T-Rex.

Palestrantes profissionais e convidados do *TED Talks*, professores e todas as demais pessoas: se você estiver em um palco, em um pódio ou na frente da sala da diretoria, coloque os braços para baixo! Deixe-os relaxados nas laterais de seu corpo. É perfeitamente aceitável falar com as mãos e ficar animado — na verdade, encorajo isso —, mas não fique em pé com aqueles inúteis braços de T-Rex; você parecerá um tolo. Uma vez testemunhei um oficial da Marinha em um uniforme distinto verde oliva, parado na frente de uma classe para dar uma apresentação. Ele ficava tirando os pelos imaginários dos bolsos da frente de seu uniforme o tempo todo. Quando eu o abordei depois e mencionei os "pelos", ele não fazia a mínima ideia de que estava fazendo isso. Ele estava se arrumando para, subconscientemente, acalmar-se e acalmar seus nervos.

5. Recuar

As pessoas costumam me pedir para observá-las quando falam em público de modo que eu possa treiná-las para que sejam apresentadores melhores. Quando elas perdem a linha de pensamento ou ficam desconcertadas, com frequência elas dão um passo para trás. Quando nos sentimos incertos, queremos criar uma distância entre nós e aquilo em relação a que nos sentimos incertos. Se você estiver em uma conversa com alguém — digamos, em uma entrevista ou durante um encontro — e a pessoa com quem você estiver conversando der um passo para trás, ele acabou de colocar mais espaço entre vocês. Pode ser que ele não esteja interessado em você, ou pode ser que se sinta ofendido por algum motivo, ou está simplesmente inseguro de si mesmo. Se ele estiver mentindo, ele pode estar dando um passo para trás de modo a criar uma distância física e moral entre ele mesmo e a mentira. Só se lembre das palavras mágicas: conjuntos de *tells*.

6. Mexer o corpo

O lema da minha empresa é "Mova o corpo, mude sua mente; leia o corpo, influencie as pessoas". Mentirosos sabem disso, e isso fará com que eles movam seus corpos para mudar suas mentes — querendo dizer que eles mudarão suas posturas, que vão se sentar, levantar, cruzar as pernas ou sair de uma cadeira para desestressarem. Eu chamo isso de mexer o corpo.

Havia uma série da HBO chamada *Autópsia: Postmortem com Dr. Michael Baden*. O Dr. Baden é um médico renomado no mundo todo e um patologista forense certificado pela junta. A décima temporada de *Autópsia* apresentou dois casos, um dos quais se chamava "A dama no lago". Uma telespectadora chamada Darlene havia escrito ao Dr. Baden via o recurso interativo "Pergunte ao Dr. Baden" no site da HBO, querendo saber o que realmente havia acontecido com sua tia-avó, cujo corpo fora encontrado em um carro submerso em um lago, anos depois de seu desaparecimento. O Dr. Baden concordou em aceitar o caso e, no fim, se tornou esse episódio do programa de TV (que, a propósito, não consigo encontrar em lugar nenhum, nem online nem na HBO). Esse episódio continha um dos melhores treinamentos em linguagem corporal que já vi na vida, mas, por causa das sensibilidades, que eu partilharei em breve, acho que ele foi retirado da rede e arquivado eternamente. Baden examinou os restos mortais do esqueleto encontrado no carro para determinar a causa da morte. Os produtores rastrearam o homem que era casado com a tia de Darlene na época em que ela desaparecera anos atrás. Tanto Darlene quanto Daryl, o filho da falecida, foram entrevistados no programa; nenhum dos dois confiava nem gostava do cara com quem a mãe de Daryl havia se casado (vou chamá-lo de Steve porque não consigo me lembrar do verdadeiro nome dele). Um dia, quando Daryl era muito jovem, um pré-adolescente, ele voltou da escola para o hotel de beira de estrada de propriedade de sua mãe e onde ele morava com ela e com Steve e descobriu que sua mãe não estava lá. Steve disse a Daryl que ela havia caído fora, e então ele deixou Daryl no hotel, e ele e Daryl nunca mais se viram de novo. A HBO encontrou Steve vivendo na Flórida e perguntou-lhe se ele concordaria em ser entrevistado por eles (mas, na verdade, ele seria entrevistado mesmo por oficiais de polícia disfarçados, e não pela HBO) sobre a morte da mãe de Daryl em troca de um pagamento em dinheiro, com o que Steve concordou.

Durante a entrevista que foi gravada, os policiais mudaram sua linha de questionamento, tornando-se levemente acusadores. Steve notou isso, ficou visivelmente nervoso, e pediu para que a entrevista fosse terminada antes da hora. Durante a entrevista, Steve exibiu uma miríade de *tells* indicadores de mentiras, tanto verbais como não verbais — tantos, para falar a verdade, que eu e meus colegas de trabalho usamos a entrevista dele como um vídeo de treinamento para detectar mentiras. Steve estava piscando descontroladamente e engolindo em seco; ele estava, literalmente, secando por causa da ansiedade. Em determinado momento, ele ficou tão visivelmente desconfortável que, de fato, levantou-se de sua cadeira (um movimento corporal) e virou-se para procurar por onde fugir, quando a porta da saída estava atrás dele!

Ele estava em um pleno modo de lutar ou correr. Ele também exibiu diversos *tells* verbais indicadores de mentiras, como técnicas de enrolação (respondendo a uma pergunta com outra pergunta, usando pausas e palavras para encher linguiça, e assim por diante). Da última vez que li algo a respeito, ele ainda estava morando na Flórida. Esse cara era um típico mentiroso, e qualquer um que seja treinado em detecção de mentiras concordaria comigo.

7. O efeito Pinóquio

Eu me pergunto se quando Carlo Collodi escreveu *As aventuras de Pinóquio*, em 1883, ele tinha conhecimento do efeito Pinóquio. Ele criou esse personagem fictício que era feito de madeira, mas que ansiava por ser um menino de verdade, e cujo nariz de madeira crescia toda vez que ele mentia. Você sabia que quando ficamos estressados ou quando mentimos (presumindo que sejamos mentirosos do dia a dia e não mentirosos poderosos), nossos narizes de fato crescem? Feliz ou infelizmente, não dá para ver isso a olho nu. Quando alguém está estressado, o tecido em seu nariz fica aumentado com sangue, fazendo-o ficar só um pouquinho inchado e fazendo com que coce. Então, quando você vir pessoas nervosas passando a mão no nariz, é porque ele está coçando e, sim, crescendo como o do Pinóquio. Durante o testemunho de Bill Clinton perante o grande júri relacionado a seu caso, que ele negava, com Monica Lewinsky, ele passou a mão no nariz diversas vezes e até mesmo escondeu o nariz em suas mãos. Coçar o nariz é um indicador quase certeiro de estresse. Se for também um indício de mentira, ficará mais aparente quando se adicionar o próximo lote de armamentos em seu arsenal de detecção de mentiras.

10

E, DE EXTRAIA A VERDADE:
TELLS VERBAIS

MINHA SOBRINHA DE DEZ ANOS DE IDADE, CHRISTINE, ME DISSE: "Tia Lena! Você não vai acreditar nisso, mas, hum, eu consigo prender a respiração por cinco minutos!". Eu respondi: "É mesmo?". Ela deu risadinhas e disse: "Bem, quase! Venha me ver fazer isso e conte!". Bem, eu sei que ela não consegue prender a respiração por cinco minutos; se ela fosse capaz de fazer isso, ela estaria no *Guinness World Records — Mundo dos Recordes*, mas, se ela houvesse dito "Tia Lena! Você não vai acreditar nisso, mas, hum, eu consegui um A no meu boletim!", eu ainda não teria acreditado nela, por dois motivos: primeiramente, ela formulou sua declaração me dizendo indiretamente para não acreditar nela e, em segundo lugar, ela fez uma pausa e usou uma palavra desprovida de significado (hum). Essas duas pistas juntas em uma frase me dizem que o que quer que esteja saindo de sua boca em seguida será praticamente um embelezamento, na melhor das hipóteses, e uma mentira, na pior. (Bem, essa dica sobre a mitigação na frase não é absoluta; você tem que estabelecer a linha basal do modo costumeiro que a pessoa tem de falar, exatamente como estabelece a linha basal da linguagem corporal.)

No vídeo do interrogatório de Jodi Arias que mencionei no Capítulo 5, Jodi é deixada sozinha em sua sala de interrogatório, com as mãos algemadas atrás de suas costas e sentada em uma cadeira com a cabeça na mesa. Depois de aproximadamente um minuto, ela decide sentar-se no chão, curvar-se para a frente, e força sua cabeça e seus cabelos a irem para trás. Uma mulher entra ali e pede que ela se sente na cadeira. Ela volta a se sentar na cadeira e coloca a cabeça de volta na mesa. Um detetive entra para falar com ela e lê seus direitos. Em determinado momento, ela pergunta ao detetive: "Hum, essa é uma pergunta realmente trivial, e vai revelar quão superficial eu sou, mas, antes que eles me fichem, eu posso me limpar um pouco?". Você disse isso, Jodi, e não nós: você é de fato superficial por querer ficar com uma boa aparência antes que eles a fichem por matar brutalmente seu namorado. Se desmontarmos essa frase, você verá três "pontos quentes" ou *tells* verbais aí: em primeiro lugar, ela usa uma palavra para encher linguiça, que é essencialmente uma pausa falada para dar à mente tempo para pensar no que dizer em seguida; em segundo lugar, ela usa a palavra "realmente", que às vezes é usada pelas pessoas para enfatizar sua percebida veracidade e reforçar sua mentira; ela usa a palavra "mas", que é comumente usada para fazer uma declaração evasiva. Provavelmente ela sabe que pedir isso fará com que ela fique mal na história, então ela usa a palavra "realmente" para minimizar a natureza trivial e superficial do pedido (querer estar com uma boa aparência). Quando as pessoas usam a palavra "mas", geralmente têm o propósito de minimizar, aliviar ou enfraquecer o valor ou o significado do que está prestes a ser dito. Jodi está tentando enfraquecer ou minimizar a plena importância de estar preocupada com a ideia de limpar-se. Ela também faz isso soando calma e sincera, na esperança de que o detetive vá focar nisso em vez de focar no fato de que ela está sendo fichada pelo assassinato do ex-namorado. Falarei mais sobre "cerceamentos" mais adiante.

Este capítulo tem como foco *tells* verbais indicadores de mentiras (tanto falados quanto escritos). Vamos dissecar sentenças para ver o que as palavras realmente significam no contexto. Palavras são importantes! As pessoas optam por usar palavras específicas, tanto consciente quanto inconscientemente, por um motivo. Nós conduziremos uma *análise de declaração*, um termo cunhado por Mark McClish, um marechal-adjunto aposentado dos Estados Unidos com 26 anos de experiência na manutenção da ordem pública. Ele desenvolveu este método para determinar se uma pessoa está mentindo ou dizendo a verdade por meio da análise da linguagem dessa pessoa.

Também vou lhe ensinar quatro passos que sigo para extrair a verdade de pessoas enganadoras. Você aprenderá como ouvir com atenção e formar a *cronologia* dos eventos de uma história de modo que você possa preencher as lacunas das informações que faltam (geralmente tiradas da história por mentira ou omissão). Eu lhe ensinarei dez *tells* verbais indicadores de mentiras comuns (desvios na linguagem verbal). Você aprenderá como fazer com que as pessoas se sintam bem em relação a elas mesmas ao impulsionar seu orgulho e seu ego. E você aprenderá como usar técnicas de questionamento para extrair a verdade *ao mesmo tempo que mantém o rapport*. Esse é o "xis" da questão deste livro, porque eu não apenas quero que você seja capaz de livrar-se das mentiras em sua vida, como quero que você também tenha conhecimento da verdade. Porque você a merece. Pode ser que você se pergunte por que chamo isso de "extrair" a verdade (que parece muito como extrair um dente). Há um motivo para tal. Você se lembra do jogo Operação, em que você tem aqueles alicates de metal para extrair itens bobos de um paciente do sexo masculino? Se você não extraísse com cuidado a borboleta do estômago dele, ou o osso engraçado de seu cotovelo, seus alicates tocariam nas laterais de metal e um som alto de buzina seria disparado, enquanto o nariz vermelho dele se acendia. Quando você está extraindo a verdade de alguém, você tem de ser tão cuidadoso quanto nesse exemplo do jogo. Você não vai querer alertar a pessoa em relação ao que está tentando fazer. Se você estiver interrogando ou entrevistando alguém que estiver fazendo o seu melhor para resistir às suas técnicas de prender-se a uma história de fachada, a extração da verdade torna-se uma conversa habilidosa em que você precisa esconder suas verdadeiras intenções e seus verdadeiros objetivos enquanto está tentando fazer com que essa pessoa confesse a verdade. Você pode conseguir isso fazendo perguntas cuidadosamente, usando técnicas de elicitação e controlando a conversa. Trata-se de certificar-se de que você não faça com que o "alarme" da pessoa dispare (dando uma pista a ela sobre o que você está fazendo), ao fazê-la se sentir desconfortável, culpada, nervosa ou preocupada quanto ao que acabou de lhe contar ou ao que você está perguntando. Se você fizer perguntas ruins ou as perguntas erradas, você não obterá as informações que deseja.

    Usar técnicas de questionamento ruins somente deixará vocês dois frustrados. Se ambos estiverem frustrados e emotivos, você muito provavelmente perderá o rapport com aquela pessoa. E, se você perder o rapport com ela, pode ser que nunca chegue até a verdade. Ele pode até mesmo encerrar a conversa por completo. Se isso acontecer, meu conselho é que você consiga que alguma outra pessoa o questione, se isso for possível. Nesse ponto, você provavelmente terá perdido sua credibilidade, então não importa o quão sincero e convincente você tentar ser para trazê-lo de volta para seu círculo, provavelmente você não será bem-sucedido.

Quando eu era interrogadora, sentia que o questionamento requeria mais habilidade e tato do que qualquer outro passo no processo do interrogatório. Criar rapport era fácil, usar nossas técnicas de abordagem era fácil, mas fazer as perguntas do jeito certo, explorar tópicos plenamente e controlar conversas, tudo isso enquanto se tentava manter o rapport e entremear várias abordagens, isso era difícil. Vou ensinar habilidades de questionamento que, se usadas do jeito correto, nunca o deixarão na mão.

Eis aqui meus quatro passos para a extração da verdade:
1. Estabeleça a cronologia dos eventos.
2. Ouça para ver se nota pontos quentes verbais.
3. Use "elevação de orgulho e de ego".
4. Faça boas perguntas.

PASSO 1: ESTABELEÇA A CRONOLOGIA DOS EVENTOS

Um modo certeiro de obter informações detalhadas, sem deixar pedra sobre pedra e nenhum tópico inexplorado é usar uma técnica que chamo de *estabelecimento da cronologia* (linha do tempo) dos eventos, o que é uma maneira supereficaz de pegar alguém em uma mentira — tão eficaz, na verdade, que eu usava essa técnica em todos os meus interrogatórios para coletar os detalhes de uma história que meus detentos *queriam* contar, segundo uma linha do tempo. Eu coloquei a palavra *queriam* em itálico porque a maioria dos detentos queria mentir para mim; eles queriam me contar uma história fabricada — nós as chamamos de "histórias de fachada" — sobre por que eles estavam no Afeganistão; era a história segura deles. Eles sabiam como criar uma história com o número suficiente de detalhes para que soassem verdadeiras, mas não com detalhes demais a ponto de eles não conseguirem se lembrar de nenhum deles. As histórias deles continham pequenas partes de informações verdadeiras que eles estavam dispostos e prontos a partilhar, mescladas com sua história de fachada de modo geral.

Eles tinham que tomar cuidado em relação a quantos detalhes inventavam, porque, quanto mais eles inventavam, de mais coisas eles teriam que se lembrar, e lembrar-se de detalhes que não são verdadeiros é algo realmente difícil de se fazer; na verdade, na maior parte do tempo, isso é praticamente impossível. As histórias deles eram vagas por esse mesmo motivo. Gosto de dizer que os detalhes são a morte de uma mentira, porque, se você falhar em dar qualquer detalhe, isso é um indicativo de que você está mentindo e não quer ter que se lembrar de detalhes falsos. Inversamente, se você de fato me der detalhes, mas eles forem mentiras, vou pegá-lo tropeçando naqueles detalhes inventados quando o questionar posteriormente. Então, de uma forma ou de outra, a exposição e a exploração dos detalhes revelará sua mentira.

Você sabia que os mentirosos não conseguem se lembrar de uma mentira de trás para a frente? Estabelecer a cronologia das histórias dos detentos me permitia ver essas histórias em reverso, algo que eles não tinham previsto e para o que não haviam praticado. Então, quando eu pedia que alguém me contasse novamente por que tinha ido ao Afeganistão, dessa vez eu fazia com que eles começassem do momento em que chegaram à GTMO, voltando para a época do primeiríssimo evento que deu início à sua história original. Simplesmente todos que me contaram uma história de fachada, uma história inventada (e isso era a maior parte deles), confundiam os detalhes de suas histórias, deixavam informações de fora ou acrescentavam mais fatos. Nada batia com minhas anotações da versão original. Lembre-se disso na próxima vez em que alguém lhe contar uma história que pareça ser mentira; peça que a pessoa conte a história novamente, mas ao contrário. Se ela não conseguir, provavelmente a história não era verdade para começo de conversa. Eu digo provavelmente porque, se você for como eu e não consegue se lembrar de datas e horários (seja para a frente ou para trás), você nunca será capaz de fazer isso, nem mesmo se estiver dizendo a verdade! Se você decidir usar essa técnica, é melhor que seja um bom ouvinte, pois se você não consegue reter os detalhes para questionar a pessoa posteriormente, você já terá falhado.

Enquanto ouvia e tomava notas, meu objetivo era chegar a todo e qualquer mínimo detalhe, de modo que eu pudesse encontrar todos os pontos quentes verbais. Estabelecer a linha do tempo me ajudava a coletar todos os detalhes de que eu precisava para destruir uma história de fachada. Sendo interrogador, você tem uma centena de coisas na mente de uma só vez, desde repassar técnicas de abordagem, criar rapport, trabalhar com um intérprete, trabalhar em equipe com oficiais de agências de preservação da ordem pública, o uso de equipamentos especializados, fazer anotações abundantes enquanto está ouvindo atentamente cada palavra proferida, e observando assiduamente todos os gestos feitos. Você está fazendo dez coisas ao mesmo tempo, e isso é exaustivo. Então, para que eu me certifique de que não perderei nenhum detalhe de uma história, eu estabelecia a linha do tempo, de modo que eu poderia destrinchá-la no meu próprio ritmo.

Fazer isso também ajudava na criação de rapport. Eu nunca começava em um tom acusatório, pois os detentos jamais iriam querer conversar comigo se eu fizesse isso. Então, eu era superlegal e respeitosa e ouvia as histórias deles, mesmo que fosse uma daquelas ridículas histórias de fachada da vez, as quais circulavam em meio à população dos detentos. Um detento bolava a história de fachada perfeita sobre o motivo pelo qual ele foi para o Afeganistão, então compartilhava essa história com os demais detentos, achando que todos eles poderiam usá-la. Nós tínhamos cinquenta detentos dizendo que todos eles tinham ido para o Afeganistão para encontrarem uma noiva. Como eles não viam quão absurdo era aquilo? Eu dizia: "Que adorável! Você encontrou uma noiva?". Nenhum deles jamais disse que tinha encontrado uma ou respondeu: "Não, mas eu encontrei o Talibã!". Eu dedicava tempo e calma para ouvir as histórias de fachada que contavam, de modo que eu pudesse criar rapport com eles e, no fim das contas, chegar às verdadeiras histórias.

A importância do tempo verbal

Quando mentirosos criam uma história que não é verídica, eles estão criando essa história no tempo presente, porque ela nunca aconteceu. Portanto, não são informações lembradas. Um ponto quente verbal a se buscar são mudanças abruptas no uso do tempo verbal. Mentirosos têm bastante dificuldade para se lembrar dos detalhes de uma mentira, então, quando eles estão no ato de tecer a história, com frequência misturam os tempos verbais. Eles tentam contar a mentira no tempo passado, como algo que já aconteceu, mas como aquilo nunca aconteceu, é comum notar o tempo presente aparecendo no relato.

Visualizar uma história como uma série de eventos em ordem cronológica permitirá que você perceba as lacunas na linha do tempo (quer dizer, as lacunas na história do mentiroso). Uma vez que você identifique pedaços de tempo e informações faltando, você poderá usar técnicas eficazes de questionamento para sondar o sujeito em busca dessas informações. Assim que tiver preenchido completamente os espaços na linha do tempo, você poderá explorar plenamente cada evento em relação aos seus detalhes. É nesse ponto em que você encontrará as mentiras. Depois de fazer um questionamento amplo ao sujeito sobre toda a cronologia, você pode pedir que ele lhe conte a história em reverso, uma técnica comprovada para pegar um mentiroso. Por quê? Porque mentirosos não conseguem se lembrar de uma mentira de trás para a frente. Por quê? Porque eles inventaram a história no tempo presente, em ordem cronológica, eles nunca chegaram a pensar em como a mentira teria acontecido em reverso. Pode ser que eles se lembrem de certos eventos essenciais, mas eles estarão fora de ordem; então eles se esquecerão dos detalhes e ficarão frustrados e confusos e na defensiva. Uma vez que um mentiroso começa a perder o controle emocional, você pode começar a trabalhar com sua vontade de resistir a dizer a verdade.

Vamos dar uma olhada na entrevista ao vivo de Larry King com Patsy e John Ramsey em 2000, depois que a filha do casal, Jon-Benet, foi encontrada assassinada na casa deles. Eu transcrevi a conversa, mas encorajo você a procurar no Google pela entrevista ou assistir a ela no YouTube, de modo que possa ver a linguagem corporal e as expressões faciais também.

(Larry King = LK, John Ramsey = JR, Patsy Ramsey = PR)

LK: "Vamos voltar para aquela noite. É 26 de dezembro, o dia depois do Natal, certo? Foi quando isso aconteceu."

JR: "Aham."

LK: "Você passou uma parte do dia do Natal na casa de seu amigo. Me diga uma coisa. Você trabalhava com o que em Boulder?"

JR: "Nós trabalhávamos com computadores, com distribuição de computadores. Nós vendíamos produtos de computadores para revendedores que, então, os vendiam aos usuários."

LK: "Um negócio bem-sucedido, certo?"

JR: "Era, hum, razoavelmente bem-sucedido."
LK: "Então vocês têm dois filhos?"
JR: "É." *[olha para Patsy]*
PR: "Dois filhos."
LR: "Você perdeu uma filha antes, de um casamento anterior, certo?"
JR: "Minha filha mais velha, Beth, morreu em um acidente de carro em Chicago, em 1992."
LK: "Você perdeu duas filhas."
JR: "Duas filhas. Minha mais nova e a minha mais velha."
LK: "O que aconteceu naquele dia?"
JR: "Vinte e... seis... de dezembro?"
LK: "Seis."
JR: *[suspira]* "Nós planejávamos ir para, hum, Charlevoix, que é... nós temos, hum, uma casinha de veraneio lá. Nós tínhamos... hum... nós íamos nos encontrar com nossos filhos, hum, hum, para o primeiro Natal em família, todos juntos, no Michigan. Nós deveríamos sair cedo naquela manhã, hum... hum, ir de avião para o Michigan."
[Observação da autora: Note todas as palavras de enrolação e o suspiro, sinais de estresse e de tentativa de pensar no que dizer em seguida.]
LK: "Na manhã depois do Natal."
JR: "Na manhã depois do Natal."
LK: "O que aconteceu naquela noite? Qual é a primeira coisa de que você se lembra, Patsy?"
PR: "A primeira coisa de que me lembro é... acordar, me vestir às pressas, descer as escadas e, hum, juntar umas coisinhas para colocá-las na mala para levar no avião."
LK: "Isso foi cerca de que horas?"
PR: "De manhã cedo, ainda está escuro."
LK: *[para John Ramsey]* "Você estava acordado?"
JR e PR: *[juntos]* "Aham."
LK: "Então, o que aconteceu?"
PR: "Então, eu, eu *[gagueja]* desço a escada de espiral *[fazendo um movimento de espiral com as mãos]* e... lá, num dos degraus da escada está um bilhete de pedido de resgate de três páginas."

[Observação da autora: O número três é, estranha e amplamente, usado por mentirosos. Na verdade, ele é chamado de número do mentiroso. Talvez seja porque as pessoas conseguem com mais facilidade se lembrar de pedaços de informações em grupos de três. Gaguejar também é um sinal de estresse, porém, a palavra mais significativa na declaração deles até agora é... você consegue adivinhar? É a palavra "está". Você se lembra do que eu lhe disse sobre o fato de que os mentirosos criam uma história, uma mentira, no tempo presente, e então eles contam a história no tempo presente mesmo que supostamente ela tenha ocorrido no passado? Patsy deveria ter dito "estava um bilhete de pedido de resgate de três páginas". Ela trocou do tempo verbal no passado no momento mais significativo da história, o aparecimento do bilhete de pedido de resgate. Este é um ponto quente verbal.]

LK: "E ninguém tinha entrado na casa, a porta não está aberta, você lê o bilhete..."

PR: "Eu não sei disso." *[Patsy está sorrindo.]*

LK: "O que você fez?"

PR: *[ainda sorrindo]* "Bem. Eu mal li o bilhete, sabe, e não demorou muito para entender *[pausa]* o que *[pausa]* estava acontecendo, e eu voltei correndo lá para cima e empurrei e abri a porta do quarto dela e ela não estava lá."

[Observação da autora: Por que Patsy está sorrindo? Prazer profundo, talvez?]

A história dela, que eu acredito que seja completamente inventada por causa de todos os pontos quentes que ressaltei, é contada em uma linha do tempo, mas você viu como a cronologia não está certa? Patsy diz que foi até lá embaixo para colocar algumas coisas na mala antes de encontrar o bilhete de três páginas que pedia um resgate. Da primeira vez, ela passou por ele e não o viu? Ou ela o colocou no degrau da escada pela segunda vez? Eu não sei como era a casa dela, mas se houvesse mais de uma escada, talvez ela tivesse descido por uma escadaria diferente antes. Isso é definitivamente um ponto quente que a técnica do estabelecimento da linha do tempo ajudará a esclarecer. Se eu fosse Larry King, eu teria perguntado a que horas ela fizera todas essas coisas: a que horas se levantara pela manhã, a que horas se vestiu, a que horas desceu a escada para colocar algumas coisas na mala, a que horas deparou-se com o bilhete de três páginas que pedia um resgate, a que horas ela abriu a porta do quarto da filha. Mesmo que ela desse os tempos aproximadamente, ainda se teria mais ou menos uma cronologia. Para mostrar como eu uso essa técnica em interrogatórios, eu criarei algumas respostas para um diálogo imaginado para estabelecimento de uma linha do tempo:

LS: "Patsy, a que horas você acordou na manhã do dia 26 de dezembro?"

PS: "É madrugada, antes de o sol nascer."

LS: "Por volta de que horas você se levantou?" *[Eu pergunto isso a ela de novo porque ela não respondeu a minha pergunta.]*

PS: "Cerca de 5 da manhã."

LS: "A que horas você se vestiu?"

PS: "Eu me vesti imediatamente."

LS: "A que horas você se vestiu?" *[outra pergunta repetida]*

PS: "Bem, eu me lavei e me vesti por volta de 5h15, eu acho."

LS: "A que horas você desceu a escada para colocar algumas coisas na mala?"

PS: "Às 5h15, eu desci para colocar algumas coisas na mala."

LS: "A que horas você desceu pela escada em espiral e encontrou o bilhete com pedido de resgate de três páginas?"

Agora eu não sei o que ela teria dito em seguida. Será que ela teria tentado encobrir o fato de que ela nos disse que desceu duas vezes e não viu o bilhete da primeira vez? Ou será que ela diria que desceu por uma escada diferente da primeira vez, voltou para cima, e então desceu pela escada em espiral? Eu não sei. Mas você consegue notar como o estabelecimento de uma linha do tempo pode mostrar os buracos em uma história inventada?

A outra coisa incrível em relação ao estabelecimento de uma linha do tempo é o fato de que você pode usar os horários dados para fazer referências cruzadas e checar os fatos da história. Se a história de Patsy fosse verdadeira, esses horários não apresentariam muitas discrepâncias, ou discrepância alguma. Se essa história for uma mentira, ela não vai se lembrar dos detalhes dos horários, e vai misturá-los e confundir a ordem dos eventos. Eu o incentivo a praticar o estabelecimento de cronologias com pessoas que você acha que estão sendo enganosas, seja sua filha que diz que os cigarros que você encontrou no casaco dela não eram dela, ou seu funcionário que está lhe dizendo que não fazia a mínima ideia de como aqueles duzentos dólares em dinheiro foram roubados da caixa registradora.

Duas cautelas importantes: quando estiver estabelecendo a linha do tempo, tome muito cuidado para não soar como se você estivesse interrogando a pessoa com perguntas robóticas, porque ela ficará na defensiva e você perderá o rapport. Você precisa manter o rapport com seus sujeitos enquanto os estiver questionando para que eles queiram permanecer na conversa. Você também não quer atacá-los nem os acusar de ter feito algo errado. As pessoas confessam coisas quando se sentem confortáveis fazendo isso, quando elas têm rapport com seu questionador, quando o questionador faz com que se sintam como se estivesse tudo bem eles terem feito o que fizeram ou como se fosse algo compreensível. Discutirei essa técnica mais a fundo no terceiro passo, o uso de elevação de orgulho e de ego. Para os interrogadores, investigadores e entrevistadores que estão lendo este livro: se você já não faz isso, comece a estabelecer a linha do tempo; isso lhe poupará tempo e frustração.

PASSO 2: OUÇA COM ATENÇÃO PARA VER SE NOTA PONTOS QUENTES VERBAIS

As pessoas usam as palavras que usam por um motivo; assim, elas são tão importantes quanto a leitura da linguagem corporal em se tratando da detecção de mentiras. Eis aqui onze pontos quentes verbais (inclusive a mudança de tempo verbal) que podem indicar mentira. Escrevo "podem" porque você já conhece a minha regra de três: estabeleça a linha basal, procure conjuntos de *tells* e esteja ciente do contexto em que as informações estão sendo entregues.

1. Uso de pronome

Mentirosos tendem a evitar o uso das palavras "eu" e "meu/minha". Isso os ajuda a distanciarem-se da mentira. A maioria das pessoas é criada para ser honesta e, falando de modo geral, as pessoas não gostam de mentir. Quando elas de fato mentem, elas querem remover-se do ato desonesto. Isso também permite que os mentirosos não tenham uma resposta definitiva. Quando o congressista Anthony Weiner se pronunciou pela primeira vez a respeito da foto em sua conta no Twitter, ele recusou-se a dizer se a foto era dele ou não. Tudo que ele continuava dizendo era que sua conta tinha sido hackeada. Quando um repórter perguntou "Você pode me dizer, definitivamente, se aquela é uma fotografia sua?", Weiner respondeu: "Nós estamos tentando descobrir o... de onde aquela fotografia veio". Uns poucos pontos quentes destacam-se aí. Primeiramente, a pergunta feita a ele pedia uma resposta com sim ou não, que ele não respondeu com sim nem não. Em segundo lugar, quem é "nós"? Por que ele não poderia ter dito: "Eu estou tentando descobrir de onde ela veio."? Porque ele estava mentindo e queria remover-se da mentira. Posteriormente, ele disse ainda: "Eu disse, nós vamos tentar descobrir quem, como, o que isso... como essa brincadeira de mau gosto aconteceu, como podemos nos certificar de que isso não aconteça novamente". Mais uma vez, por que ele está usando a primeira pessoa do plural?

O fato de que ele estava gaguejando e hesitando era outro ponto quente. É claro que agora sabemos disso, é fato que ele estava mentindo. Posteriormente, quando ele enfim confessou e pediu desculpas em público, ele não estava mais se removendo nem se distanciando da situação. O "nós" tornou-se "eu": "Eu cometi erros horríveis, eu magoei as pessoas de quem mais gostava, e lamento profundamente por isso".

O uso de pronomes pode nos dizer muito sobre o fato de alguém estar sendo enganoso. Em algum momento você ouvirá a alternância no uso do pronome. Por exemplo, em novembro de 2001, a Aliança do Norte, sob o controle do general Dostum e com a ajuda de outros países, entre eles os Estados Unidos, capturou membros do Talibã e da Al-Qaeda e os manteve na Fortaleza de Qala-i-Jangi em Mazar-i-Sharif, Afeganistão, enquanto tentava, por meios pacíficos, dialogar com o comandante do Talibã. O diálogo não funcionou e o que se seguiu foi um massacre que durou três dias. Dentre centenas de membros do Talibã, da Al-Qaeda e combatentes estrangeiros, 86 sobreviveram. Um deles era John Walker Lindh, conhecido como o Talibã americano. Quando a CNN o entrevistou, ele deixou de dizer "*nós* [o Talibã] estávamos lutando por uma causa" para dizer (cerca de dez minutos depois) "foi um *deles* [do Talibã] quem jogou a granada". Sua mudança da primeira pessoa do plural, em que ele se associava ao Talibã, para a terceira pessoa do plural, onde ele se distancia deles, é um ponto quente verbal, ou desvio. Assim como com todos os outros *tells* verbais, você tem que ouvir com atenção e cuidado para captar esses tipos de mudanças e trocas de pronomes.

2. Mudanças no uso dos tempos verbais

Já ilustrei como Patsy Ramsey misturou os tempos verbais em sua linha do tempo. Lembre-se disso: quando contamos uma mentira, nós a ensaiamos no tempo presente, então nos esquecemos de contá-la no passado.

3. Negações não contraídas (em inglês)

Pessoas que "protestam alto demais" — mentirosos que são excessivamente determinados em suas negações — com frequência usam o recurso da linguagem formal. Mentirosos não gostam de usar contrações porque eles estão tentando enfatizar suas mentiras fazendo com que pareçam críveis ao desfazerem as contrações (lembre-se de que mentirosos convencem, enquanto pessoas verdadeiras conversam): *"I did not do that", "that is not true", "we would not say that"* [em vez de *"I didn't do that"* — Eu não fiz isso —, *"that* isn't *true"* — isso não é verdade — e *"we* wouldn't *say that"* — nós não diríamos isso]. Tanto Bill Clinton quanto Anthony Weiner eram famosos por suas negações não contraídas. Observe as famosas palavras de Clinton: *"I did not have sexual relations with that woman, Ms. Lewinski. I never told anybody to lie, not a single time, never."* [Eu não tive relações sexuais com aquela mulher, a srta. Lewinski. Eu nunca mandei ninguém mentir, nenhuma vez, nunca.] Voltarei a discutir essa declaração adiante, porque há, na verdade, mais dois pontos quentes nela. E Anthony Weiner: *"The answer is I did not send that... tweet."* [A resposta é que eu não enviei aquele... tweet.] Fique em estado de alerta se, em inglês, ouvir alguém usar, de repente, negações não contraídas; ele está tentando enfatizar aquilo que está dizendo por algum motivo. Isso não significa que alguém esteja sendo mentiroso, é claro, então, como sempre, use minha regra de três para ter mais certeza.

4. Não conseguir simplesmente dizer sim ou não

Anthony Weiner e Bill Clinton também tinham esse problema infeliz. A regra de ouro a ser seguida é: se você está fazendo uma pergunta a alguém cuja resposta deveria ser sim ou não, você deveria conseguir um sim ou não como resposta dentro de três tentativas. Se não conseguir, a pessoa está escondendo alguma coisa. Às vezes, você conseguirá o que eu chamo de palavras substitutas. Entre as palavras substitutas para sim estão *absolutamente, é claro, definitivamente* e *sempre*. Note que nenhuma dessas palavras é de fato um sim. Entre as palavras substitutas para não estão *é claro que não, nem sempre, certamente não* e *nunca* (sobre a qual falarei logo adiante), nenhuma das quais substitui o não. Como interrogadora, considero perguntas que pedem como resposta sim ou não ruins porque elas não elicitam uma resposta narrativa, e, portanto, não é provável que produzam novas informações. Contudo, se forem usadas da maneira correta, e incluídas no interrogatório para testarem a veracidade, elas podem ser muito úteis.

Fazer uma pergunta que exige um sim ou não como resposta é como perguntar a alguém qual é a quinta palavra do hino nacional de seu país: é uma formação de estabelecimento de linha basal fácil e rápida. Embora a palavra *nunca* seja uma palavra negativa, ela não substitui o *não*. É mais fácil para alguém ser evasivamente desonesto usando a palavra *nunca* do que é diretamente contar uma mentira dizendo *não*. Responder com *nunca* pode às vezes enganar o entrevistador. Tendo dito isso, isso não significa automaticamente que uma pessoa está sendo enganadora. Existem formas perfeitamente corretas de se usar a palavra. Por exemplo, se eu dissesse: "Eu nunca saltei em queda livre", isso seria uma declaração verdadeira. Todavia, o uso de *nunca* como substituto para *não* pode ser um indício de mentira quando está sendo usado para evitar dar um *não* direto. Lembre-se de estabelecer a linha basal. Quando estou dizendo a verdade, uso a palavra *nunca* o tempo todo; eu a uso até mesmo quando quero dizer *não*.

Vamos analisar novamente a ocasião em que Lance Armstrong apareceu na Sports News Television, em 2005, negando, sob juramento, ter usado esteroides para ganhar o Tour de France. Aqui está parte do diálogo transcrito do depoimento sob juramento de Armstrong.[1]

Entrevistador: "Só para termos certeza: não é que você não se lembre de que o incidente no quarto do hospital em Indiana tenha ocorrido; afirmativamente, ele não ocorreu."

LA: "Eu sei que não ocorreu. Como isso poderia ter acontecido quando eu nunca tomei drogas de aumento de desempenho? Veja, como aquilo poderia ter acontecido?"

Entrevistador: "Era esse o meu ponto. Você não está... não é simplesmente de que você não se lembra..."

LA: "Quantas vezes eu tenho que dizer isso?"

Entrevistador: "Eu só estou tentando me certificar de que seu testemunho seja claro."

LA: "Bem, se não tem como ficar mais claro do que isso o fato de que eu nunca usei drogas, então incidentes como aquele nunca poderiam ter acontecido."

Entrevistador: "Ok."

LA: "O quão claro está isso?"

Entrevistador: "Ok, eu acho que está claro."

Se você assistir a esse vídeo, você também verá Lance usando o gesto da "faca da mão", como se estivesse cortando o ar com a lateral de sua mão, para declarar um ponto. Você pode ouvi-lo ficando na defensiva e beligerante. Lance era o que chamamos de um severo convencedor; ele ficava agressivo, acusador e confrontador quando alguém se atrevia a questioná-lo em relação ao uso de drogas de aumento de desempenho.

5. Respondendo a uma pergunta com outra pergunta

Se você perguntar a alguém: "Onde você estava ontem à noite?" e a pessoa responder com outra pergunta, por exemplo: "Por que você quer saber onde eu estava na noite passada?", isso é quase sempre um indício de mentira. Se a

---

[1] Você também pode ver o depoimento inteiro no YouTube: www.youtube.com/watch?v=klz86uQMrVg.

pessoa não tivesse nada a esconder, ela teria simplesmente respondido à sua pergunta. Pessoas que não têm nada a esconder, não escondem! Não é uma questão de ela ter ou não ouvido a sua pergunta, visto que ela fez uma outra pergunta em resposta. Essa é simplesmente uma técnica de enrolação para ganhar tempo de modo a pensar no que dizer. O único outro motivo para se responder a uma pergunta com outra seria se a pessoa a quem a pergunta está sendo feita sentisse que a pessoa que fez a pergunta não acredita nela, e isso é mais significativo para elas do que responder à pergunta. Então, se você fizer à sua cara metade uma pergunta incisiva e essa pessoa responder com uma pergunta, ela pode simplesmente estar chateada que você tenha duvidado dela o bastante a ponto de fazer a pergunta, e quer descobrir o motivo disso antes de responder. Com muita frequência, todavia, isso é usado como uma técnica de enrolação.

6. Repetindo a pergunta

Esse é um subconjunto do ponto quente anterior. A menos que você esteja conversando com alguém que não fala a sua língua e esteja tentando ter certeza se ele entende a pergunta, ele está enrolando e ganhando um pouco de tempo para lhe responder. Isso não necessariamente significa que ele está prestes a mentir, mas de fato quer dizer que ele sentiu que precisava daquele segundo extra para pensar em como responder. Eu mesma conheço pessoas que fazem isso o tempo todo como sua linha basal; meu pai é uma dessas pessoas. Seja porque ele realmente não consegue me ouvir (sua audição não é tão afiada quanto costumava ser) ou porque ele simplesmente não está prestando atenção (porque está mais interessado em suas séries britânicas de comédia na TV), sempre que faço uma pergunta a ele, com frequência ele repete a pergunta de volta para mim. Assim, certifique-se de estabelecer a linha basal.

7. Palavras de enrolação

Palavras como hum, uh e ah são palavras de enrolação ou palavras para se ganhar tempo, usadas para dar tempo à mente para pensar no que dizer em seguida. Gosto de chamá-las de palavrinhas de estimação, porque, quando estão nervosas, as pessoas tendem a usar suas palavras de enrolação prediletas repetidas vezes, especialmente quando estão falando em público. Elas usam estas palavras como pacificadores, mas exatamente como os gestos corporais pacificadores, elas somente fazem com que eles pareçam mais nervosos, inseguros e enganadores. Se você já percebeu ou já lhe disseram que você usa palavras de enrolação quando fala, corte esse hábito agora. Comece a praticar seus discursos no carro, no chuveiro, sempre que estiver sozinho, e comece a, conscientemente, evitá-las. Só a prática fará com que você fique mais confiante; logo, você não as estará usando. Vamos analisar novamente o diálogo transcrito entre os Ramseys e Larry King para vermos as técnicas de enrolação em ação e ouvir o quanto elas fazem com que as pessoas pareçam inseguras de si ao usarem-nas:

LK: "Ok, a polícia está lá, os amigos chegam. O que aconteceu com o Burke? Ele continua dormindo? Ou vocês o acordam e o mandam para alguém lugar? O que acontece com o Burke?"

JR: "O Burke, hum, ele estava dormindo, hum... *[pausa/gagueja]* Nós, hum, o acordamos, hum, não me lembro a que hora, mas nós *[pausa]* fizemos com que ele fosse para a casa de um amigo. Hum, eu disse a ele que sua irmã estava desaparecida, hum."

LK: "Disseram a verdade a ele."

JR: "Dissemos a verdade a ele. Nós não fizemos... *[pausa, então balança a cabeça enquanto dá de ombros]* não tentamos fazer com que *[pausa]* isso fosse mais leve para ele quanto poderíamos ter feito, mas ele chorou imediatamente, então ele soube que algo estava seriamente errado, hum, e ele foi para a casa de um amigo."

O tempo total dessa parte da conversa foi de 43 segundos. John Ramsey usa "hum" sete vezes em 43 segundos, e ele gagueja ou faz pausas extensivas quatro vezes. Por que ele está se esforçando para se concentrar tanto no que dizer? Na minha opinião, parece que ele estava tentando se lembrar de uma mentira inventada do que ele e sua esposa disseram que aconteceu naquele dia, enquanto talvez estivesse vendo em sua mente o que realmente havia acontecido. Mas essa é apenas a minha opinião. Certamente que nenhum dos dois foi condenado por nenhum crime, e até mesmo suspeitos são considerados inocentes até que provem o contrário.

8. Cercando declarações

Cercar uma declaração — fazer um prefácio para uma declaração com uma outra declaração de modo a ser enganoso — não é um recurso usado para demonstrar cautela, mas, sim, uma estratégia que cria, intencionalmente, algo vago que obscurece os fatos e os detalhes em uma outra declaração. Isso alivia o que está prestes a vir em seguida. Tais declarações soam polidas e modestas, de modo que a guarda do ouvinte fica baixa, junto com sua ciência. Tais declarações podem ser usadas como cortinas de fumaças que ocultam ou tiram o foco do que vem depois, que geralmente são as informações que importam, e é geralmente onde a mentira está embutida. Mentirosos amam cercar suas declarações porque isso permite que eles evitem a responsabilidade e permite que evadam a verdade. É similar à forma como um ilusionista consegue fazer com que o público foque em uma coisa e não consiga ver o meio ou o método da ilusão. Mentirosos querem desesperadamente que você foque na declaração cercada, então, quando você ouvir uma delas, isso será um sinal para que você preste atenção ao que vier *depois* dela.

Quero falar brevemente sobre a experiência de ter uma cortina de fumaça colocada na nossa frente. No mundo dos interrogatórios, chamamos isso de "ser levado pela toca do coelho abaixo". Quando meus detentos queriam me levar pela toca do coelho abaixo — quer dizer, tirar meu foco de tópicos pertinentes e me fazer me focar em um tópico não pertinente —, eles eram muito legais e cooperativos e queriam conversar tempestivamente, mas apenas sobre o que eles queriam conversar. Eles achavam que sendo cooperativos e amigáveis, seriam capazes de esconder o fato de que estavam falando sobre nada importante, nada que tivesse nenhum valor em termos de informações de inteligência. Eles me contavam histórias elaboradas que, nas palavras de Shakespeare, eram "muito barulho por nada".

Alguns interrogadores juniores deixavam que os detentos falassem sem parar por horas, por medo de perderem o rapport e que eles se fechassem se parassem com a história da cortina de fumaça. Eu tirava o interrogador da sala e dava a ele um discurso motivacional para que voltasse à cabine e colocasse um fim naquela coisa sem sentido. O detento não estava fazendo nada além de desperdiçar o tempo do interrogador até que lhe fosse permitido voltar à sua cela. Nós não tínhamos o luxo do tempo, especialmente quando precisávamos levar informações para os soldados no campo de batalha e para as pessoas nas agências. Não se permita ser levado pela toca do coelho abaixo. As pessoas tentarão desesperadamente levá-lo para lá se estiverem tentando ocultar informações.

Você já tentou confrontar sua cara metade sobre o motivo pelo qual ele voltou tão tarde para casa, apenas para que ele saísse pela tangente com algo que nada tinha a ver com o motivo pelo qual chegou tarde em casa ou com o lugar em que esteve? Ou pior, que ele virasse o rumo da conversa para cima de você, dizendo como ele estava magoado porque você não confiava nele? Alguma vez você confrontou sua filha sobre o boletim ruim que ela recebeu, apenas para ouvi-la reclamar como o professor implica com ela e sobre o quão malvado ele é com ela?

Se isso já aconteceu, então colocaram uma cortina de fumaça na sua frente. As pessoas criarão uma cortina de fumaça, exatamente como o gigantesco sopro de fumaça que aparece para esconder aquilo que o mágico realmente está fazendo, de modo a induzi-lo a ir para longe do assunto que eles querem evitar. Quem quer dizer algo como: "Querido, eu comprei esse lindíssimo novo casaco de inverno. Custou caríssimo, mil dólares, mas eu tinha que ter esse casaco!". Nenhum de nós, certo? Então, em vez disso, podemos dizer: "Querido, finalmente encontrei um casaco de inverno... sabe como eu vinha procurando por um como esse há eras? Poderei usá-lo na festa de Natal da sua firma agora! Eu não tinha um bom casaco de inverno que pudesse usar quando tenho que me arrumar, e quero ficar com uma boa aparência para você. Estava até mesmo em oferta!". Isso é um monte de informação irrelevante, só para dizer ao seu marido que você comprou um novo casaco. Aquele frufru extra sobre a festa de Natal e ficar bem para ele significa que você está tentando colocar uma cortina de fumaça na frente dele ao fazer com que ele se sinta bem e feliz por você, e impedir que ele volte e pergunte:

"Quanto custou o casaco?", forçando-a assim a admitir que você gastou uma significativa quantia em dinheiro nele. Tenho absoluta certeza de que já fiz isso, mas com sapatos, por exemplo.

Vou usar outra transcrição da entrevista de Jodi Arias, de modo que você possa ver a cortina de fumaça dela enquanto ela conta a história sobre como Travis foi assassinado, uma história que posteriormente se provou ser mentira. O vídeo é simplesmente repleto de suculentos *tells* indicadores de mentiras! Jodi está no meio de seu relato da história (leia-se: mentira) sobre o que aconteceu no dia em que seu ex-namorado, Travis Alexander, foi brutalmente assassinado:

JA: "Nós acordamos por volta da uma, hum, sim, por volta da uma da tarde. Quando acordamos, fizemos sexo duas vezes, uma vez na cama dele e uma vez no escritório dele lá embaixo."

[Comentário: "E então, exatamente como nos velhos tempos, a câmera."]

JA: "Decidimos fazer outra sessão de fotos, hum, em que só íamos colocá-lo no chuveiro, mas essas eram fotos da cintura para cima, sabe, fotos de bom gosto."

Entrevistador: "Ele estava no chuveiro?"

JA: "Ele estava no chuveiro. Hum, o chuveiro estava ligado, e parecia realmente legal por causa da forma como a água estava congelada na imagem."

[Observação da autora: Nesta última declaração, a frequência do discurso dela fica mais rápida. Ela está criando uma cortina de fumaça para o entrevistador ao focar em como a água estava de um jeito legal, congelada no tempo, em sua fotografia. Ela está tirando o foco do fato de que Travis foi encontrado esfaqueado 27 vezes e colocando o foco na água do chuveiro que parecia "legal" na foto dela. Ela está pintando uma imagem que ela quer que o entrevistador tenha em mente deles sendo românticos, flertadores, felizes e artísticos, em vez da imagem dela esfaqueando e atirando em Travis com uma enlouquecida raiva de ciúmes e deixando seu corpo morto jogado no chuveiro. Uma cortina de fumaça que nos diz: "Não foque nisso, foque nisso."]

A síndrome de cercar as frases com "mas"

Já falei sobre como Jodi Arias usou a palavra "mas" quando ela disse: "Hum, essa é uma pergunta realmente trivial, e vai revelar o quão superficial eu sou, mas, antes que eles me fichem, eu posso me limpar um pouco?" para minimizar a significância de que ela estava preocupada em se limpar antes de ser fichada por assassinato. Você já ouviu alguém começar a lhe contar uma história dizendo "Sei que isso parece uma loucura, mas..." ou "Você não vai acreditar nisso, mas..."? Tenho certeza que sim. A história parecia louca e inacreditável? Provavelmente, sim. Essa pessoa poderia estar lhe dizendo, subconscientemente, que a história de fato era louca e que você não deveria acreditar nela! Pergunte-se por que alguém precisaria lhe dizer que você não vai acreditar no que eles estão prestes a lhe dizer. Lembre-se de que a maioria das pessoas não gosta de mentir, então, talvez essa seja uma forma dessa pessoa lhe dizer que ela ia mentir para você, ou pelo menos ser desonesta de alguma forma. Em outras palavras, era uma forma indireta e não clara de ser... honesto! Algumas pessoas usam essas duas formas de cercar uma declaração em particular o tempo todo quando vão contar uma história, de modo que isso pode ser seu comportamento normal, mas, se suas histórias são sempre embelezadas, então provavelmente isso é um *tell* indicador de mentira. Contudo, lembre-se de que você sempre deve estabelecer a linha basal das pessoas antes de dizer que se trata de um *tell* indicador de mentiras.

A cerca do juramento

"Juro por Deus que estou falando a verdade", "Deus é testemunha", "Juro pela minha mãe mortinha". Esses são juramentos que as pessoas usam quando querem ser levadas a sério. Tanto pessoas verdadeiras como enganadoras os usam, então se certifique de estabelecer a linha basal delas. Indivíduos enganadores tentarão dar aos entrevistadores o mínimo de informações úteis quanto for possível, enquanto fazem o melhor que podem para convencer os entrevistadores de que o que dizem é verdade. Com frequência, eles usam leves juramentos para tentar fazer com que suas declarações soem mais convincentes. Pessoas enganadoras mais provavelmente do que pessoas verdadeiras polvilham suas declarações com expressões como "eu juro", "pela minha honra" e "dou a minha palavra, juro!". Esse ponto quente verbal cai na categoria do "convença, não conte". Lembre-se disso: mentirosos querem nos convencer da mentira, ao passo que as pessoas verdadeiras contam suas histórias verídicas. Mentirosos realmente sentem a necessidade de convencer qualquer um de qualquer coisa suportando suas declarações com juramentos vazios, porque elas ficam mais confiantes de que os fatos provarão a veracidade de suas declarações.

"Na verdade"

Eu amo essa locução, porque, como um dar de ombros, significa incerteza em cem por cento das vezes. Essa locução significa que existe outro pensamento na totalidade das vezes. Se você me disser "Na verdade, sou um conselheiro financeiro", meu primeiro instinto é de me perguntar *O que mais você faz?* Se você fosse um conselheiro financeiro, você teria dito exatamente isso: "Sou um conselheiro financeiro", mas o fato de que você sentiu a necessidade de cercar a declaração com "na verdade" me diz uma de várias coisas: ou você acabou de se tornar um e era alguma outra coisa; você quer se tornar um conselheiro financeiro, mas ainda não é um (talvez ainda esteja na faculdade); você era um, mas agora passou a fazer outra coisa; ou você é alguma outra coisa e decidiu simplesmente me dizer que é um conselheiro financeiro. Mesmo que essa locução, "na verdade", sempre signifique que existe outro pensamento ou outra ideia ou outro fato, isso nem sempre significa que se trata de uma mentira.

9. Linguagem de distanciamento

Vamos dar uma olhada nas famosas palavras de Clinton: *"I did not have sexual relations with that woman, Ms. Lewinski. I never told anybody to lie, not a single time, never."* ["Eu não tive relações sexuais com aquela mulher, a srta.

Lewinski. Eu nunca mandei ninguém mentir, nenhuma vez, nunca."] Essa declaração está repleta de mentiras verbais, mas aposto que ele achou que estava fazendo com que ele mesmo parecesse bem confiante e estável na época. Dá para ver que ele usou uma negação não contraída (*"did not"*), que ele usou a palavra "nunca" para reforçar sua mentira, e seu uso esperto de linguagem de distanciamento para se remover da ação. Por que é que Monica Lewinsky, a mulher que ele claramente conhecia, de súbito era "aquela mulher", uma estranha? Porque Bill queria que pensássemos que ela era uma estranha para ele, e então ele não poderia ter tido um caso com ela, porém, Bill se saiu bem mal nisso. As pessoas se distanciam de pessoas e de coisas não usando seus nomes, títulos ou designações. As pessoas distanciam-se de eventos ou ações usando terminologia vaga. No meu mundo como profissional da Inteligência, frequentemente eu não podia dizer em que eu trabalhava, de modo que eu me referia a isso apenas como "trabalho" ou "treinamento".

10. Linguagem de suavização

Com frequência, as pessoas aliviarão a realidade ou a dureza da verdade por meio do uso de linguagem de suavização ou linguagem evasiva. Eis aqui alguns exemplos de linguagem de suavização, com meus comentários depois de cada um:

P: "Onde você estava quando ela foi assassinada?"
R: "Eu estava em casa quando ela faleceu."
Faleceu é uma forma mais suave de dizer *morreu*, o que, por sua vez, é muito mais suave do que a palavra *assassinada*.
Isso também remove a possibilidade de qualquer culpa, visto que não houve nenhum assassinato.

P: "Você abortou a criança não nascida dela?"
R: "A gravidez dela foi interrompida porque ela perdeu o bebê."
Novamente, *abortar* é uma palavra bem dura com imagens realmente feias; perder o bebê é uma declaração muito mais suave e clínica. Note também o uso da voz passiva, outra forma de criar distância entre quem agiu e a ação.

P: "Quantas vezes você esfaqueou seu ex-namorado?"
A: "Eu o acertei três vezes antes de conseguir fugir."

Acertar não é esfaquear, pura e simplesmente. O interrogador aqui teria que tentar fazer com que essa pessoa admitisse que esfaqueou o ex-namorado forçando-a a usar essa palavra. Às vezes, é só uma questão de fazer com que a pessoa admita isso para si mesma. As pessoas podem admitir que cometeram um crime em um sentido nominal, mas elas podem não ter assumido conscientemente a responsabilidade pela severidade disso ainda, então elas ainda estão falando sobre isso usando linguagem de suavização.

Durante a entrevista de Chris Cuomo com Amanda Knox na CNN,[2] Amanda Knox continuou a defender-se das acusações de que ela havia assassinado Meredith Kercher:

AK: "Eu... *[pausa]*... eu não matei a minha amiga. Eu não tinha uma faca na mão."

A frase "ter uma faca na mão" é um grande exemplo de linguagem de suavização, que soa menos duro do que "pegar", "agarrar", "apanhar" ou até mesmo "segurar" uma faca. O que você visualiza quando imagina alguém com uma faca na mão *versus* agarrando ou segurando apertado uma faca? Eu aposto que há uma diferença, e aposto que você vê alguém segurando apertado uma faca como mais apto a usá-la em um assassinato. Mais tarde, na entrevista, ela declarou:

AK: "Se eu estivesse lá, eu teria traços do corpo... *[pausa]*... quebrado de Meredith em mim."

Amanda novamente usa linguagem de suavização ao se referir ao corpo de Meredith como "quebrado".

Esse é um estranho estilo de expressão verbal a se usar em relação ao corpo da amiga dela que, na verdade, havia sido brutalmente esfaqueada e cortada.

11. Pontes textuais

Visualize em sua mente a Ponte Golden Gate, em São Francisco. Agora, pense em uma declaração como "Eu fui ao cinema" no lado do Condado de Marin e a declaração "Eu vim para casa" no lado de São Francisco. Então, visualize as palavras "e então" na ponte. Assim, a declaração inteira colocada junto seria "Eu fui ao cinema e então eu vim para casa". A frase "e então" é uma ponte textual;

---

[2] Veja-a no YouTube: www.youtube.com/watch?v=J_NQKBZBsyo.

ela está ligando partes de informações enquanto passa por cima do que pode ter acontecido entre esses dois eventos. Isso implica uma narrativa linear e exaustivamente cronológica quando não se trata nada disso. Já declarei que mentir por omissão é a forma como a maioria de nós prefere mentir, porque de fato não precisamos contar mentiras; só temos que ficar em silêncio em relação a ela. Mentirosos com frequência contarão a verdade bem até o ponto em que eles querem esconder informações; então, eles passam por cima dos detalhes de modo a reter informações e contar a verdade novamente. Quando você ouvir uma ponte textual, você deve se perguntar o que mais está na ponte que não está sendo mencionado. O que o "e então" encobre? Mark McClish, criador da análise de declarações, diz que "uma ponte textual é uma palavra ou frase que permite que uma pessoa faça a transição de um pensamento para o outro"[3] enquanto deixa um pensamento de fora. Outras pontes textuais incluem as seguintes palavras e frases: *depois, após, mais adiante, naquele ponto/momento, em seguida, finalmente, a seguir* e *a próxima coisa*.

Com frequência você ouvirá as pessoas dizerem "e quando eu vi...", o que diz exatamente a você que há uma lacuna nas informações. Isso não necessariamente quer dizer que as pessoas estejam sendo enganadoras e que estejam cientes das informações que elas, propositalmente, estão pulando. Pode ser que elas realmente não saibam o que aconteceu durante aquele tempo. Por exemplo, quase me afoguei quando tinha doze anos de idade. Eu estava nas águas revoltas do oceano na praia de Misquamicut, em Rhode Island. Na pré-adolescência eu era bem pequena, bem menor que as demais crianças na mesma faixa etária. Eu cresci no oceano, e meu pai certificou-se de que todos nós soubéssemos nadar logo cedo. Um dia eu fui para a praia, junto com meus primos que estavam fazendo uma visita, vindos de Connecticut. Eu estava sozinha no oceano, me divertindo com as ondas grandes, até que uma onda monstruosa veio e me mudou para sempre. Ela era tão imensa que eu não conseguia nadar por cima dela, então tentei dar a volta e sair correndo dali, mas a arrebentação era tão forte e eu era tão pequena que ela só me sugou de volta para dentro dela. Eu não sabia como mergulhar sob a onda para escapar dela. Nunca vou me esquecer de ter olhado para cima, para aquele muro de água, e de vê-la caindo com tudo bem em cima de mim. Fui jogada com força no fundo do oceano e jogada de um lado para o

---

[3] Fonte: www.all-about-body-language.com/mark-mcclish.html

outro na arrebentação pelo que me pareceu uma eternidade. Eu disse a mim mesma: *relaxe e deixe que a água te leve até a praia*. Eu bati os braços e as pernas para ver se conseguia chegar no fundo ou onde havia ar. Nada. Abri os olhos para ver se conseguia enxergar de onde estava vindo a luz e em que direção ficava o lado de cima. Mesmo assim, nada. Eu não conseguia mais prender a respiração. Por fim, disse a mim mesma: *você vai inspirar debaixo da água e vai se afogar*. Eu inspirei fundo e, *quando vi*, eu tinha acordado com o rosto voltado para baixo na areia, com uma multidão de pessoas ao meu redor. Percebeu? Usei uma ponte textual, mas até hoje não sei o que aconteceu naquele período de tempo entre o momento em que inspirei e quando acordei tossindo na praia. Até hoje hiperventilo um pouquinho quando estou no oceano, mas não vou permitir que ele me mantenha fora dele!

Vejamos como Jodi Arias usou pontes textuais em outra declaração de sua entrevista:

JA: "Eu ouvi, hum, um som realmente alto, hum, um espocar, e, **quando vi**, eu estava deitada ao lado da banheira e Travis, hum, ele estava gritando."

Além de todas as palavras para ganhar tempo que usou, ela, esperta, usa uma ponte textual para dizer ao repórter: "Eu não sei o que aconteceu naquele lapso de tempo entre o momento em que ouvi um espocar e o momento em que me dei por mim, encontrando Travis bem ferido e vendo dois intrusos no banheiro". Ela deixa implícito que foi atingida na cabeça, mas em momento algum ela diz exatamente isso.

Então, existem os onze pontos quentes verbais que podem indicar mentira, esteja você ouvindo alguém lhe contar uma história ou esteja lendo uma confissão. Eis uma série de perguntas e respostas que ilustram agrupamentos de pontos quentes verbais. Cada resposta contém mais de um ponto quente verbal, que explicarei e depois mostrarei como lidar com eles e extrair a verdade.

Pergunta: "Você vendia drogas a adolescentes?" (Essa é uma pergunta que exige uma resposta com sim ou não.)
Resposta 1: "Eu nunca faria uma coisa dessas!"

Lembre-se disso: nunca não é um substituto para não. Uma boa pergunta em resposta a isso seria "Você diz que nunca faria (tempo futuro condicional) uma coisa dessas, mas você já vendeu (tempo passado) drogas a adolescentes?". Faça a pergunta novamente, porque o interrogado não respondeu à pergunta da primeira vez. Novamente, procure um sim ou não. O fato de que o sujeito está dizendo que "nunca faria", no futuro do pretérito, não me diz que ele não tenha feito no passado. Uma resposta de narrativa no passado seria algo como "Eu não vendi drogas a adolescentes" ou "Eu nunca vendi drogas a adolescentes". Provavelmente você está pensando, *ele disse nunca, e esse é um ponto quente verbal!* Sim, é, então você terá que estabelecer a linha basal para descobrir se essa pessoa usa a palavra *nunca* quando está sendo sincera. Você terá que procurar conjuntos de *tells*. Se ele respondeu dizendo "eu nunca fiz isso", pode ser que ele esteja tentando ser convincente, certo? Então eu faria a pergunta mais uma vez, para ver se consigo um sim ou não definitivo, de modo a indicar veracidade. Continue fazendo a mesma pergunta até que você consiga a resposta de que precisa. Não desista! Pessoas demais desistem logo antes de provarem o *tell* indicador de mentiras ou a veracidade.

Resposta 2: "Fiz o melhor que pude para ensinar a adolescentes que drogas são ruins."

A pergunta imediata que vem à minha cabeça é "E aí? Você falhou?". Quando as pessoas dizem "Eu fiz o melhor que pude", isso deveria dizer que elas fracassaram naquilo que tentaram fazer. Nesse caso, não me importa se o sujeito fez o melhor que pôde, eu quero saber se ele vendeu drogas a adolescentes. Faça a pergunta novamente, porque o sujeito não respondeu à pergunta.

Novamente, nós estamos atrás de um sim ou não.

Resposta 3: "Tudo que eu posso dizer é que nunca vendi drogas a adolescentes."

Quando as pessoas usam o qualificador "tudo que eu posso dizer", elas estão basicamente lhe dizendo, pura e simplesmente, "Eu não posso lhe contar tudo". Por que elas não podem lhe contar? Provavelmente porque isso incriminará a elas ou a alguém que elas conhecem. Faça a pergunta novamente, porque o sujeito não respondeu dessa vez também.

Resposta 4: "Eu nunca nem mesmo falo com adolescentes."

Primeiramente, não me importa isso; em segundo lugar, você não respondeu à pergunta, e em terceiro lugar, eis aquela palavra "nunca" aí de novo. Você já sabe que "nem mesmo" e "realmente" são expressões que costumam ser usadas por mentirosos para reforçar suas mentiras e fazer com que elas pareçam mais verdadeiras. Isso também pode indicar que há alguma outra coisa na mente do sujeito. Nesse caso, o sujeito poderia estar dizendo que ele nunca fala com adolescentes, mas que vende drogas a eles.

Resposta 5: "Eu não me lembro de ter vendido drogas para adolescentes."
Quando Bill Clinton disse: "Não é assim que me lembro das coisas. Eu me lembro de que não tive relações sexuais com a srta. Lewinsky", existem várias coisas acontecendo. Primeiramente, houve sua falha em responder com sim ou não; em segundo lugar, ele não usou contrações (no inglês); e, em terceiro lugar, ele usou a frase "não é assim que me lembro das coisas" como substituta para não. "Eu não me lembro [de algo]" pode soar como um jeito elegante de dizer não, mas não é um não. Essa é uma técnica de deflexão. Você também tem que levar em conta o contexto da declaração. Se alguém me perguntar se no ano 2000 eu dei aulas a um tal de Sargento Moorhead, eu poderia responder com algo nas linhas de "Eu não me lembro se eu dei aulas a um aluno chamado Sargento Moorhead". É muito improvável que eu fosse me lembrar de um aluno que eu tive há muitos anos; eu não consigo nem mesmo me lembrar dos aniversários dos meus irmãos! Porém, parece-me difícil de acreditar que Bill Clinton não conseguisse se lembrar se ele alguma vez havia tocado nos seios de Monica Lewinsky no escritório da Sala Oval! Da mesma forma, o sujeito em nosso questionamento teria se lembrado de vender drogas a adolescentes, então ele ainda não respondeu à pergunta. Você tem a responsabilidade de fazer a pergunta novamente e tentar reformulá-la dessa forma: "Sim ou não: você vendeu drogas a adolescentes?" Agora não tem como esse cara se safar de lhe dar uma resposta definitiva; se ainda assim ele se recusar e tecer outra resposta narrativa, ele quase certamente está sendo enganador. (Em relação a um importante aviso quanto ao uso de perguntas que exigem sim ou não como resposta, queira consultar a minha história pessoal no final dessa seção, sobre quando eu fui intimada como uma testemunha da acusação e forçada a testemunhar contra um detento.)

Resposta 6: "Sabe, eu nunca poderia vender [drogas] a adolescentes."
O uso de "sabe" sempre me faz rir. Não, eu não sei: eu não sei de nada em relação ao que você fez, e é por isso que eu estava perguntando a esse respeito para começo de conversa! Eu repetiria novamente a pergunta: "Sim ou não: você vendeu drogas a adolescentes?".

Resposta 7: "Obviamente que eu não venderia drogas a eles."
A palavra "obviamente" é similar a "sabe". Nesse caso, eu perguntaria "Por que seria óbvio que você não venderia drogas? Para mim, isso não é

óbvio". Então, eu faria a pergunta de acompanhamento de novo: "Sim ou não: você vendeu drogas a adolescentes?". Nessa declaração, você pode ver que o sujeito também usa uma negação não contraída *["Obviously I would not sell drugs to them."]*

Deixe-me partilhar o que aconteceu comigo quando estive no banco das testemunhas, sendo interrogada pelo advogado de defesa durante o tribunal militar em que eu estava envolvida na GTMO alguns anos atrás. Não vou partilhar todos os detalhes das perguntas que me foram feitas nem das informações que ofereci, mas posso partilhar isso: a defesa me fez uma pergunta que exigia uma resposta de sim ou não que me recusei a responder naquela ocasião. Eu respondi em forma de narrativa porque se tratava de uma pergunta que tinha o propósito de influenciar a minha resposta, uma pergunta indutora. Se tivesse respondido que sim, isso teria falsamente me incriminado; e se tivesse respondido que não, isso teria me incriminado falsamente por outra coisa. Sou uma especialista em técnicas de questionamento, então eu não ia cair na armadilha com essa pergunta indutora.

Minha recusa a responder com sim ou não enfureceu o advogado de defesa assim como o juiz, que bateu com seu martelo e exigiu saber por que eu não respondia à pergunta devidamente. Eu disse a ele que a pergunta era indutora, e que não cairia na armadilha de fazer uma falsa admissão. Ele ordenou que a pergunta fosse tirada dos registros e mandou que o advogado a reformulasse. Ele ficou enfurecido, mas defendi o meu ponto de vista. Na verdade, um redator de um jornal escreveu que eu "defendi o meu ponto" enquanto eu "brigava com o advogado de defesa". *Isso mesmo*, pensei. *Não mexa com uma interrogadora!* Estou dividindo isso com você porque esse tipo de pergunta pode colocar as pessoas em armadilhas e fazer com que façam uma falsa confissão. Assim, certifique-se de formular devidamente suas perguntas que exigem sim ou não como resposta de modo a eliminar qualquer possibilidade de que sejam vagas. Se as pessoas que estiverem respondendo a perguntas de sim ou não puderem se incriminar falsamente, elas simplesmente não vão responder.

Eis mais uma simulação de perguntas e respostas com o propósito de ilustrar alguns pontos quentes verbais:

Pergunta: "Você respondeu honestamente às minhas perguntas?"
Resposta 1: "Creio que sim."

Que tal um sim ou não? A palavra "creio" é uma palavra terrivelmente evasiva.

Acho, imagino, suponho, acredito e *presumo* são outros exemplos de palavras evasivas. Faça a pergunta novamente.

Resposta 2: "Eu juro por Deus que eu estou lhe falando a verdade."

De novo, onde está a resposta de sim ou não? Você já sabe que sujeitos enganadores com frequência usam leves juramentos para tentar fazer com que suas declarações soem mais convincentes. Pessoas enganadoras mais provavelmente polvilharão suas declarações com expressões como "eu juro", "pela minha honra", "Deus é testemunha" e "dou a minha palavra". Testemunhas honestas são mais confiantes de que os fatos provarão a veracidade de suas declarações, e, assim, sentem menos a necessidade de apoiar suas declarações com juramentos.

No entanto, lembre-se de estabelecer a linha basal, porque algumas pessoas usam essas expressões o tempo todo.

✳ ✳ ✳

Agora que você já tem uma boa noção sobre uma variedade de *tells* verbais indicadores de mentiras, está na hora de começar a chegar até a verdade. Antes de pularmos para nossas técnicas de questionamento, porém (alguns de vocês já as viram nos exemplos anteriores), você vai querer preparar a pessoa que acha que está mentindo para você, para que ela se sinta bem e, dessa forma, *queira* lhe dizer a verdade. A forma como você fará isso é inflando seu orgulho e seu ego, mas só um pouco. Nós queremos fazer com que a pessoa se sinta bem de modo a criar rapport, o que nos leva ao passo três, use "elevar o orgulho e o ego", ou o que Janine Driver chama de "atribuir traços positivos".

PASSO 3: USE "ELEVAR O ORGULHO E O EGO"

Esta é uma técnica que usei como interrogadora e que ainda uso na minha vida cotidiana para fazer com que as pessoas se sintam bem em relação a si mesmas. Às vezes, eu sou sincera e realmente valorizo o que a pessoa fez, e, às vezes, uso isso para conseguir algo que quero: cooperação, uma atitude positiva, informações ou um favor. Isso faz com que eu pareça uma pessoa horrível, certo? Eu não uso isso para levar meus amigos ou familiares a fazer coisas para mim! É algo que uso para me livrar de multas por dirigir em alta velocidade, para aplacar personalidades do tipo A no trabalho de modo a manter um ambiente de trabalho harmonioso, e uso isso para inspirar os meus amigos e colegas de trabalho a assumirem riscos e darem início a seus próprios negócios ou escreverem os próprios livros. Essas coisas não são ruins ou maliciosas. Bem, talvez tentar se livrar de uma multa por dirigir em alta velocidade seja um pouco egoísta, mas com certeza não é algo malicioso. Eu uso o elevar de orgulho e ego para "preparar" indivíduos para que me digam a verdade. Por exemplo, se você disser a um suspeito que você sabe que ele é honesto, que tem integridade, que faz as escolhas certas, que se importa com os outros, que os outros olham para ele como exemplo e que é respeitado por fazer a coisa certa, e assim por diante, antes de entrar com tudo na extração da verdade, será mais provável que ele lhe diga a verdade do que o contrário. Estudos mostram que as pessoas que fazem um teste de polígrafo ou que aparecem no tribunal e "juram dizer a verdade, somente a verdade", dizem a verdade porque foram preparadas para fazer isso — por uma máquina e por um juramento. Você pode perguntar a um sujeito, logo de cara, com sinceridade: "Você vai me contar a verdade em resposta ao que estou prestes a lhe perguntar?". Se a pessoa consentir, ela pode sentir que ela se comprometeu a dizer a verdade, de acordo com algum código moral. Ou você pode simplesmente declarar: "Eu quero que você seja sincero quando eu lhe fizer essas perguntas".

Eis como eu usava essa técnica de elevar o orgulho e o ego com os meus detentos. Eu dizia a eles: "Sei que você acredita em sua causa e o respeito por isso", ou "Ouvi dizer que sua dedicação e sua honestidade são inigualáveis às de nenhum outro com quem você treinou", ou "Sei que você faz a coisa certa para se proteger e proteger a sua família, mesmo que eu não ache que isso seja a coisa certa". Enquanto eu dizia essas coisas, eu podia ver o orgulho e o ego deles inflando-se bem diante dos meus olhos: eles sentavam-se mais eretos, rolavam os ombros para trás, erguiam o queixo. Em suma, eles começavam a parecer e a sentir-se mais confiantes. No entanto, o que isso fazia de melhor era fazer com que eles sentissem como se tivessem que provar o quão dedicados, honestos e bons eles eram — até mesmo se isso significasse que eles tinham que me contar informações incriminadoras que poderiam fazer com que eles ficassem trancafiados para sempre. Ao final dos meus interrogatórios, eu agradecia a eles por serem tão honestos comigo, e dizia a eles o quão bem eles deveriam se sentir, sabendo que tinham integridade. Eu conseguia muitas informações usando essa técnica. O incrível é que, mesmo depois de "se abrirem" e me contarem a verdade, eles ainda saíam da sala de interrogatório parecendo e sentindo-se orgulhosos. Acredite em mim, essa técnica funciona! Todo ser humano quer se sentir orgulhoso de quem é, independentemente do que tenha feito. Então, antes de disparar suas técnicas afiadas de questionamento, use o elevar de orgulho e de ego primeiro.

PASSO 4: FAÇA BOAS PERGUNTAS

Você acha que faz boas perguntas? Pense bem mesmo em relação a sua resposta e então se pergunte isso novamente depois de ler o que estou prestes a lhe ensinar em relação à arte do questionamento, que é meu ponto forte. Nessa etapa final para chegar à verdade, darei a você oito tipos de perguntas a serem usadas.

1. Faça uma pergunta narrativa para obter uma resposta narrativa

Se você estiver buscando informações em forma de narrativa, você deve fazer uma pergunta narrativa.

Uma pergunta narrativa começa com um dos seis interrogativos: "quem", "o que", "onde", "quando", "por que" ou "como". Evite fazer perguntas narrativas vagas. Se você quiser detalhes específicos, você precisará fazer perguntas específicas. Por exemplo, se quiser saber o que, exatamente, sua testemunha viu no cenário do incêndio, você não perguntaria "O que foi que você viu?". Sim, esta é uma pergunta narrativa, mas ela é vaga demais. Seu sujeito pode responder com algo do tipo "Eu vi pessoas em pé, paradas nos arredores". Isso não lhe diz nada. Então, de modo a não desperdiçar o tempo de ninguém para que consiga chegar às informações pertinentes, faça com que sua pergunta narrativa seja mais específica: "Às 18h40, quando você disse que chegou na cena do incêndio, quantas pessoas você viu?". Se você queria descobrir se ele falou com alguém que estava em pé, parado em volta do incêndio, você não perguntaria isso a ele na lata, porque isso criaria um espaço para que ele fosse evasivo. Em vez disso, presuma que ele falou com outras pessoas e simplesmente pergunte: "O que os outros disseram a você?". Se ele não falou com ninguém, ele pode simplesmente dizer que não falou com ninguém. Você terá ganhado tempo não tendo que fazer duas perguntas, você só teve que fazer uma pergunta e recebeu a resposta para ambas. Qualquer um que conduza entrevistas ou interrogatórios como parte normal de seu trabalho sabe que nunca há tempo suficiente, e os poucos segundos economizados para fazer uma pergunta *versus* duas pode ser crucial. Assim, digamos que você queira descobrir se alguém tem filhos. Em vez de perguntar "Você tem filhos?", simplesmente presuma que ele tenha filhos e pergunte: "Quantos filhos você tem?". Novamente, se ele não tiver filhos, ele dirá isso.

2. Faça perguntas que exigem respostas de sim ou não, com cautela

Já dei muitos exemplos dessas perguntas e de como elas podem ser usadas. Use-as para um propósito singular: testar a honestidade. Não as use como uma muleta nem cometa o erro de fazê-las repetidas vezes; essa é uma técnica ruim de questionamento, porque, se você não fizer perguntas narrativas, você não obterá informações. Quando estiver fazendo perguntas que exijam respostas de sim ou não, você deveria tentar obter um sim ou não como resposta dentro de três tentativas. Se não conseguir isso, saberá que o sujeito está evitando a pergunta e provavelmente está escondendo alguma coisa.

3. Pergunte: "É mesmo?"

Eu adoro essa pergunta com duas palavrinhas e a uso com frequência em um interrogatório, mas ela realmente requer que você tenha um pouco de paciência. Ela é eficaz porque a maior parte das pessoas se sente desconfortável com o silêncio em uma conversa, de modo que elas se sentirão mais inclinadas a quebrar o silêncio e continuarem falando. Perguntar "É mesmo?" encoraja seu sujeito a prover mais informações sem que você tenha que fazer perguntas. O quão legal é isso, não? Especialmente quando o rapport e as emoções estiverem pendendo em uma balança delicada, você não vai querer martelar alguém com perguntas se a pessoa ainda estiver decidindo se gosta de você e se confia em você o bastante a ponto de divulgar suas informações. Se o silêncio o deixa desconfortável, eis quando você precisará de paciência. Não pode ser você quem vai quebrar o silêncio! Você fez a sua pergunta, agora espere pela resposta. Se não fizer isso, você terá acabado de desvalorizar sua própria pergunta, e ficará parecendo que você está andando em círculos. Esperar por uma resposta envia a mensagem de que você está no controle, até mesmo se você esperar em silêncio por três ou mais minutos, esperando pelo sujeito elaborar a resposta. Essa é uma técnica ótima a ser usada se você suspeita que alguém esteja mentindo. Isso também dá ao sujeito uma oportunidade para corrigir ou adicionar algo a sua declaração sem ter que mudar de opinião nem ficar desacreditado: "Bem, talvez isso não tenha acontecido exatamente desse jeito" ou "Agora que estou pensando nisso, o que aconteceu foi isso".

4. Pergunte "Como foi que isso lhe fez sentir?"

Mencionei que os mentirosos não pensam nos sentimentos que deveriam ter tido quando eles mentem. Se você perguntar a alguém como ele se sentiu em relação a alguma coisa, ele não será capaz de conjurar sentimentos sinceros por algo que ele não fez, não viu, não vivenciou nem sentiu. Nesse ponto, você provavelmente ouvirá um pouco de gaguejar e técnicas de enrolação. É muito difícil mentirosos sentirem emoções falsas, então, quando eles realmente surgem com uma resposta, eles não serão muito convincentes. Por exemplo, digamos que seu filho Sam chega em casa da escola com machucados nos braços; ele está deprimido e completamente reservado. Você pergunta a ele qual é o problema e finalmente arranca dele o fato de que uma criança na escola, Patrick, está fazendo *bullying* com ele. Você, seu filho, Patrick e a mãe do Patrick se encontram no escritório do diretor. Patrick disse à mãe, repetidas vezes, que não foi ele quem bateu em Sam. Ele diz que foi outro aluno, Tommy. Nesse ponto, é a palavra dele contra a de Sam, pois não há nenhuma testemunha disso. Então, o mediador nesse cenário, provavelmente o diretor, deveria perguntar a Patrick: "Como foi que você se sentiu quando Tommy fez *bullying* com Sam e bateu nele?". Se Patrick disser "Sei lá", você o pegou, mas ainda precisará expor a verdade. Se Patrick ficar hesitante e se contorcer, obviamente ele está tentando pensar em como ele deveria ter se sentido, você o pegou de novo, mas ainda terá que expor a verdade. Se Patrick disser: "Eu me senti mal", o diretor precisa voltar e perguntar: "É mesmo?" e mergulhar mais a fundo: "Por que isso fez com que você se sentisse mal, Patrick?" ou "Por que você não fez com que Tommy parasse?". Deixe que Patrick se incrimine antes de acusá-lo, porque a mãe de Patrick o fechará em um piscar de olhos se você acusar o filho dela de *bullying*. Continue fazendo perguntas não acusadoras e narrativas até quebrar a vontade de Patrick de resistir a dizer a verdade.

5. Faça perguntas de acompanhamento para explorar plenamente informações

Ouça cuidadosamente e analise todas as palavras que as pessoas disserem quando estiverem respondendo às suas perguntas. Faça o acompanhamento sobre todos os tópicos sobre os quais elas lhe falam de modo a extrair todos os detalhes. Lembre-se do seguinte ditado: explore todos os verbos e defina todos os substantivos. Se eu disser a você que eu vou ao cinema esta noite, então você tem que explorar plenamente o "vou" e definir "cinema" e "esta noite". Como eu vou? De carro, a pé, de trem? Quanto demorará para eu chegar lá? Quem vai comigo? Quando vou? Por que vou? A que filme vou assistir? Onde fica o cinema? Pergunte "O que mais?", "Que outro?", "Quem mais?", "Onde mais?" e "Como mais?" para explorar as informações que você tem e conseguir todos os detalhes. Por exemplo, digamos que você me pergunte

"Com quem você vai [ao cinema]?" e eu responda "Alissa". Eu vou somente com Alissa? Talvez eu vá com mais alguém. Para descobrir isso, você deve fazer uma pergunta de acompanhamento: "Quem mais vai com vocês?". Continue fazendo isso até que me ouça dizer "Eu não vou com mais ninguém". Agora você explorou plenamente com quem eu vou ao cinema. Pessoas honestas podem simplesmente dizer na lata: "Eu vou com Alissa, Diane e Kristy", porém, pessoas enganosas farão com que você trabalhe para conseguir a resposta completa, exatamente como meus detentos faziam. Nós temos dois ouvidos e uma boca, então faz sentido que devamos ouvir duas vezes mais do que falamos. No mundo dos interrogatórios, nós ouvimos atentamente mais do que falamos porque estamos ouvindo os detalhes, e ouvindo para ver se notamos algum *tell* indicador de mentiras, de modo que possamos fazer perguntas de acompanhamento.

6. Faça a mesma pergunta duas vezes

Essa é uma simples técnica de questionamento que é comumente usada para verificar a veracidade e a acurácia das informações fornecidas. Digamos que você pergunte a seu sujeito: "Quando foi que você notou primeiramente que a arma estava sumida?", e que seu sujeito responda: "Quando eu cheguei o cofre nesta manhã". Deixe que se passem dez ou quinze minutos e faça exatamente a mesma pergunta mais uma vez para ver se o seu suspeito lhe dá a mesma resposta. Se ele disser "Quando eu cheguei o cofre na noite passada", agora você tem uma discrepância que precisa explorar. Use o método do estabelecimento da linha do tempo e suas técnicas de questionamento para explorar plenamente a discrepância. Seu suspeito pode ter legitimamente cometido um erro e explicar que com certeza foi hoje de manhã, ou ele pode ter mentido e esqueceu-se dos detalhes de sua mentira. Não seja acusador: use as técnicas apresentadas neste livro antes que você perca o rapport e faça com que ele se feche.

7. Faça uma pergunta de controle

Fazer perguntas de controle é um pouco mais complicado que repetir perguntas, mas elas são uma grande ferramenta para a verificação de honestidade e acurácia. Usarei o mesmo exemplo da página anterior. Depois que o seu suspeito lhe disser "Quando eu cheguei o cofre esta manhã", em vez de fazer a ele a mesma pergunta novamente para ver se ele dá a mesma resposta, mude um pouco as informações quando reformular a frase. Então, em vez de repetir a pergunta, talvez você possa perguntar "A primeira vez em que você notou que a arma estava sumida foi quando você chegou o cofre na noite passada, certo?". Essa é uma pergunta que exige uma resposta sim ou não, mas, se o suspeito estiver sendo honesto, ele deveria notar o fato de que você mudou a resposta dele e corrigir você. Se ele não notar a inconsistência, será que isso significa que ele estava mentindo? Ou ele apenas não estava prestando atenção ao que você perguntou?

Você terá de descobrir isso.

8. Faça perguntas não pertinentes

Você poderia estar se perguntando por que você em algum momento precisaria obter informações irrelevantes.

Não é todo o propósito deste livro ensinar a você como extrair informações pertinentes? Sim, mas o outro propósito, que mencionei lá atrás, na Introdução, é como extrair informações enquanto mantém o rapport. Esta técnica é a forma como você simplesmente faz isso. Quando você começar a ver a mudança na linguagem corporal em seu sujeito, especialmente se ele estiver se fechando para você fisicamente, você precisará trazê-lo de volta para um estado de espírito mais relaxado, pegando mais leve no estresse e na tensão. Uma forma de fazer isso é fazendo-lhe uma pergunta não pertinente. Pergunte a ele sobre tópicos que fazem com que ele se sinta confortável. Até mesmo se você sentir que está prestes a conseguir uma confissão, você não vai consegui-la se seu sujeito se fechar. Acredite em mim, pois estou falando com experiência. Dê tempo ao tempo para deixar seu sujeito relaxado de modo que ele possa recuperar sua compostura. Confissões vêm quando as pessoas estão relaxadas e sentindo confiança. Você pode querer perguntar a ele sobre sua família, seu esporte ou hobby predileto ou do que ele gosta de ver na TV ou ouvir no rádio. Faça com que ele fique confortável e falante de novo. Depois que ele estiver se sentindo mais relaxado, você poderá voltar novamente às suas perguntas pertinentes, mas faça isso com delicadeza. Uma conversa com frequência traz à tona uma onda e um fluxo de emoções, então você terá que nadar a favor da maré.

Você tem oito técnicas de questionamento realmente sólidas para pegar mentiras. Agora, você precisa conhecer os três tipos de perguntas a serem evitadas porque elas só o deixarão frustrado, assim como frustrarão a pessoa que você estiver questionando, e o impedirão de conseguir informações específicas e detalhadas.

PERGUNTAS A SEREM EVITADAS SEMPRE

Não faça perguntas que tenham o propósito de induzir a resposta do interrogado [perguntas indutoras]

Perguntas indutoras são aquelas que são elaboradas com o propósito de obter a resposta que você deseja, não necessariamente a resposta verdadeira. Advogados usam essa técnica o tempo todo porque ela funciona. Quando eu estava no banco de testemunhas durante o tribunal militar, o advogado de defesa me fez uma dessas perguntas indutoras: "Não é verdade que, na cultura do meu cliente, a percepção que eles têm das mulheres é diferente da percepção que os americanos têm das mulheres?". Eu disse que sim e, tão logo essa palavra saiu da minha boca, eu queria sugá-la de volta para dentro. Ele me pegou. Ele me conduziu para que eu dissesse um sim de modo a dar a impressão à corte de que eu sabia que deixaria o meu detento desconfortável, o que não era o caso. O advogado fez uma dancinha da satisfação e disse: "Sem mais perguntas, Sua Excelência". Fiquei com tanta raiva de mim mesma que foi provavelmente por esse motivo que "briguei" com ele da vez seguinte em que ele me fez uma pergunta indutora, e todas as vezes depois disso! Conseguir as informações que você acha que quer ouvir não quer dizer que elas sejam necessariamente informações verdadeiras. Se você não for advogado, não faça perguntas indutoras. Se você algum dia estiver no banco de testemunhas, não seja vítima delas. Recuse-se a responder com sim ou não e declare o motivo de sua recusa: trata-se de uma pergunta indutora e o advogado está induzindo você a dizer o que ele quer ouvir. (Sinto muito, advogados, seu segredo está revelado!)

Não faça perguntas compostas

Faça uma pergunta de cada vez, sempre! Se você fizer duas perguntas de só uma vez, você perderá informações importantes. Pessoas enganadoras adoram quando fazem a elas perguntas compostas, porque, se alguém não quer ceder informações, essa é a forma perfeita de evitar responder. Por exemplo, digamos que você tenha perguntado à sua funcionária: "Sheryl, por que está faltando cem dólares no caixa? Alguma outra pessoa trabalhou na caixa registradora hoje?" Se Sheryl pegou aqueles cem dólares do caixa, ela vai responder somente a uma dessas perguntas, na esperança de que você se esqueça de fazer a outra pergunta novamente. Poupe-se dessa encrenca e nunca, jamais, faça uma pergunta composta; essa é a forma perfeita para alguém se safar com uma mentira. Isso também fará com que você pareça um entrevistador, interrogador ou questionador ruim. Você não vai querer permitir que o suspeito controle a entrevista. Consulte novamente a transcrição da entrevista de Larry King com os Ramseys: ele faz várias perguntas compostas e consegue as respostas apenas para uma delas.

Não faça perguntas vagas

Já abordei isso, então vou deixá-lo com um ditado: "Se você fizer uma pergunta vaga, você obterá uma resposta vaga".

Ajmal (nome alterado por motivos de segurança), um detento paquistanês com quem eu havia criado um bom rapport e que, na verdade, me convidou para um dia ir ao Paquistão conhecer sua família, tinha informações sobre a localização de um campo de treinamento subterrâneo secreto no Afeganistão. Ele não queria me contar quem estava no comando do campo. Ele entrou em detalhes sobre onde estava localizado o campo e até mesmo identificou sua localização em mapas que levei para ele ver. Ele me disse que me contaria qualquer coisa que eu quisesse saber, menos quem estava no comando. Ah, um desafio! Concordei com ele e lhe disse que apreciava todas as informações que ele estava me dando, de modo que eu poderia viver sem saber essa única coisa, embora eu sorrisse para mim mesma, pensando *Você me dirá isso na hora em que eu tiver terminado e você não vai nem mesmo se dar conta de que estará fazendo isso quando o fizer.* Ajmal adorava fumar cigarros, então eu oferecia a ele um cigarro em todas as sessões de interrogatório. Eu e meu intérprete saíamos da cabine de interrogatório para fazermos um intervalo, visto que eu odiava a fumaça. Meu plano era armar um truque para que Ajmal me contasse quem comandava o campo somente por controlar, de forma habilidosa, a conversa, e inserir a pergunta certa no momento certo. Era um plano simples, mas que não era fácil. Ajmal teria que estar relaxado o bastante para deixar sua guarda baixa e esquecer que ele não queria me contar essa informação específica. Isso queria dizer que eu teria que diminuir a importância do assunto ao não falar disso e, se o assunto viesse à tona, não mostrar expressões faciais que deixassem transparecer felicidade, desprezo nem surpresa. Passei um relato rápido ao meu intérprete sobre o meu plano de levar Ajmal a me contar quem comandava o campo. Ele concordou comigo e estava ansioso para fazer parte do plano. Ajmal terminou o cigarro, e voltamos para dentro e demos continuidade ao interrogatório. Depois de três horas dançando em volta do assunto e fazendo com que Ajmal risse e ficasse completamente relaxado, inseri uma pergunta de controle. Eu simplesmente disse: "Quando Abdullah comandava o campo, quantos combatentes ele conseguia treinar de uma vez?". Ajmal respondeu "Abdullah não comandava o campo; Abdul Rahman é que comandava o campo, mas estavam lá algo entre cinquenta e duzentos combatentes". Então veio o silêncio. Nós três olhamos uns para os outros; eu e meu intérprete estávamos com um largo sorriso no rosto (nós não conseguimos evitar — nosso plano havia funcionado depois de todo esse tempo!), enquanto Ajmal parecia confuso. De repente, ele segurou sua boca, em choque, enquanto seus olhos se arregalavam. Ele se deu conta de que havia sido pego. Eu disse a ele que não queria pregar uma peça nele, mas que realmente precisava dessa informação específica.

Saber quando inserir a pergunta perfeitamente construída é a chave para a extração bem-sucedida da verdade. Fui capaz de extrair aquele nome sem que o alarme de Ajmal disparasse. Levei três horas para conseguir fazer isso, e estava mentalmente exausta no final, mas valeu cada minuto.

Parabéns! Você acabou de completar o meu programa de cinco passos para detectar mentiras e chegar à verdade! Agora saia no mundo e use-o!

11
SEU KIT DE FERRAMENTAS PARA A LEITURA DA LINGUAGEM CORPORAL

ESTE CAPÍTULO É SEU GUIA RÁPIDO E À MÃO PARA O MEU PROGRA-ma de cinco passos de leitura de linguagem corporal. Pratique-o e use-o!

VOCÊ NÃO LÊ MENTES

Prepare-se para o sucesso, e não seja vítima dos mitos que cercam a linguagem corporal.

- Lembre-se de **usar a minha regra de três** para detectar *tells* indicadores de mentiras: estabelecimento da linha basal, procurar conjuntos de *tells* e estar ciente do contexto.
- **Supere a cegueira inatencional.** Não vemos aquilo que não esperamos ver; então, antes de você começar a fazer a leitura da linguagem corporal, seja para criar rapport, espelhar traços de personalidade ou detectar mentiras, você terá que se livrar de qualquer tipo de viés, preconceito ou coisa presumida. Se você presumir qualquer coisa, inconscientemente transformará suas suposições em uma falsa realidade.
- Quantas vezes você perdeu alguma coisa e não conseguia encontrá-la por dias porque continuou procurando onde você presumia que

aquilo estaria? Ou quantas vezes você ficou bravo com sua cara metade porque ficou presumindo que ele ou ela estava "aprontando"? Colete os fatos e as evidências primeiro, sem as suposições; suposições poderão levar você a um direcionamento errado, e o deixarão cego para a verdade. Além disso, tente confiar mais nos outros; se você automaticamente não confia em ninguém, acabará enxergando comportamento enganador por toda parte, até mesmo em pessoas honestas.

MENTIRA — GUIA BÁSICO

TRÊS TIPOS DE MENTIRAS:
Declaração falsa, embelezamento e mentiras por omissão.

DOIS TIPOS DE MENTIROSOS:
Implodidores (mentirosos do dia a dia) e Explodidores (mentirosos poderosos).

Os quatro segredos para ser um bom mentiroso:
1. Permanecer confiante.
2. O diabo está nos detalhes: detalhes são a morte de uma mentira.
3. Planeje e prepare.
4. Exiba congruência em sua linguagem corporal.

MEU PROGRAMA DE CINCO PASSOS PARA LEITURA DA LINGUAGEM CORPORAL: SEJA UM ESPECIALISTA EM LINGUAGEM CORPORAL: SEJA UM REBELDE

1. R, de Relaxe

Lembre-se disso: se você se sentir um idiota, você parecerá um idiota. Confiança não vem de saber tudo e sempre estar certo, ela vem de aprender com nossos erros quando estamos errados.

- Assuma uma postura de poder e respire pela barriga. Eis aqui suas posturas de poder para parecer e sentir-se confiante:

  » Fique em pé como o Superman ou a Mulher Maravilha.
  » *Steepling* (basquete, baixo, alto e arma [de mão]).
  » Sente-se na posição de José.
  » Assuma a postura do gorila.
  » Use as mãos de Hitler (apenas como último recurso).
  » Mostre seus polegares de poder.
  » Nunca esconda suas mãos.
  » Faça uma parada de mão ou uma parada de cabeça.

2. E, de Estabeleça rapport

Dez técnicas de criação de rapport:
1. Sorria.
2. Use o toque, com cuidado.
3. Divida algo sobre você mesmo (*quid pro quo*).
4. Espelhe ou equipare-se, com cautela.
5. Demonstre respeito.
6. Use uma linguagem corporal aberta.
7. Suspenda seu ego.
8. Bajule e elogie.
9. Dê tempo ao tempo e ouça.
10. Faça com que a pessoa se mexa e fale.

Cinco dicas para ter habilidades de comunicação aguçadas:
1. Controle suas emoções; às vezes, nós estamos falando com o papel que a pessoa desempenha, e não com a pessoa em si, então não leve as coisas para o lado pessoal.
2. Concorde em discordar.
3. Esteja ciente.
4. Influencie favoravelmente as pessoas.
5. Não tenha medo de permitir que elas ensinem coisas a você.

Preferências de personalidade: converse e aja como os outros para fazer com que eles se sintam mais confortáveis. Espelhe e equipare-se às preferências de personalidade deles.

- A dicotomia Extrovertido *versus* Introvertido diz como preferimos ser energizados. Extrovertidos são energizados ficando cercado de atividades e de outras pessoas; Introvertidos são energizados ficando sozinhos ou com uns poucos amigos íntimos em um ambiente silencioso.
- A dicotomia INtuitor *versus* Sensorial é a forma como nós preferimos absorver informações. INtuitores gostam de absorver uma tarefa conceitualizando-a e vendo o quadro geral primeiro, e depois eles quebram os processos e as tarefas em partes para chegarem lá. Sensoriais preferem criar regras e processos primeiramente, o que os leva ao conceito do projeto que lhes foi atribuído.
- A dicotomia do Pensador *versus* Emocional nos diz como nós preferimos tomar decisões. Se você sabe que está tomando uma decisão como um Pensador e o resultado pode chatear os outros, você terá que se certificar de usar algumas técnicas de rapport quando estiver informando aqueles afetados por sua decisão, de modo que você não seja visto como indiferente, insensível ou desprovido de sentimentos.
- A dicotomia do Julgador *versus* Percebedor tem tudo a ver com a forma como nós preferimos organizar o mundo ao nosso redor. Julgadores gostam de ter as coisas feitas dentro do prazo e gostam da sensação de concluir as coisas. Eles trabalham melhor com prazos e diretrizes. Ao contrário de Julgadores, Percebedores esperarão até o último minuto para tomarem uma decisão; eles gostam de manter suas opções em aberto. Eles estão abertos a ideias e mudanças e, por causa disso, eles são mais flexíveis do que os mais rígidos Julgadores.

3. B, de linha Basal: usando todos os seus sentidos

Estabeleça a linha basal das pessoas falando com elas por uns poucos minutos para ver como elas agem e soam normalmente. Certifique-se de estabelecer a linha basal enquanto elas estiverem relaxadas e calmas. Em seguida, faça perguntas pertinentes ou mude para um tópico importante e observe se há desvios da linha basal em seu comportamento. Certifique-se de procurar conjuntos de *tells* (pelo menos três) e entenda o contexto em que as informações estão sendo apresentadas (quer dizer, se a pessoa está doente, assustada, em choque, tomando medicações, sofrendo de algum problema físico ou mental, e assim por diante).

4. L, de Lutar para enxergar desvios: incongruência comportamental

Observando o corpo em busca de incongruência comportamental:
1. **Emoções humanas e transparência delas na face:** as sete emoções humanas básicas são: raiva, medo, repulsa, surpresa, felicidade, tristeza e desprezo. Procure microexpressões (transparência no rosto dessas emoções), como o prazer profundo.
2. **A cabeça:** procure incongruência comportamental quando uma pessoa diz sim ou não. O que o corpo está dizendo "bate" com as palavras?
3. **Olhos mentirosos:**

- Contato visual: alguns mentirosos olharão fixa e intensamente para você; outros parecerão evasivos e quebrarão o contato visual. Ambos podem ser indicadores de mentiras.
- Piscar rapidamente é uma resposta fisiológica para o corpo que está ficando seco por causa do estresse e da ansiedade.
- Um piscar prolongado pode indicar uma emoção forte, concentração e/ou mentiras.
- Use a PNL e o quadro de acesso visual de Grinder e Bandle:

> » Olhar para cima é acesso ao sentido visual, seja para se lembrar de informações (para cima e para a esquerda) ou para criar/construir informações (para cima e para a direita).
> » Olhar para mais ou menos a altura das orelhas é acessar o sentido auditivo de modo a se lembrar de informações (para a esquerda) ou para criar/construir informações (para cima e para a direita).
> » Olhar para baixo e para a esquerda é acesso aos sentidos sinestésicos, sentimentos tanto lembrados quanto fabricados; para baixo e para a direita é engajar-se em um diálogo interno.

- Com a PNL, você deve procurar padrões nos movimentos oculares e estabelecer uma linha basal antes que possa fazer uso dela como uma ferramenta para a detecção de mentiras. Para estabelecer a linha basal de alguém, pergunte rapidamente: "Qual é a quinta palavra do hino nacional de seu país?".

4. **A boca:** engolir em seco é uma resposta fisiológica para o corpo que está secando por causa do estresse e da ansiedade. Os lábios ficam finos e até mesmo desaparecem quando as pessoas estão se sentindo desconfortáveis e com raiva.
5. **As mãos:**

- Esconder as mãos esconde as emoções.
- Palmas das mãos fechadas podem indicar falta de confiança ou o fato de que alguém está guardando algo, seja uma emoção ou um pensamento, para si.
- Mão na cabeça (rosto, pescoço, topo da cabeça) geralmente indica alto estresse e falta de confiança.
- Mão na boca pode indicar desaprovação, pensamento profundo, um diálogo interno ou mentira.
- Mão no queixo pode indicar poder, tédio ou contemplação.
- Mão no pescoço pode indicar tensão nos músculos — "você é uma dor no meu pescoço" — ou mentira.
- Coçar a cabeça pode indicar pensamento profundo, confusão ou descrença.

6. **Os seis sinais de incerteza:**

- Dar de ombros.
- Virar uma bolinha.
- A folha de figo.
- Autoarrumação (usando autopacificadores).
- Recuar.
- Mexer o corpo.

7. **O efeito Pinóquio:** um nariz que coça pode ser um sinal de mentira.

5. E, de Extraia a verdade

Os quatro passos para a extração da verdade:

Passo 1: estabeleça a cronologia (linha do tempo) dos eventos. Use a técnica do estabelecimento da linha do tempo para coletar todos os detalhes e separar em partes uma história de fachada.

Passo 2: procure pontos quentes verbais/*tells* verbais indicadores de mentiras:

1. Uso de pronome para distanciamento (em vez de "eu" ou "meu/minha").
2. Mudanças nos tempos verbais.
3. Negações não contraídas (em inglês) ("*I did not have sexual relations with that woman...*") ["Eu não tive relações sexuais com aquela mulher..."].
4. Não é capaz de responder com sim ou não/esquiva-se da pergunta.
5. *Nunca* não é a mesma coisa que *não*.
6. Técnicas de enrolação: responder a uma pergunta com outra pergunta, repetir uma pergunta, usar palavras para "encher linguiça".
7. Cercar declarações, como a "síndrome do mas", cercar com juramentos e "na verdade".
8. Linguagem de distanciamento.
9. Linguagem de suavização.

10. Pontes textuais.

Passo 3: use a "elevação do orgulho e do ego". Diga às pessoas quão honestas e verdadeiras elas são para que elas sejam honestas e verdadeiras com você.

Passo 4: faça boas perguntas:
1. Faça uma pergunta de narrativa para conseguir uma resposta de narrativa.
2. Faça, com cautela, perguntas que exigem respostas de sim ou não.
3. Pergunte: "É mesmo?".
4. Pergunte: "Como você se sentiu com isso?".
5. Faça perguntas de acompanhamento para explorar plenamente as informações.
6. Repita uma pergunta.
7. Faça uma pergunta de controle.
8. Faça perguntas não pertinentes.

Três perguntas a serem evitadas:
1. Perguntas indutoras.
2. Perguntas compostas.
3. Perguntas vagas.

POSFÁCIO

VOCÊ ALGUMA VEZ FOI VÍTIMA DE UMA FRAUDE?
Um incidente acabou de acontecer comigo e quero dividi-lo com você por dois motivos. Em primeiro lugar, por ser um ótimo exemplo de por que escrevi este livro; e, em segundo lugar, se você receber o mesmo telefonema que recebi, espero que você [se for dos Estados Unidos] possa se proteger dessa fraude de *phishing* da Receita Federal [ou similares, se não for].

  Um dia havia uma mensagem automatizada no meu celular dizendo: "Nós tentamos entrar em contato com você. Entre em contato com a Receita Federal em relação a uma reclamação protocolada contra você. Ligue para 202-657-5115 (sim, era este o número!) para pedir o número de seu caso". A princípio, comecei a entrar em pânico, mas então fiquei com raiva porque sempre fui uma boa cidadã e paguei meus impostos. Eu conseguia até mesmo uma restituição quase todos os anos porque pago tudo tão adiantado! De qualquer forma, liguei para esse número e uma voz masculina com um sotaque estrangeiro respondeu: "Receita Federal?". Ele pegou o meu nome e o meu endereço e então me disse que havia uma discrepância nos meus impostos dos anos de 2008 a 2012. Ele disse que me haviam sido enviadas várias notificações e, porque eu não tinha respondido a elas, um oficial viria me prender e penhoraria todos os meus ativos. Até mesmo minha conta bancária seria congelada. Percebi imediatamente que algo estava muito errado. Rebati, em resposta: "Meu pai é um contador público certificado e eu sou paga todos os anos pela Receita Federal. Forneça-me por escrito as datas de todas as notificações que foram enviadas a mim e quando foram enviadas, porque nunca recebi nenhuma delas!". "Como eles se atreviam a me ameaçar?", eu pensei. Quando o cara começou a lançar suas ameaças novamente, que soavam como se estivessem sendo lidas de um roteiro que ele tinha na frente dele, comecei a duvidar de tudo que ele estava dizendo. Devo admitir que usei um jeitinho de Rhode Island para cima dele. (Se você nunca enfureceu um(a) italiano(a) de Rhode Island, considere-se sortudo, porque, quando nós ficamos com raiva, tendemos a nos comportar como um fogo de artifício chamado vela romana.) O cara no outro lado da linha não fazia a mínima ideia de com quem ele estava lidando. Ele disse: "Senhora, a senhora precisa se acalmar, porque não pode falar assim com um oficial da Receita Federal". "Ah, sim, eu posso sim", disparei em resposta a ele. "E, mais uma vez, exijo provas dessas tais notificações. Diga-me a data em que a primeira foi enviada e para onde ela foi enviada". Ele começou a ler do roteiro novamente, mas eu o cortei: "Pare de ler seu roteiro e responda à minha pergunta! Para onde e quando essas notificações foram enviadas?". Ele começou a ficar confuso e a buscar suas palavras. Então, depois de um longo silêncio, ele disse que ia falar com seu supervisor, e fui colocada em uma espera interminável. O "supervisor" dele veio até o telefone, outra voz masculina com sotaque estrangeiro, e disse "Senhora, as notificações foram enviadas ao seu endereço de cobrança". "Ok, e qual seria esse endereço?" Silêncio. Foi o que pensei.

Desliguei o telefone e liguei para meu pai. Ele não estava em casa, mas minha mãe atendeu e contei a ela o que tinha acabado de acontecer. Ela disse: "Ah, de jeito nenhum! Isso é um esquema de fraude!". Ela procurou o número e se tratava de um celular lá de Maryland. Eu disse a ela que depois ligaria para ela de novo. Liguei novamente para a "Receita Federal". O mesmo homem atendeu, mas, dessa vez, em vez de dizer "Receita Federal" ao atender, ele disse (soando muito profissional): "Aqui é o Oficial Fulano de Tal da Receita Federal". Eu ri para mim mesma. "Oi, sou eu de novo", falei, com um sorriso, "por favor, me diga como se escreve seu primeiro nome e seu sobrenome para que eu possa dá-los ao meu contador, junto com seu número para que ele possa ligar para você para falar sobre a discrepância." Mais silêncio, e eu disse "Foi o que eu pensei. Eu só quero que você saiba que eu o reportei às autoridades e à Receita Federal pela tentativa de golpe".

Do outro lado da linha, eu ouvi "O-o- o quê? Hum..."

Eu o cortei e disse: "Sua tentativa de fraude acaba comigo", e desliguei.

Eu, de fato, os reportei à Receita Federal e espero que eles consigam rastrear aqueles criminosos.

Eles tomaram vinte minutos da minha vida e fizeram a minha pressão arterial subir. Ninguém deveria passar por algo do gênero e espero que ninguém tenha caído nisso nem sido vítima da fraude deles e dado dinheiro a esses bandidos.

Tenha certeza de que você não será vítima de nenhuma fraude se usar o meu programa. Agora que você leu este livro, você sabe como relaxar e ganhar a confiança para defender-se e defender seu ponto de vista (você não tem que usar o jeitinho de Rhode Island para cima de ninguém), você sabe como estabelecer rapport, você sabe o que ouvir e pelo que procurar para estabelecer o comportamento da linha basal, você sabe como procurar desvios da linha basal e por *tells* indicadores de mentiras e, por fim, você sabe como usar a arte do questionamento para chegar até a verdade. Eu definitivamente me defendi daqueles caras sinistros, mesmo que o meu rapport, bem, tenha sido não existente porque eu não me importava que eles fossem ou não gostar de mim. A linha basal do cara era que ele lia um roteiro e não tinha nenhuma resposta fora daquilo que estava escrito ali. Seus desvios incluíam uma incapacidade de responder às minhas perguntas, enrolação, ficar buscando palavras, me colocando na espera por muito tempo mesmo, e ficar confuso quando comecei a ficar irada, o que difere completamente da voz calma e autoritária que ele usou quando me disse que eu ia ser presa e ter meus bens congelados. E, por fim, quando pedi que ele me fornecesse prova das notificações prévias, ele não podia fazer isso. É claro que o que foi concludente foi sua relutância em me dar seu nome. Ah, e eles não faziam a mínima ideia do que seria um contador certificado, sério?

Geralmente faço as coisas com um propósito. Tenho conversas com um propósito (extrair informações), uso palavras específicas por um propósito (para espelhar/equiparar-me a alguém e estabelecer um denominador comum com alguém) e uso a linguagem corporal com um propósito (para criar rapport e parecer e me sentir confiante). Cheguei até mesmo a escolher o número de capítulos neste livro (11) por um motivo. Escolhi propositalmente este número por ser um número importante na minha vida. O número 11 aparece em parte do logotipo da minha empresa, o símbolo congruente para o The Congruency Group, pois se diz que representa intuição e ciência das coisas, assim como sabedoria que ainda não foi absorvida. (Esse número também foi parte integrante de minha experiência na GTMO, mas, infelizmente, não posso compartilhar com você o porquê.)

Nos onze capítulos que você acabou de ler, espero que você tenha aprendido técnicas para ajudá-lo a conectar-se com sua confiança interior, a criar rapport, a melhorar suas comunicações interpessoais, a ganhar as pessoas, a fazer por merecer confiança e respeito, a interpretar seus instintos, a ler linguagem corporal, a detectar mentiras verbal e não verbalmente, a chegar até a verdade e, realmente, a fazer qualquer outra coisa que vá empoderá-lo em sua vida pessoal e profissional.

    Realmente espero que você tenha gostado deste livro tanto quanto eu gostei de escrevê-lo. Desejo a você sucesso em todos os seus empreendimentos. Espero que as novas ferramentas que ofereci o ajudem a atingir todos os seus objetivos e suas aspirações. Sei que podem fazer isso, eu mesma as usei e escrevi este livro para você.

Com a mais sincera gratidão,
Lena Sisco

SOBRE A AUTORA

LENA SISCO É UMA EX-INTERROGADORA DO DEPARTAMENTO DE Defesa dos Estados Unidos (DoD) e usou suas técnicas de interrogação e detecção de mentiras em membros da Al-Qaeda e do Talibã durante a Guerra Global ao Terror enquanto ela estava estacionada na Baía de Guantánamo, em Cuba, em 2002.

Lena tem um mestrado em arqueologia e arte da Universidade Brown, e realizou escavações arqueológicas em além-mar. Ela é ex-oficial da Inteligência da Marinha que vem treinando o DoD desde 2003 na detecção de mentiras, em congruência comportamental, elicitação, métodos interrogatórios, questionamentos táticos, formas estratégicas de se fazer uma entrevista, comunicações interculturais, psicologia do inimigo prisioneiro de guerra, trabalho com intérpretes e exploração de sítios.

Ela é presidente e co-fundadora do The Congruency Group e instrutora sênior no Body Language Institute, em Washington, D.C. O lema de sua empresa é "Mova o corpo para influenciar a mente; leia o corpo para influenciar pessoas". Além de treinar indivíduos e organizações para detectar mentiras e chegar até a verdade, por meio de avançadas técnicas de realização de entrevistas, Lena também ensina a ciência da linguagem corporal, além da habilidade de comunicações aprimoradas e a arte de construção de rapport. Ela treinou proprietários de pequenos negócios, investigadores de incêndios criminosos, auditores, odontopediatras e membros das Forças Especiais.

Lena é originalmente de Rhode Island e ama tanto os animais que se voluntariou para ajudar em zoológico e cuidar de animais em organizações credenciadas pela AZA. Ela acredita que já tenha vivido duas vidas: a primeira, como arqueóloga (seu sonho de criança); e a segunda, como interrogadora. Ela espera que em sua terceira vida ela esteja treinando animais. Até então, ela continuará ocupada com suas outras paixões: a escrita e o ensino.